An Unhappy Girl and Other Stories

Ivan Turgenev

Несчастная и другие повести

Иван С. Тургенев

An Unhappy Girl and Other Stories

ISNB: 978-1-60444-888-7

Несчастная и другие повести

© Индоевропейских Издание , 2018

ISNB: 978-1-60444-888-7

НЕСЧАСТНАЯ

...Да, да,- начал Петр Гаврилович,- тяжелые то были дни... и не хотелось бы возобновлять их в памяти... Но я дал вам обещание; придется все рассказать. Слушайте.

I

Я жил тогда (зимою 1835 года) в Москве, у тетушки, родной сестры покойной матушки. Мне было восемнадцать лет: я только что перешел со второго на третий курс "словесного" факультета (в то время он так назывался) в Московском университете. Тетушка моя была женщина тихая и кроткая, вдова. Она занимала большой деревянный дом на Остоженке, теплый-претеплый, каких, я полагаю, кроме Москвы нигде не найдешь, и почти ни с кем не видалась, сидела с утра до вечера в гостиной с двумя компаньонками, кушала цветочный чай, раскладывала пасьянс и то и дело приказывала покурить. Компаньонки бежали в переднюю, несколько минут спустя старый слуга в ливрейном фраке приносил медный таз с пучком мяты на раскаленном кирпиче и, торопливо выступая по узким половикам, поливал ее уксусом. Белый пар обдавал его сморщенное лицо, он хмурился и отворачивался, а канарейки в столовой так и трещали, раздраженные шипением курева.

Тетушка очень любила и баловала меня, круглого сироту. Она отдала весь антресоль в полное мое распоряжение. Меблированы были мои комнаты весьма изящно, уж вовсе не по-студенчески: в спальне красовались розовые занавески, и кисейный полог с голубыми помпончиками возвышался над кроватью. Эти помпончики меня, признаюсь, несколько смущали: по моему понятию, подобные "нежности" должны были уронить меня в глазах моих товарищей. Они и без того прозвали меня институткой: я никак не мог заставить себя курить табак. Занимался я, что греха таить, плохо, особенно в начале курса: много выезжал. Тетушка подарила мне широкие генеральские сани с медвежьею полостью и пару откормленных вяток. "Благородные" дома я посещал редко, но в театре был как свой - и пропасть поедал пирожков по кондитерским. Со всем тем я никаких бесчинств себе не позволял и вел

1

себя скромно, "en jeune homme de bonne maison"[1]. Я бы ни за что не согласился огорчить мою добрую тетушку; к тому же и кровь у меня довольно спокойно обращалась в жилах.

II

Я с ранних лет пристрастился к шахматам; о теории не имел понятия, а играл недурно. Однажды в кофейной мне пришлось быть свидетелем продолжительной шахматной баталии между двумя игроками, из которых один, белокурый молодой человек лет двадцати пяти, мне показался сильным. Партия кончилась в его пользу; я предложил ему сразиться со мной. Он согласился... ив течение часа разбил меня, шутя, три раза сряду.

- У вас есть способность к игре,- промолвил он учтивым голосом, вероятно заметив страдание моего самолюбия,- но вы дебютов не знаете. Вам надо книжку почитать, Аллгайера или Петрова.

- Вы думаете? Но где могу я такую книжку достать?

- Приходите ко мне; я вам дам.

Он назвал себя и сказал, где квартирует. На другой день я отправился к нему, а неделю спустя мы уже почти не расставались.

III

Нового знакомца моего звали Александром Давыдовичем Фустовым. Он жил у своей матери, довольно богатой женщины, статской советницы, в отдельном флигельке, на полной свободе, так же как я у тетушки. Он числился на службе по министерству двора. Я привязался к нему искренне. В жизни моей я еще не встречал молодого человека более "симпатичного". Все в нем было миловидно и привлекательно: его стройная фигура, его походка, голос, и в особенности его небольшое тонкое лицо с золотисто-голубыми глазами, с изящным, как бы кокетливо вылепленным носиком, с неизменно-ласковою улыбкой на алых губах, с легкими кудрями мягких волос над немного суженным, но белоснежным лбом. Нрав Фустова отличался чрезвычайною ровностью и какою-то приятною, сдержанною приветливостью; он никогда не задумывался, всегда был всем доволен; зато ни от чего не приходил в восторг. Всякое

---

[1] Как юноша из хорошей семьи (франц.).

излишество, даже в хорошем чувстве, его оскорбляло: "Это дико, дико",- говаривал он в таком случае, чуть-чуть пожимаясь и прищуривая свои золотистые глаза. И удивительные же были глаза у Фустова! Они постоянно выражали участие, благоволение и даже преданность. Я только впоследствии времени заметил, что выражение его глаз зависело единственно от особенного их склада, что оно не менялось и тогда, когда он кушал суп или закуривал сигарку. Аккуратность его вошла между нами в пословицу. Правда, бабка его была из немок. Природа наделила его разнообразными способностями. Он отлично танцевал, щегольски ездил верхом и плавал превосходно, столярничал, точил, клеил, переплетал, вырезывал силуэтки, рисовал акварелью букет цветов или Наполеона в профиль в лазоревом мундире, с чувством играл на цитре, знал множество фокусов, карточных и иных, и сведения имел порядочные в механике, физике и химии, но все в меру. Одни языки ему не дались: даже по-французски он изъяснялся довольно плохо. Он вообще говорил мало и в наших студенческих беседах участвовал больше оживленною мягкостью взгляда и улыбки. Женскому полу Фустов нравился безусловно, но об этом, для молодых людей весьма важном вопросе, не любил распространяться и вполне заслуживал данное ему товарищами прозвище "скромного Дон-Жуана". Я не удивлялся Фустову; удивляться в нем было нечему, но я дорожил его расположением, хотя, в сущности, оно выражалось только тем, что он во всякое время допускал меня до своей особы. В моих глазах Фустов был самым счастливым человеком на свете. Жизнь его текла именно по маслу. Мать, братья, сестры, тетки, дядья - все его обожали, он жил с ними со всеми в ладах необыкновенных и пользовался репутацией образцового родственника.

IV

Однажды я забрался к нему довольно рано и не застал его в кабинете. Он окликнул меня из соседней комнаты: фырканье и плескотня доносились оттуда до моего слуха. Каждое утро Фустов обливался холодною водой и потом около четверти часа предавался гимнастическим упражнениям, в которых достиг замечательного мастерства. Излишних забот о здоровье тела он не допускал, но не забывал необходимых. ("Не забывай себя, не волнуйся, умеренно трудись!" - было его девизом.) Фустов еще не появлялся, как наружная дверь комнаты, в которой я находился, растворилась настежь, и вошел человек лет пятидесяти, в мундирном фраке, коренастый, плотный, с молочно-белесоватыми глазами на избура-красном лице и настоящею шапкой седых курчавых волос. Человек этот остановился, посмотрел на меня, широко разинул большой свой рот и, захохотав металлическим хохотом, хлестко ударил себя ладонью по ляжке сзади, причем высоко вынес ногу вперед.

- Иван Демьяныч? - спросил из-за двери мой приятель.

- Он самый и есть,- отозвался вошедший.- А вы что ж это? туалет свой совершаете? Дело! Дело! (Голос человека, прозывавшегося Иваном Демьянычем, звучал, так же как и смех его, чем-то металлическим.) Я к братишке вашему припер было урок давать; да он, знать, простудился, чихает все. Действовать не может. Вот я и завернул к вам пока, отогреться.

Иван Демьяныч опять засмеялся тем же странным смехом, опять звучно шлепнул себя по ляжке и, достав клетчатый платок из кармана, высморкался громко, с свирепым вращеньем глаз, и, плюя в платок, воскликнул во все горло: "Тьфу-у-у!"

Фустов вошел в комнату и, подав нам обоим руку, спросил нас, знакомы ли мы друг с другом?

- Никак нет-с,- тотчас загремел Иван Демьяныч,- ветеран двенадцатого года чести сей не имеет!

Фустов назвал сперва меня, потом, указав на "ветерана двенадцатого года", промолвил: "Иван Демьяныч Ратч, преподаватель... разных предметов".

- Именно, именно разных предметов,- подхватил г. Ратч.- Чему, подумаешь, я только не учил, да и теперь не учу! И математике, и географии, и статистике, и итальянской бухгалтерии, ха-ха-ха-ха! и музыке! Вы сомневаетесь, милостивый государь? - накинулся он вдруг на меня.- Спросите Александра Давыдыча, каково я на фаготе отличаюсь? Какой же я был бы в противном случае богемец, чех сиречь? Да, сударь, я чех, и родина моя - древняя Прага! Кстати, Александр Давыдыч, что вас давно не видать? Дуэтец бы разыграли... ха-ха! Право!

- Я у вас третьего дня был, Иван Демьяныч,- отвечал Фустов.

- Да это я и называю давно, ха-ха! Когда г. Ратч смеялся, белые глаза его как-то странно и беспокойно бегали из стороны в сторону.

- Вы, я вижу, молодой человек, поведенцу моему удивляетесь,- обратился он опять ко мне.- Но это происходит от того, что вы еще не знаете моей комплекции. Вы осведомьтесь обо мне у нашего доброго Александра Давыдыча. Что он вам скажет? Он вам скажет, что старик Ратч - простяк, русак, хоть и не по происхождению, а по духу, ха-ха! При крещении наречен Иоганн-Дитрих, а кличка моя - Иван Демьянов! Что на уме, то и на языке; сердце, как говорится, на ладошке, церемониев этих разных не знаю и знать не хочу! Ну их! Заходите когда-нибудь ко мне вечерком, сами увидите. Баба у меня - жена то есть,- простая тоже; наварит нам, напекет... беда! Александр Давыдыч, правду я говорю?

4

Фустов только улыбнулся, а я промолчал.

- Не брезгайте старичком, заходите,- продолжал г. Ратч.- А теперь... (Он выхватил толстые серебряные часы из кармана и поднес их к выпученному правому глазу.) Мне, я полагаю, лучше отправиться. Другой птенец меня ожидает... Этого я черт знает чему учу... мифологии, ей-богу! И далеко же живет, ракалья! у Красных ворот! Все равно: пешкурой отмахаю, благо братец ваш скиксовал, ан пятиалтынный на извозчика цел, в мошне остался! Ха-ха! Прощения просим, мосьпане, до зобачения! А вы, молодой человек, заверните... Что ж такое?.. Дуэтец беспременно надо разыграть! - крикнул г. Ратч из передней, со стуком надевая калоши, и в последний раз раздался его металлический смех.

V

- Что за странный человек?! - обратился я к Фустову, который успел уже приняться за токарный станок.- Неужели он иностранец? Он так бойко говорит по-русски.

- Иностранец; только он уж лет тридцать как поселился в России. Его чуть ли не в тысяча восемьсот втором году какой-то князь из-за границы вывез... в качестве секретаря... скорее, полагать надо, камердинера. А выражается он по-русски точно бойко.

- Так залихватски, с такими вывертами и закрутасами,- вмешался я.

- Ну да. Только очень уж ненатурально. Они все так, эти обрусевшие немцы.

- Да ведь он чех.

- Не знаю; может быть. С женой он беседует по-немецки.

- А почему он себя ветераном двенадцатого года величает? Служил он, что ли, в ополчении?

- Какое в ополчении! Во время пожара в Москве оставался и имущества всего лишился... Вот вся его служба.

- Да зачем же он оставался в Москве? Фустов не переставал точить.

- Господь его знает! Слышал я, будто он у нас в шпионах состоял; да это, должно быть, пустое. А что за свои убытки он от казны вознаграждение получил, это верно.

- На нем мундирный фрак... Он, стало, служит?

- Служит. В кадетском корпусе преподавателем. Он надворный советник.

- Кто его жена?

- Здешняя немка, дочь колбасника... мясника...

- И ты часто к нему ходишь?

- Хожу.

- Что ж, весело у них?

- Довольно весело.

- У него есть дети?

- Есть. От немки трое и от первой жены сын и дочь.

- А сколько старшей дочери лет?

- Лет двадцать пять.

Мне показалось, что Фустов ниже пригнулся к станку, и колесо шибче заходило и загудело под мерными толчками его ноги.

- Хороша она собой?

- Как на чей вкус. Лицо замечательное, да и вся она... замечательная особа.

"Ага!" - подумал я. Фустов продолжал свою работу, с особенным рвением и на следующий вопрос мой отвечал одним мычанием.

"Надо будет познакомиться!"- решил я про себя.

VI

Несколько дней спустя мы вместе с Фустовым отправились к г. Ратчу на вечер. Жил он в деревянном доме с большим двором и садом, в Кривом переулке возле Пречистенского бульвара. Он вышел к нам в переднюю и, встретив нас свойственным ему трескучим хохотом и гамом, тотчас повел в гостиную, где представил меня дородной даме в камлотовом тесном платье, Элеоноре Карповне, своей супруге. Элеонора Карповна в первой молодости отличалась, вероятно, тем, что французы, неизвестно почему, называют "красотою диавола", то есть свежестью; но когда я с ней познакомился, она невольно напоминала взору добрый кусок говядины, только что выложенный мясником на опрятный мраморный стол. Не без намерения употребил я слово "опрятный": не только сама хозяйка казалась образцом чистоты, но и все вокруг нее, все в доме так и лоснилось, так и блистало, все было выскреблено, выглажено, вымыто мылом; самовар на круглом столе горел, как жар; занавески перед окнами, салфетки так и коробились от крахмала, так же как и платьица и шемизетки тут же сидевших четырех детей г. Ратча, дюжих, откормленных коротышек, чрезвычайно похожих на мать, с топорными крепкими лицами, вихрами на висках и красными обрубками пальцев. У всех четырех были носы несколько приплюснутые, большие, словно припухшие губы и крошечные светло-серые глаза.

6

- Вот и моя гвардия! - воскликнул г. Ратч, кладя свою тяжелую руку поочередно на головы детей.- Коля. Оля, Сашка да Машка! Этому восемь, этой семь, этому четыре, а этой целых два! Ха-ха-ха! Как изволите видеть мы с женой не зеваем. Эге? Элеонора Карповна?

- Уж вы всегда все такое скажете,- промолвила Элеонора Карповна и отвернулась.

- И писклятам своим все такие русские имена понадавала!- продолжал г. Ратч.- Того и смотри, в греческую веру их окрестит! Ей-богу! Славянка она у меня, черт меня совсем возьми, хоть и германской крови! Элеонора Карповна, вы славянка?

Элеонора Карповиа рассердилась.

- Я надворная советница, вот кто я! И, стало быть, я русская дама, и все, что вы теперь будете говорить...

- То есть как она ·Россию любит, просто беда!- перебил Иван Демьяныч.- Вроде землетрясенья, ха-ха!

- Ну, и что ж такое? - продолжала Элеонора Карповна.- И, конечно, я Россию люблю, потому где же бы я могла получить дворянский титул? И мои дети тоже теперь ведь благородные? Kolia, sitze ruhig mit den Fussen![2]

Ратч махнул на нее рукой

- Ну, ты, Сумбека царица, успокойся! А где "благородный" Викторка? Чай, все шляется, куда попало! Уж наскочит он на инспектора! Задаст он ему трепание! Das ist ein Bummler, der Victor![3]

- Dem Victor kann ich nicht kommandieren, Иван Демьяныч. Sie wissen wohl![4] { - проворчала Элеонора Карповна.

Я посмотрел на Фустова, как бы желая окончательно добиться от него, что заставляло его посещать подобных людей... но в эту минуту вошла в комнату девушка высокого роста в черном платье, та старшая дочь г. Ратча, о которой упоминал Фустов... Я понял причину частых посещений моего приятеля.

VII

Помнится, где-то у Шекспира говорится о "белом голубе в стае черных воронов"; подобное впечатление произвела на меня вошедшая девушка: между окружавшим ее миром и ею было слишком мало общего; казалось, она сама втайне недоумевала и дивилась, каким образом она

---

[2] Коля, сиди смирно, не болтая ногами! (нем.)

[3] Виктор такой гуляка! (нем.)

[4] Виктору я не могу приказывать, вы это хорошо знаете! (нем.)

попала сюда. Все члены семейства г. Ратча смотрели самодовольными и добродушными здоровяками; ее красивое, но уже отцветающее лицо носило отпечаток уныния, гордости и болезненности. Те, явные плебеи, держали себя непринужденно, пожалуй грубо, но просто; тоскливая тревога сказывалась во всем ее несомненно аристократическом существе. В самой ее наружности не замечалось склада, свойственного германской породе: она скорее напоминала уроженцев юга. Чрезвычайно густые черные волосы без всякого блеска, впалые, тоже черные и тусклые, но прекрасные глаза, низкий выпуклый лоб, орлиный нос, зеленоватая бледность гладкой кожи, какая-то трагическая черта около тонких губ и в слегка углубленных щеках, что-то резкое и в то же время беспомощное в движениях, изящество без грации... в Италии все это не показалось бы мне необычайным, но в Москве, у Пречистенского бульвара, просто изумило меня! Я встал со стула при входе ее в комнату: она бросила на меня быстрый неровный взгляд и, опустив свои черные ресницы, села близ окна, "как Татьяна" (пушкинский Онегин был тогда у каждого из нас в свежей памяти). Я взглянул на Фустова, но мой приятель стоял ко мне спиной и принимал чашку чаю из пухлых рук Элеоноры Карповны. Еще заметил я, что вошедшая девушка внесла с собою струю легкого физического холода... "Что за статуя"?- подумалось мне.

VIII

- Петр Гаврилыч! - загремел г. Ратч, обращаясь ко мне,- позвольте вас познакомить с моей... с моим... с моим нумером первым, ха-ха-ха! с Сусанной Ивановной!

Я молча поклонился и тотчас же подумал: "Вот, и имя ее тоже не под стать другим", а Сусанна слегка приподнялась, не улыбаясь и не разжимая крепко стиснутых рук.

- А что же дуэтец? - продолжал Иван Демьяныч.- Александр Давыдыч? а! благодетель! Цитра ваша у нас осталась, а фагот я уже из футляра вынул. Насладим ушеса честной компании! (Г-н Ратч любил уснащать свою русскую речь; у него то и дело вырывались выражения, подобные тем, которыми испещрены все ультранародные стихотворения князя Вяземского: "дока для всего" вместо "на все", "здесь нам не обиход", "глядит в угоду, не напоказ", и т. п. Помнится, однажды Иван Демьяныч, увлеченный своею любовью к бойким словам с энергическим окончанием, стал уверять меня, что у него в саду везде известняк, хворостняк и валежняк.) Так как? Идет? - воскликнул Иван Демьяныч, видя, что Фустов не возражает.- Колька, марш в кабинет, тащи сюда пюпитры! Ольга, волоки цитру! Да свечек к пюпитрам соблаговоли, благоверная! (Г-н Ратч вертелся по комнате, как кубарь.) Петр Гаврилыч, вы любите музыку, ась? А коли не любите, беседой займитесь, только, чур, под сурдинкой! Ха-ха-ха! И где этот шут Виктор пропадает? Послушал бы тоже! Вы его, Элеонора Карповна, совсем разбаловали!

Элеонора Карповна вся вспыхнула.

- Aber was kann ich denn[5], Иван Демьяныч...

- Ну, хорошо, хорошо, не клянчи! Bleibe ruhig, hast ver-standen?[6] Александр Давыдыч! милости просим!

Дети немедленно исполнили приказание родителя, пюпитры воздвиглись, началась музыка. Я уже сказал, что Фустов отлично играл на цитре, но на меня этот инструмент постоянно производил впечатление самое тягостное. Мне всегда чудилось и чудится доселе, что в цитре заключена душа дряхлого жида-ростовщика и что она гнусливо ноет и плачется на безжалостного виртуоза, заставляющего ее издавать звуки. Игра г. Ратча также не могла доставить мне удовольствие; к тому ж его внезапно побагровевшее лицо со злобно вращавшимися белыми глазами приняло зловещее выражение: точно он собирался убить кого-то своим фаготом и заранее ругался и грозил, выпуская одну за другою удавленно хриплые, грубые ноты. Я присоседился к Сусанне и, выждав первую минутную паузу, спросил ее, так же ли она любит- музыку, как ее батюшка?

Она отклонилась, как будто я толкнул ее, и промолвила отрывисто:
- Кто?
- Ваш батюшка,- повторил я,- господин Ратч.
- Господин Ратч мне не отец.
- Не отец? Извините меня... Я, должно быть, не так понял... Но мне помнится, Александр Давыдыч...

Сусанна посмотрела на меня пристально и пугливо.
- Вы не поняли господина Фустова. Господин Ратч мой вотчим.
Я помолчал.
- И вы музыки не любите? - начал я снова. Сусанна опять глянула на меня. Решительно, в ее глазах было что-то одичалое. Она, очевидно, не ожидала и не желала продолжения нашего разговора.
- Я вам этого не сказала,- медленно произнесла она.
- Тру-ту-ту-ту-ту-у-у...- со внезапною яростью пробурчал фагот, выделывая окончательную фиоритуру. Я обернулся, увидал раздутую, как

---

[5] А что я могу поделать? (нем.)
[6] Успокойся, поняла? (нем.)

у удава, под оттопыренными ушами, красную шею г. Ратча, и очень он мне показался гадок.

- Но этого... инструмента вы, наверно, не любите,- сказал я вполголоса.

- Да... я не люблю,- отвечала она, как бы поняв мои тайный намек.

"Вот как!" - подумал я и словно чему-то обрадовался.

- Сусанна Ивановна,- проговорила вдруг Элеонора Карповна на своем немецко-русском языке,- музыку очень любит и очень сама прекрасно играет на фортепиано, только она не хочет играть на фортепиано, когда ее очень просят играть.

Сусанна ничего не ответила Элеоноре Карповне - она даже не поглядела на нее и только слегка, под опущенными веками, повела глазами в ее сторону. По одному этому движению,- по движению ее зрачков,- я мог понять, какого рода чувства Сусанна питала ко второй супруге своего вотчима... И я опять чему-то порадовался.

Между тем дуэт кончился. Фустов встал и, нерешительными шагами приблизившись к окну, возле которого мы сидели с Сусанной, спросил ее, получила ли она от Ленгольда ноты, которые тот обещался выписать из Петербурга.

- Попурри из "Роберта-Дьявола",- прибавил он, обращаясь ко мне,- из той новой оперы, о которой теперь все так кричат.

- Нет, не получила,- отвечала Сусанна и, повернувшись лицом к окну, поспешно прошептала: - Пожалуйста, Александр Давыдыч, прошу вас, не заставляйте меня играть сегодня! я совсем не расположена.

- Что такое? "Роберт-Дьявол" Мейербера! - возопил подошедший к нам Иван Демьяныч,- пари держу, что вещь отличная! Он жид, а все жиды, так же как и чехи, урожденные музыканты! Особенно жиды. Не правда ли, Сусанна Ивановна? Ась? Ха-ха-ха-ха!

В последних словах г. Ратча, и на этот раз в самом его хохоте, слышалось нечто другое, чем обычное его глумление,- слышалось желание оскорбить. Так по крайней мере мне показалось и так поняла его Сусанна. Она невольно дрогнула, покраснела, закусила нижнюю губу. Светлая точка, подобная блеску слезы, мелькнула у ней на реснице, и, быстро поднявшись, она вышла вон из комнаты.

- Куда же вы, Сусанна Ивановна?- закричал ей вслед г. Ратч.

- А вы оставьте ее, Иван Демьяныч,- вмешалась Элеонора Карповна.- Wenn sie einmal so etwas im Kopf hat[7]...

- Натура нервозная,- промолвил Ратч, повернувшись на каблуках, и шлепнул себя по ляжке,- plexus Solaris[8] страдает. О! да вы не смотрите так

---

[7] Когда ей взбредет что-нибудь в голову (нем.)

на меня, Петр Гаврилыч! Я и анатомией занимался, ха-ха! Я и лечить могу! Спросите вот Элеонору Карповну... Все ее недуги я излечиваю! Такой у меня есть способ.

- А вы все должны шутки шутить, Иван Демьяныч,- отвечала та с неудовольствием, между тем как Фустов, посмеиваясь и приятно покачиваясь, глядел на обоих супругов.

- И почему же не шутить, mein Mutterchen?[9] - подхватил Иван Демьяныч.- Жизнь нам дана для пользы, а больше для красы, как сказал один известный стихотворец. Колька, утри свой нос, дикобраз!

IX

- Я сегодня по твоей милости был в весьма неловком положении,- говорил я в тот же вечер Фустову, возвращаясь с ним домой.- Ты мне сказал, что эта... как бишь ее? Сусанна - дочь господина Ратча, а она его падчерица.

- В самом деле! Я тебе сказал, что она его дочь? Впрочем... не все ли равно?

- Этот Ратч,- продолжал я...- Ах, Александр! как он мне не нравится! Заметил ты, с какой он особенной насмешкой отозвался сегодня при ней о жидах? Разве она... еврейка?

Фустов шел впереди, размахивая руками, было холодно, снег хрустел, как соль, под ногами.

- Да, помнится, что-то такое я слышал,- промолвил он наконец...- Ее мать была, кажется, еврейского происхождения.

- Стало быть, господин Ратч женился в первый раз на вдове?

- Вероятно.

- Гм... А этот Виктор, что не пришел вчера, тоже его пасынок?

- Нет... это настоящий его сын. Впрочем, я, ты знаешь, в чужие дела не вмешиваюсь и не люблю расспрашивать. Я не любопытен.

Я прикусил язык. Фустов все спешил вперед. Подходя к дому, я нагнал его и заглянул ему в лицо.

- А что? - спросил я,- Сусанна, точно, хорошая музыкантша?

Фустов нахмурился.

- Она хорошо играет на фортепиано,- проговорил он сквозь зубы.-

---

[8] Солнечное сплетение (лат.)
[9] Мамочка? (нем.)

11

Только она очень дика, предваряю! - прибавил он с легкою ужимкой. Он словно раскаивался в том, что познакомил меня с нею.

Я умолк, и мы расстались.

X

На следующее утро я опять отправился к Фустову. Сидеть у него по утрам стало для меня потребностью. Он принял меня ласково по обыкновению, но о вчерашнем посещении - ни слова! Как воды в рот набрал. Я принялся перелистывать последний No "Телескопа".

Новое лицо вошло в комнату. Оно оказалось тем самым сыном г. Ратча, Виктором, на отсутствие которого накануне пенял его отец.

Это был молодой человек, лет восемнадцати, уже испитой и нездоровый, с сладковато-наглою усмешкой на нечистом лице, с выражением усталости в воспаленных глазках. Он походил на отца, только черты его были меньше и не лишены приятности. Но в самой этой приятности было что-то нехорошее. Одет он был очень неряшливо, на мундирном сюртуке его недоставало пуговицы, один сапог лопнул, табаком так и разило от него.

- Здравствуйте,- проговорил он сиплым голосом и с теми особенными подергиваньями плеч и головы, которые я всегда замечал у избаловавшихся и самоуверенных молодых людей.- Думал в университет, а попал к вам. Грудь что-то заложило. Дайте-ка сигарку.- Он прошел через всю комнату, вяло волоча ноги и не вынимая рук из карманов панталон, и грузно бросился на диван.

- Вы простудились? - спросил Фустов и познакомил нас друг с другом. Мы были оба студентами, но находились на разных факультетах.

- Нет!.. Какое! Вчера, признаться сказать... (тут господин Ратч junior[10] улыбнулся во весь рот, опять-таки не без приятности, но зубы у него оказались дурные) выпито было, сильно выпито. Да.- Он закурил сигарку и откашлянулся.- Обиходова провожали.

- А он куда едет?

- На Кавказ, и возлюбленную свою туда же тащит. Вы знаете, ту, черноглазую, с веснушками. Дурак!

- Ваш батюшка вчера о вас спрашивал,- заметил Фустов.

Виктор сплюнул в сторону.

---

[10] Младший (лат.)

- Да, я слышал. Вы вчера забрели в наш табор. Ну и что ж? музицировали?

- По обыкновению.

- А она... Небось перед новым-то гостем (тут он ткнул головой в мою сторону) поломалась? Играть не стала?

- Вы это о ком говорите? - спросил Фустов.

- Да, разумеется, о почтеннейшей Сусанне Ивановне! Виктор развалился еще покойнее, округленно поднял руку над головой, посмотрел себе на ладонь и глухо фыркнул.

Я взглянул на Фустова. Он только плечом пожал, как бы желая дать мне понять, что с такого оболтуса и спрашивать нечего.

XI

Виктор принялся говорить, глядя в потолок, не спеша и в нос, о театре, о двух ему знакомых актерах, о какой-то Серафиме Серафимовне, которая его "надула", о новом профессоре Р., которого обозвал скотиной,- потому, представьте, что урод выдумал? Каждую лекцию с переклички начинает, а еще либералом считается! В кутузку я бы всех ваших либералов запрятал!- и, обратившись наконец всем лицом и телом к Фустову, промолвил полужалобным, полунасмешливым голосом:

- Что я вас хотел попросить, Александр Давыдыч... Нельзя ли как-нибудь старца моего вразумить... Вы вот дуэты с ним разыгрываете... Дает мне пять синеньких в месяц... Это что же такое?! На табак не хватает. Еще толкует: не делай долгов! Я бы его на мое место посадил и посмотрел бы! Я ведь никаких пенсий не получаю; не то что иные (Виктор произнес это последнее слово с особенным ударением). А деньжищев у него много, я знаю. Со мной Лазаря петь нечего, меня не проведешь. Шалишь! Руки-то себе нагрел тоже... ловко!

Фустов искоса глянул на Виктора.

- Пожалуй,- начал он,- я скажу вашему батюшке. А то, если хотите, я могу... пока... небольшую сумму...

- Нет, что ж? Уж лучше старика умаслить... Впрочем,- прибавил Виктор, почесав себе нос всею пятерней,- дайте, коли можете, рублей двадцать пять... Сколько бишь я вам должен?

- Вы у меня восемьдесят пять рублей заняли.

- Да... Ну это, стало, выйдет... всего сто десять рублей. Я вам отдам все разом.

Фустов вышел в другую комнату, вынес двадцатипятирублевую

13

бумажку и молча подал ее Виктору. Тот взял ее, зевнул во все горло, не закрывая рта, промычал: "Спасибо!" - и, поеживаясь и потягиваясь, приподнялся с дивана.

- Фу! однако... что-то скучно,- пробормотал он,- пойти разве в Италию.

Он направился к двери.

Фустов посмотрел ему вслед. Казалось, он боролся сам с собой.

- О какой вы это пенсии сейчас упомянули, Виктор Иваныч?- спросил он наконец.

Виктор остановился на пороге и надел фуражку.

- А вы не знаете? Сусанны Ивановны пенсии... Она ее получает. Прелюбопытный, доложу вам, анекдот! Я когда-нибудь вам расскажу. Дела, батюшка, дела! А вы старца-то, старца не забудьте, пожалуйста. Кожа у него, конечно, толстая, немецкая, да еще с русской выделкой, а все пронять можно. Только чтоб Элеонорки, мачехи моей, при этом не было! Папашка ее боится, она все своим прочит. Ну, да вы сами дипломат! Прощайте!

- Экая, однако, дрянь этот мальчишка! - воскликнул Фустов, как только захлопнулась дверь,

Лицо у него горело как в огне, и он от меня отворачивался. Я не стал его расспрашивать и вскоре удалился.

XII

Весь тот день я провел в размышлениях о Фустове, о Сусанне, об ее родственниках; мне смутно чудилось нечто похожее на семейную драму. Сколько я мог судить, мой приятель был неравнодушен к Сусанне. Но она? Любила ли она его? Отчего она казалась такою несчастною? И вообще что она была за существо? Эти вопросы беспрестанно приходили мне на ум. Темное, но сильное чувство говорило мне, что за разрешением их не следовало обращаться к Фустову. Кончилось тем, что я на следующий день отправился один в дом к г. Ратчу.

Мне стало вдруг очень совестно и неловко, как только я очутился в маленькой темной передней. "Она и не покажется, пожалуй,- мелькнуло у меня в голове,- придется сидеть с гнусным ветераном и с его кухаркой-женой... Да и наконец, если даже она появится, что же из этого? Она и разговаривать не станет... Уж больно неласково обошлась она со мной намедни. Зачем же я пришел?" Пока я все это соображал, казачок побежал доложить обо мне, и в соседней комнате, после двух или трех

14

недоумевающих: "Кто такое? Кто, ты говоришь?" - послышалось тяжелое шарканье туфель, дверь слегка растворилась, и в щели между обеими половинками выставилось лицо Ивана Демьяныча, лицо взъерошенное и угрюмое. Оно уставилось на меня и не тотчас изменило свое выражение... Видно, г. Ратч не сразу узнал меня, но вдруг щеки его округлились, глаза сузились и из раскрывшегося рта, вместе с хохотом, вырвалось восклицание:

- А, батюшка, почтеннейший! Это вы? Милости просим! Я последовал за ним тем неохотнее, что, мне казалось, этот приветливый, веселый г. Ратч внутренне посылает меня к черту. Однако делать было нечего. Он привел меня в гостиную, и что же! в гостиной сидела Сусанна перед столом за приходо-расходной книгой. Она глянула на меня своими сумрачными глазами и чуть-чуть прикусила ногти пальцев на левой руке... такая у ней была привычка, я заметил, привычка, свойственная нервическим людям. Кроме ее, в комнате никого не было.

- Вот, сударь,- начал г. Ратч и ударил себя по ляжке,- в каких занятиях вы нас с Сусанной Ивановной застали: счетами занимаемся. Супруга моя в "арихметике" не сильна, а я, признаться, глаза свои берегу. Без очков не могу читать, что прикажете делать? Пускай же молодежь потрудится, ха-ха! Порядок требует. Впрочем, дело не к спеху... Спешить, смешить, блох ловить, ха-ха!

Сусанна закрыла книгу и хотела удалиться.

- Постой, однако, постой,- заговорил г. Ратч.- Что за беда, что не в туалете... (На Сусанне было очень старенькое, почти детское платьице с короткими рукавчиками.) Дорогой гость не взыщет, а мне бы только позапрошлую неделю очистить... Вы позволите? - обратился он ко мне.- Мы ведь с вами не на церемониалах!

- Сделайте одолжение, не стесняйтесь,- воскликнул я.

- То-то, мой батюшка почтеннейший; вам самим известно: покойный государь Алексей Михайлович Романов говаривал:

"Делу время, а потехе минуту!" А мы самому делу одну минуту посвятим... ха-ха! Какие же это тринадцать рублей тридцать копеек? - прибавил он вполголоса, повернувшись ко мне спиной.

- Виктор взял у Элеоноры Карповны; он сказал, что вы ему разрешили,- отвечала также вполголоса Сусанна.

- Сказал... сказал... разрешил...- проворчал Иван Демьяныч.- Кажется, я тут сам налицо. Спросить бы могли. А те семнадцать рублей кому пошли?

- Мебельщику.

- Да... мебельщику. Это за что же?

- По счету.

15

- По счету. Покажь-ка! - Он вырвал у Сусанны книгу и, насадив на нос круглые очки в серебряной оправе, стал водить пальцем по строкам.- Мебельщику... мебельщику... Вам бы лишь бы деньги из дому вон! Вы рады!.. Wie die Croaten![11] По счету! А впрочем,- прибавил он громко и снова поворотился ко мне лицом и очки с носу сдернул,- что же это я, в самом деле! Этими дрязгами можно и после заняться. Сусанна Ивановна, извольте-ка оттащить на место эту бухгалтерию, да пожалуйте к нам обратно и восхитите слух сего любезного посетителя вашим мусикийским орудием, сиречь фортепианною игрой... А? Сусанна отвернула голову.

- Я бы очень был счастлив,- поспешно промолвил я,- очень было бы мне приятно послушать игру Сусанны Ивановны. Но я ни за что в свете не желал бы беспокоить...

- Какое беспокойство, что вы! Ну-с, Сусанна Ивановна, eins, zwei, drei![12]

Сусанна ничего не отвечала и вышла вон.

XIII

Я не ожидал, что она вернется; но она скоро появилась снова: даже платья не переменила и, присев в угол, раза два внимательно посмотрела на меня. Почувствовала ли она в моем обращении с нею то невольное, мне самому неизъяснимое уважение, которое, больше чем любопытство, больше даже чем участие, она во мне возбуждала, находилась ли она в тот день в смягченном расположении духа, только она вдруг подошла к фортепиано и, нерешительно положив руку на клавиши и склонив немного голову через плечо назад ко мне, спросила меня, что я хочу, чтоб она сыграла? Я не успел еще ответить, как она уже села, достала ноты, торопливо их развернула и начала играть. Я с детства любил музыку, но в то время я еще плохо понимал ее, мало был знаком с произведениями великих мастеров, и если бы г. Ратч не проворчал с некоторым неудовольствием: "Aha! wieder dieser Beethoven!"[13], я бы не догадался, что именно выбрала Сусанна. Это была, как я потом узнал, знаменитая Ф-мольная соната, opus 57. Игра Сусанны меня поразила несказанно: я не ожидал такой силы, такого огня, такого смелого размаха. С самых первых тактов стремительно-страстного allegro, начала сонаты, я

---

[11] Как кроаты! (нем.)

[12] Раз, два три! (нем.)

[13] Ах! опять этот Бетховен! (нем.)

почувствовал то оцепенение, тот холод и сладкий ужас восторга, которые мгновенно охватывают душу, когда в нее неожиданным налетом вторгается красота. Я не пошевельнулся ни одним членом до самого конца; я все хотел и не смел вздохнуть. Мне пришлось сидеть сзади Сусанны, ее лица я не мог видеть; я видел только, как ее темные длинные волосы изредка прыгали и бились по плечам, как порывисто покачивался ее стан и как ее тонкие руки и обнаженные локти двигались быстро и несколько угловато. Последние отзвучия замерли. Я вздохнул наконец. Сусанна продолжала сидеть перед фортепиано.

- Ja, ja,- заметил г. Ратч, который, впрочем, тоже слушал внимательно,- romantische Musik![14] Это нынче в моде. Только зачем нечисто играть! Э? Пальчиком по двум нотам разом - зачем? Э? То-то; нам все поскорей хочется, поскорей. Этак горячей выходит. Э? Блины горячие! - задребезжал он, как разносчик.

Сусанна слегка обратилась к г. Ратчу; я увидел лицо ее в профиль. Тонкая бровь высоко поднялась над опущенной векой, неровный румянец разлился по щеке, маленькое ухо рдело под закинутым локоном.

- Я всех лучших виртуозов самолично слышал,- продолжал г. Ратч, внезапно нахмурившись,- и все они перед покойным Фильдом - тьфу! Нуль! зеро!! Das war ein Kerl! Und ein so reines Spiel![15] И композиции его - самые прекрасные! А все эти новые "тлу-ту-ту" да "тра-та-та", это, я полагаю, больше для школяров писано. Da braucht man keine Delicatesse![16] Хлопай по клавишам как попало... Не беда! Что-нибудь выйдет! Janitscharen-Musik![17] Пхе! (Иван Демьяныч утер себе лоб платком.) Впрочем, я это говорю не на ваш счет, Сусанна Ивановна; вы играли хорошо и моими замечаниями не должны обижаться.

- У всякого свой вкус,- тихим голосом заговорила Сусанна, и губы ее задрожали,- а ваши замечанья, Иван Демьяныч, вы знаете, меня обидеть не могут.

- О, конечно! Только вы не полагайте,- обратился ко мне Ратч,- не извольте полагать, милостивый государь, что сие происходит от излишней нашей доброты и якобы кротости душевной; а просто мы с Сусанной Ивановной воображаем себя столь высоко вознесенными, что у-у! Шапка назад валится, как говорится по-русски, и уже никакая критика до нас досягать не может. Самолюбие, милостивый государь, самолюбие! Оно нас доехало, да, да!

---

[14] Да, да, романтическая музыка! (нем.)

[15] Вот это был молодчина! И такая чистая игра! (нем.)

[16] Тут не нужно особых тонкостей! (нем.)

[17] Янычарская музыка! (нем.)

17

Не без изумления слушал я Ратча. Желчь, желчь ядовитая так и закипала в каждом его слове... И давно же она накопилась! Она душила его. Он попытался закончить свою тираду обычным смехом,- и судорожно, хрипло закашлял. Сусанна словечка не проронила в ответ ему, только головой встряхнула, и лицо приподняла, да, взявшись обеими руками за локти, прямо уставилась на него. В глубине ее неподвижных расширенных глаз глухим, незагасимым огнем тлела стародавняя ненависть. Жутко мне стало.

- Вы принадлежите к двум различным музыкальным поколеньям,- начал я с насильственною развязностью, самою этою развязностью желая дать понять, что я ничего не замечаю,- а потому не удивительно, что вы не сходитесь в своих мнениях... Но, Иван Демьяныч, вы мне позволите стать на сторону... более молодого поколения. Я профан, конечно; но признаюсь вам, ничего в музыке еще не произвело на меня такого впечатления, как та... как то, что Сусанна Ивановна нам сейчас сыграла. Ратч вдруг накинулся на меня.

- И почему вы полагаете,- закричал он, весь еще багровый от кашля,- что мы желаем завербовать вас в наш лагерь? (Он выговорил Lager по-немецки.) Нисколько нам это не нужно, бардзо дзенкуем![18] Вольному воля, спасенному - спасение! А что касательно двух поколений, то это точно: нам, старикам, с вами, молодыми, жить трудно, очень трудно! Наши понятия ни в чем не согласны: ни в художестве, ни в жизни, ни даже в морали. Не правда ли, Сусанна Ивановна?

Сусанна усмехнулась презрительною усмешкой.

- Особенно насчет, как вы говорите, морали наши понятия не сходятся и не могут сходиться,- ответила она, и что-то грозное пробежало у ней над бровями, а губы по-прежнему слабо трепетали.

- Конечно, конечно!- подхватил Ратч.- Я не философ! Я не умею стать... этак, высоко! Я человек простой, раб предрассудков, да!

Сусанна опять усмехнулась.

- Мне кажется, Иван Демьяныч, и вы иногда умели ставить себя выше того, что называют предрассудками.

- Wie so? То есть как же это? Я вас не понимаю.

- Не понимаете? Вы так забывчивы!

Г-н Ратч словно потерялся.

- Я... я... - повторил он.- Я...

- Да, вы, господин Ратч. Последовало небольшое молчание.

- Однако позвольте, позвольте,- начал было г. Ратч,- как вы можете так дерзко...

---

[18] Премного благодарны! (польск.)

Сусанна внезапно вытянулась во весь рост и, не выпуская из рук локтей своих, стискивая их, перебирая по ним пальцами, остановилась перед Ратчем. Казалось, она вызывала его на борьбу, она наступала на него. Лицо ее преобразилось: оно стало вдруг, в мгновение ока, и необычайно красиво и страшно; каким-то веселым и холодным блеском - блеском стали - заблестели ее тусклые глаза; недавно еще трепетавшие губы сжались в одну прямую, неумолимо-строгую черту. Сусанна вызывала Ратча, но тот, как говорится, воззрился в нее и вдруг умолк и опустился, как мешок, и голову втянул в плечи, и даже ноги подобрал. Ветеран двенадцатого года струхнул; в этом нельзя было сомневаться.

Сусанна медленно перевела глаза свои с него на меня, как бы призывая меня в свидетели своей победы и унижения врага, и, в последний раз усмехнувшись, вышла вон из комнаты.

Ветеран остался несколько времени неподвижен на своем кресле; наконец, точно вспомнив забытую роль, он встрепенулся, встал и, ударив меня по плечу, захохотал своим зычным хохотом:

- Вот, подите вы, ха-ха-ха! кажется, не первый десяток живем мы с этою барышней, а никогда она не может понять, когда я шутку шучу и когда говорю в суриозе! Да и вы, почтеннейший, кажется, недоумеваете... Ха-ха-ха! Значит, вы еще старика Ратча не знаете!

"Нет... Я теперь тебя знаю",- думал я не без некоторого страха и омерзения.

- Не знаете старика, не знаете! - твердил он, провожая меня до передней и поглаживая себя по животу.- Я человек тяжелый, битый, ха-ха! Но я добрый, ей-богу!

Я опрометью бросился с крыльца на улицу. Мне хотелось поскорее уйти от этого доброго человека.

XIV

"Что они друг друга ненавидят, это ясно,- думал я, возвращаясь к себе домой,- несомненно также и то, что он человек скверный, а она хорошая девушка. Но что такое произошло между ними? Какая причина этого постоянного раздражения? Какой смысл этих намеков? И как это неожиданно вспыхнуло! Под каким пустым предлогом!"

На следующий день мы с Фустовым собрались идти в театр смотреть Щепкина в "Горе от ума". Комедию Грибоедова только что разрешили тогда, предварительно обезобразив ее цензурными урезками. Мы много хлопали Фамусову, Скалозубу. Не помню, какой актер исполнял роль Чацкого, но очень хорошо помню, что он был невыразимо дурен; сперва появился в венгерке и в сапогах с кисточками, а потом во фраке модного в то время цвета "flamme d'e punch"[19] и фрак этот на нем сидел, как на нашем старом дворецком. Помню также, что бал в третьем акте привел нас в восхищение. Хотя, вероятно, никто и никогда в действительности не выделывал таких па, но это уже было так принято - да, кажется, исполняется таким образом и до сих пор. Один из гостей чрезвычайно высоко прыгал, причем парик его развевался во все стороны, и публика заливалась смехом. Выходя из театра, мы в коридоре столкнулись с Виктором.

- Вы были в театре! - воскликнул он, взмахнув руками. - Как же это я вас не видал? Я очень рад, что встретил вас. Вы непременно должны со мной поужинать. Пойдемте; я угощаю!

Молодой Ратч казался в состоянии взволнованном, почти восторженном. Глазенки его бегали, он ухмылялся, красные пятна выступали на лице.

- На какой это радости? - спросил Фустов.

- На какой? А вот не угодно ли полюбопытствовать?

Виктор отвел нас немного в сторону и, вытащив из кармана панталон целую пачку тогдашних красных и синих ассигнаций, потряс ими в воздухе. Фустов удивился.

- Ваш батюшка расщедрился?

Виктор захохотал.

- Нашли щедрого! Как же, держи карман!.. Сегодня утром, понадеявшись на ваше ходатайство, я попросил у него денег. Что же, вы думаете, мне отвечал жидомор? "Я, говорит, твои долги, изволь, заплачу. До двадцати пяти рублей включительно!" Слышите: включительно! Нет, милостивый государь, это на мое сиротство бог послал. Случай такой вышел.

- Ограбили кого-нибудь? - небрежно промолвил Фустов. Виктор нахмурился.

- Ух, так вот и ограбил! Выиграл-с, выиграл у офицера, у гвардейца! Вчера только из Петербурга прикатил. И какое стечение обстоятельств! Стоит рассказать... да тут неловко. Пойдемте к Яру: два шага всего. Сказано, я угощаю!

Нам, быть может, следовало отказаться, но мы пошли без возражений.

---

[19] Пуншевого пламени (франц.)

XV

У Яра нас провели в особую комнату, подали ужин, принесли шампанского. Виктор рассказал нам со всеми подробностями, как он в одном приятном доме встретил этого офицера-гвардейца, очень милого малого и хорошей фамилии, только без царя в голове; как они познакомились, как он, офицер то есть, вздумал для шутки предложить ему, Виктору, играть в дурачки старыми картами, почти что на орехи и с тем условием, чтоб офицеру играть на счастие Вильгельмины, а Виктору на свое собственное счастие; как потом пошло дело на пари.

- А у меня-то, у меня-то,- воскликнул Виктор, и вскочил, и в ладоши захлопал,- всего шесть рублей в кармане. Представьте! И сначала я совсем профершпилился... Каково положение?! Только тут, уж я не знаю чьими молитвами, фортуна улыбнулась. Тот горячиться стал, все карты показывает... Глядь! семьсот пятьдесят рублей и пробухал! Стал еще просить поиграть, ну, да я малый не промах, думаю: нет, этакою благодатью злоупотреблять не надо; шапку сгреб и марш! Вот теперь и старику незачем кланяться, и товарищей угостить можно... Эй! человек! Еще бутылку! Господа, чокнемтесь!

Мы чокнулись с Виктором и продолжали пить и смеяться, хотя рассказ его нам вовсе не понравился, да и самое его общество нам удовольствия доставляло мало. Он принялся любезничать, балагурить, расходился, одним словом, и сделался еще противнее. Виктор заметил наконец, какое он производил на нас впечатление, и насупился; речи его стали отрывистей, взгляды мрачнее. Он начал зевать, объявил, что спать хочет, и, обругав со свойственною ему грубостью трактирного слугу за худо прочищенный чубук, внезапно, с выраженьем вызова на искривленном лице, обратился к Фустову:

- Послушайте-ка, Александр Давыдыч,- промолвил он,- скажите, пожалуйста, за что вы меня презираете?

- Как так? - не сразу нашелся ответить мой приятель.

- Да так же... Я очень хорошо чувствую и знаю, что вы меня презираете, и этот господин (он указал на меня пальцем) тоже, туда же! И хоть бы вы сами очень уже высокою нравственностью отличались, а то такой же грешник, как мы все. Еще хуже. В тихом омуте... пословицу знаете?

Фустов покраснел.

- Что вы хотите этим сказать? - спросил он.

- А то, что я еще не ослеп и отлично вижу все, что у меня перед носом делается: шуры-то-муры ваши с сестрицей моей я вижу... И ничего я против этого не имею, потому: во-первых, не в моих правилах, а во-

21

вторых, моя сестрица, Сусанна Ивановна, сама через все тяжкие прошла... Только меня-то за что же презирать?

- Вы сами не понимаете, что вы такое лепечете! Вы пьяны,- проговорил Фустов, доставая пальто со стены.- Обыграл, наверное, какого-то дурака и врет теперь черт знает что!

Виктор продолжал лежать на диване и только заболтал ногами, перевешенными через ручку.

- Обыграл! Зачем же вы вино пили? Оно ведь на выигрышные деньги куплено. А врать мне нечего. Не я виноват, что Сусанна Ивановна в своей прошедшей жизни...

- Молчите! - закричал на него Фустов.- Молчите... или...

- Или что?

- Вы узнаете что. Петр, пойдем.

- Ага! - продолжал Виктор,- великодушный рыцарь наш в бегство обращается. Видно, не хочется правду-то узнать! Видно, колется она, правда-то!

- Да пойдем же, Петр,- повторил Фустов, окончательно потерявший обычное свое хладнокровие и самообладание.- Оставим этого дрянного мальчишку!

- Этот мальчишка не боится вас, слышите,- закричал нам вслед Виктор,- презирает вас этот мальчишка, пре-зи-рает! Слышите!

Фустов так проворно шел по улице, что я с трудом поспевал за ним. Вдруг он остановился и круто повернул назад.

- Куда ты? - спросил я.

- Да надо узнать, что этот глупец... Он, пожалуй, спьяна, бог знает что... Только ты не иди за мной... мы завтра увидимся. Прощай!

И, торопливо пожав мою руку, Фустов направился к гостинице Я р.

На другой день мне не удалось увидеть Фустова, а наследующий за тем день я, зайдя к нему на квартиру, узнал, что он выехал к своему дяде в подмосковную. Я полюбопытствовал, не оставил ли он записки на мое имя, но никакой записки не оказалось. Тогда я спросил лакея, не знает ли он, сколько времени Александр Давыдыч останется в деревне. "Недели с две, а то побольше, так полагать надо",- отвечал лакей. Я на всякий случай взял точный адрес Фустова и в раздумье побрел домой. Эта неожиданная отлучка из Москвы, зимой, окончательно повергла меня в недоумение. Моя добрая тетушка заметила мне за обедом, что я все ожидаю чего-то и гляжу на пирог с капустой, как будто в первый раз отроду его вижу. "Pierre, vous n'etes pas amoureux?"[20] - воскликнула она наконец, предварительно удалив своих компаньонок. Но я успокоил ее: нет, я не был влюблен.

---

[20] Пьер, вы не влюблены? (франц.)

XVI

Прошло дня три. Меня подмывало пойти к Ратчам; мне сдавалось, что в их доме я должен был найти разгадку всего, что меня занимало, что я понять не мог... Но мне пришлось бы опять встретиться с ветераном... Эта мысль меня удерживала. Вот в один ненастный вечер - на дворе злилась и выла февральская вьюга, сухой снег по временам стучал в окна, как брошенный сильною рукою крупный песок,- я сидел в моей комнатке и пытался читать книгу. Мой слуга вошел и не без некоторой таинственности доложил, что какая-то дама желает меня видеть. Я удивился... дамы меня не посещали, особенно в такую позднюю пору; однако велел просить. Дверь отворилась, и быстрыми шагами вошла женщина, вся закутанная в легкий летний плащ и желтую шаль. Порывистым движением сбросила она с себя эту шаль и этот плащ, занесенный снегом, и я увидел пред собой Сусанну. Я до того изумился, что слова не промолвил, а она приблизилась к окну и, прислонившись к стене плечом, осталась неподвижною;

только грудь судорожно поднималась и глаза блуждали, и с легким оханьем вырывалось дыхание из помертвелых губ. Я понял, что не простая беда привела ее ко мне; я понял, несмотря на свое легкомыслие и молодость, что в этот миг предо мной завершалась судьба целой жизни - горькая и тяжелая судьба.

- Сусанна Ивановна,- начал я,- каким образом...

Она внезапно схватила мою руку своими застывшими пальцами, но голос изменил ей. Она вздохнула прерывисто и потупилась. Тяжелые космы черных волос упали ей на лицо... Снежная пыль еще не сошла с них.

- Пожалуйста, успокойтесь, сядьте,- заговорил я опять,- вот тут, на диване. Что такое случилось? Сядьте, прошу вас.

- Нет,- промолвила она чуть слышно и опустилась на подоконник.- Мне здесь хорошо... Оставьте... Вы не могли ожидать... но если б вы знали... если б я могла... если б...

Она хотела переломить себя, но с потрясающею силой хлынули из глаз ее слезы - и рыдания, поспешные, жадные рыдания огласили комнату. Сердце во мне перевернулось... Я потерялся. Я видел Сусанну всего два раза; я догадывался, что нелегко ей было жить на свете, но я считал ее за девушку гордую, с твердым характером, и вдруг эти неудержимые, отчаянные слезы... Господи! Да так плачут только перед смертью!

Я стоял сам, как к смерти приговоренный.

- Извините меня,- промолвила она наконец несколько раз, почти со злобой, утирая один глаз за другим.- Это сейчас пройдет. Я к вам пришла...- Она еще всхлипывала, но уже без слез.- Я пришла... Вы ведь знаете, Александр Давыдыч уехал?

Одним этим вопросом Сусанна во всем призналась и при этом так на меня взглянула, точно желала сказать: "Ведь ты поймешь, ты пощадишь, не правда ли?" Несчастная! Стало быть, ей уже не оставалось другого исхода!

Я не знал, что ей ответить...

- Он уехал, он уехал... он поверил?- говорила между тем Сусанна.- Он не захотел даже спросить меня; он подумал, что я не скажу ему всей правды; он мог это подумать обо мне! Как будто я когда-нибудь его обманывала!

Она закусила нижнюю губу и, слегка нагнувшись, начала царапать ногтем ледяные узоры, наросшие на стекле. Я поспешно вышел в другую комнату и, услав моего слугу, немедленно вернулся и зажег другую свечку. Я хорошенько не знал, зачем я все это делал... очень уж я был смущен.

Сусанна по-прежнему сидела на подоконнике, и я тут только заметил, как легко она была одета: серое платьице с белыми пуговицами и широкий кожаный пояс, вот и все. Я приблизился к ней, но она не обратила на меня внимания.

- Он поверил... он поверил,- шептала она, тихонько покачиваясь из стороны в сторону.- Он не поколебался, он нанес этот последний... последний удар!- Она вдруг повернулась ко мне.- Вы знаете его адрес?

- Да, Сусанна Ивановна... я узнал от его людей... у него в доме. Он мне сам ничего не сказал о своем намерении, я его два дня не видал, пошел осведомиться, а он уже уехал из Москвы.

- Вы знаете его адрес? - повторила она.- Ну, так напишите ему, что он убил меня. Вы хороший человек, я знаю. С вами он не говорил обо мне, наверное, а со мной он говорил о вас. Напишите... ах, напишите ему, чтоб он поскорее вернулся, если он хочет еще застать меня в живых!.. Да нет! Он меня уже не застанет.

Голос Сусанны утихал с каждым словом, и вся она утихала. Но мне это спокойствие казалось еще страшнее, чем те недавние рыдания.

- Он поверил ему...- сказала она еще раз и оперлась подбородком на сложенные руки.

Внезапный порыв ветра с резким свистом и стуком снега ударил в окно, холодная струя пробежала по комнате... Пламя свечей пошатнулось... Сусанна вздрогнула.

Я снова попросил ее сесть на диван.

- Нет, нет, оставьте,- отвечала она,- мне здесь хорошо. Пожалуйста.-

Она прижалась к промерзлому стеклу, точно она нашла себе гнездышко в углублении окна.- Пожалуйста.

- Но вы дрожите, вы озябли,- воскликнул я.- Посмотрите, ваши ботинки промокли.

- Оставьте... пожалуйста...- прошептала она и закрыла глаза.

Страх нашел на меня.

- Сусанна Ивановна! - чуть не вскрикнул я,- придите в себя, прошу вас! Что с вами? К чему такое отчаяние! Вы увидите, все разъяснится, какое-нибудь недоразумение... неожиданный случай... Вы увидите, он скоро возвратится. Я ему дам знать, я сегодня же ему напишу... Но я не повторю ему ваших слов... Как можно!

- Он меня не застанет,- промолвила Сусанна все тем же тихим голосом.- Неужели бы я пришла сюда, к вам, к незнакомому человеку, если бы не знала, что не останусь жива? Ах, все мое последнее унесено безвозвратно! Вот мне и не хотелось умереть так, в одиночку, в молчанку, не сказав никому: "Я все потеряла... и я умираю... Посмотрите!"

Она снова ушла в свое холодное гнездышко... Не забуду я вовек этой головы, этих неподвижных глаз с их глубоким и погасшим взором, этих темных рассыпанных волос на бледном стекле окна, самого этого серенького тесного платья, под каждой складкой которого еще билась такая молодая, горячая жизнь!

Я невольно всплеснул руками.

- Вам... вам умереть, Сусанна Ивановна! Вам только жить... Вам жить должно!

Она посмотрела на меня... Мои слова ее как будто удивили.

- Ах, вы не знаете,- начала она и тихонько уронила обе руки.- Мне нельзя жить. Слишком, слишком много пришлось терпеть, слишком! Я переносила... я надеялась... но теперь... когда и это рушилось... когда...

Она подняла глаза к потолку и словно задумалась. Трагическая черта, которую я некогда заметил у ней около губ, теперь обозначалась еще яснее, она распространилась по всему лицу.

Казалось, чей-то неумолимый перст провел ее безвозвратно, навсегда отметил это погибшее существо. Она все молчала.

- Сусанна Ивановна,- сказал я, чтобы чем-нибудь нарушить эту страшную тишину,- он вернется, уверяю вас! Сусанна опять посмотрела на меня.

- Что вы говорите? - промолвила она с видимым усилием.

- Он вернется, Сусанна Ивановна, Александр вернется!

- Он вернется? - повторила она.- Но если бы даже он вернулся, не могу я простить ему это унижение, это недоверие...

Она схватила себя за голову.

25

- Боже мой! Боже мой! Что я говорю! И зачем я здесь? Что это такое? О чем... о чем я пришла просить... и кого? Ах, я с ума схожу!..

Глаза ее остановились.

- Вы хотели просить меня, чтоб я написал Александру,- поспешил я подсказать ей. Она встрепенулась.

- Да, напишите... напишите, что хотите... А вот это...- Она торопливо пошарила у себя в кармане и достала небольшую тетрадку.- Это я было для него написала... перед его бегством... Но ведь он поверил... поверил тому!

Я понимал, что речь шла о Викторе, Сусанна не хотела назвать его, не хотела произнести его ненавистное имя.

- Однако позвольте, Сусанна Ивановна,- начал я,- почему же вы полагаете, что Александр Давыдыч имел разговор... с тем человеком?

- Почему? Почему? Но тот сам пришел ко мне и все рассказал, и хвастался... и так же смеялся, как его отец! Вот, вот возьмите,- продолжала она, всовывая мне тетрадку в руку,- прочтите, пошлите ему, сожгите, бросьте, делайте что хотите, как хотите... Но нельзя же умереть так, чтобы никто не знал... А теперь мне пора... Мне идти надо.

Она поднялась с подоконника... Я остановил ее.

- Куда же вы, Сусанна Ивановна, помилуйте! Послушайте, какая вьюга! Вы так легко одеты... И дом ваш отсюда не близко. Позвольте, я хоть за каретой пошлю, за извозчиком...

- Не надо, ничего не надо,- промолвила она, настойчиво отклоняя меня и взявшись за плащ и за шаль.- Не удерживайте меня, ради бога! а то... я ни за что не отвечаю? Я чувствую бездну, темную бездну под ногами... Не подходите! не трогайте меня?- С лихорадочной поспешностью надела она плащ, накинула шаль...- Прощайте... Прощайте... О, бедное, бедное мое племя, племя вечных странников, проклятие лежит на тебе! Но ведь меня никто не любил, с какой же стати было ему...- Она вдруг умолкла.- Нет, меня любил один,- заговорила она опять, ломая руки,- но смерть всюду, всюду неизбежная смерть! Теперь моя очередь... Не идите за мной,- пронзительно вскрикнула она.- Не идите! Не идите!

Я остолбенел, а она бросилась вон, и мгновенье спустя я слышал, как грохнула внизу тяжелая дверь на улицу, и оконные рамы снова вздрогнули под напором метели.

Я не скоро опомнился. Я только что начинал жить тогда: не испытал ни страсти, ни скорби и редко бывал свидетелем того, как выражаются в других те сильные чувства... Но искренность этой скорби, этой страсти меня поразила. Если бы не тетрадка в руках моих, я, право, мог бы подумать, что я все это во сне видел - до того это все было необычайно и

26

пронеслось как мгновенный грозовый ливень. До полуночи читал я эту тетрадку. Она состояла из нескольких листов почтовой бумаги, кругом исписанных крупным, но неправильным почерком, почти без помарок. Ни одна строка не шла прямо, и, казалось, в каждой чувствовался тревожный трепет руки, водившей пером. Вот что стояло в этой тетрадке (я ее сберег до сих пор):

XVII

МОЯ ИСТОРИЯ

"Мне в нынешнем году минет двадцать восемь лет. Вот мои первые воспоминания: я живу в Тамбовской губернии, у одного богатого помещика, Ивана Матвеича Колтовского, в его деревенском доме, в небольшой комнате второго этажа. Со мной вместе живет мать моя, еврейка, дочь умершего живописца, вывезенного из-за границы, болезненная женщина с необыкновенно красивым, как воск бледным лицом и такими грустными глазами, что, бывало, как только она долго посмотрит на меня, я, и не глядя на нее, непременно почувствую этот печальный, печальный взор, и заплачу, и брошусь ее обнимать. Ко мне ездят наставники; меня учат музыке и зовут меня барышней. Я обедаю за господским столом вместе с матушкой. Г-н Колтовской - высокий, видный старик с величавою осанкой; от него всегда пахнет амброй. Я боюсь его до смерти, хоть он зовет меня Suzon и дает мне целовать, сквозь кружевную манжетку, свою сухую жилистую руку. С матушкой он изысканно вежлив, но беседует и с нею мало: скажет ей два-три благосклонные слова, на которые она тотчас торопливо ответит,- скажет и умолкнет, и сидит, с важностью озираясь кругом и медленно перебирая щепотку испанского табаку в золотой круглой табатерке с вензелем императрицы Екатерины.

Девятый год моего возраста остался мне навсегда памятным... Я узнала тогда, через горничных в девичьей, что Иван Матвеич Колтовской мне отец, и почти в тот же день мать моя, по его приказанию, вышла замуж за г. Ратча, который состоял у него чем-то вроде управляющего. Я никак не могла понять, как это возможно, я недоумевала, я чуть не заболела, моя голова изнемогала, ум становился в тупик. "Правда ли, правда ли, мама,- спросила я ее,- этот бука пахучий (так я звала Ивана Матвеича) мой папа?" Матушка испугалась чрезвычайно, зажала мне рот... "Никогда, никому не говори об этом, слышишь, Сусанна, слышишь - ни слова!.." - твердила она трепетным голосом, крепко прижимая мою голову к своей груди... И я точно никому об этом не говорила... Это приказание моей матери я поняла... Я поняла, что я должна была молчать, что моя мать у меня прощения просила!

Несчастье мое началось тогда же. Г-н Ратч не любил моей матери, и она его не любила. Он женился на ней из-за денег, а она должна была повиноваться. Г-н Колтовской, вероятно, нашел, что таким образом все устроилось к лучшему - "la position etait regularisee"[21]. Помню, накануне свадьбы - мать моя и я - мы обе, обнявшись, проплакали почти целое утро - горько, горько и молча. Не диво, что она молчала... Что могла она сказать мне? Но что я ее не расспрашивала - это доказывает только то, что несчастные дети умнеют скорее счастливых... на свою беду.

Г-н Колтовской продолжал заниматься моим воспитанием и даже понемногу приблизил меня к своей особе. Он со мной не разговаривал... но утром и вечером, стряхнув двумя пальцами с своего жабо табачные пылинки, он теми же двумя пальцами, холодными как лед, трепал меня по щеке и давал мне какие-то темные конфетки, тоже с запахом амбры, которых я никогда не ела. Двенадцати лет от роду я стала его лектрисой, "sa petite lectrice". Я читала ему французские сочинения прошлого столетия, мемуары Сен-Симона, Мабли, Реналя, Гельвеция, переписку Вольтера, энциклопедистов, ничего, конечно, не понимая, даже тогда, когда он, ослабясь и зажмурясь, приказывал мне: "relire ce dernier paragraphe, qui est bien remarquable!"[22] Иван Матвеич был совершенный француз. Он жил в Париже до революции, помнил Марию-Антуанетту, получил приглашение к ней в Трианон; видел и Мирабо, который, по его словам, носил очень большие пуговицы - "exagere en tout"[23] - и был вообще человек дурного тона - "en depit desa naissance!"[24] Впрочем, Иван Матвеич редко рассказывал о том времени; но раза два или три в год произносил, обращаясь к кривому старичку эмигранту, которого держал на хлебах и называл, бог знает почему, "M. le Commandeur"[25], произносил своим неспешным, носовым голосом экспромпт, некогда сказанный им на вечере у герцогини Полиньяк. Я помню только первые два стиха... (дело шло о параллели между русскими и французскими):

---

[21] Дело было улажено (франц.)

[22] Перечитать этот последний весьма примечательный параграф! (франц.)

[23] Преувеличивая во всем (франц.)

[24] Вопреки своему происхождению! (франц.)

[25] Господин Командор (франц.)

28

L'aigle se plait aux regions austeres,
Ou le ramier ne saurait habiter[26]...

- Digne de M. de Saint Aulaire![27] - всякий раз восклицал M. le Commandeur.

Иван Матвеич до самой смерти казался моложавым: щеки у него были розовые, зубы белые, брови густые и неподвижные, глаза приятные и выразительные: светлые черные глаза, настоящий агат; он вовсе не был капризен и обходился со всеми, даже со слугами, очень учтиво... Но боже мой! как мне было тяжело с ним, с какою радостью я всякий раз от него уходила, какие нехорошие мысли возмущали меня в его присутствии! Ах, я не была в них виновата!.. Не виновата я в том, что из меня сделали...

Г-ну Ратчу, после его свадьбы, был отведен флигель недалеко от господского дома. Я жила там с моею матерью. Невесело было мне и там. У нее скоро родился сын, тот самый Виктор, которого я вправе считать и называть моим врагом. С самого его рождения здоровье моей матушки, и прежде слабое, уже не поправилось. Г-н Ратч в то время не считал нужным выказывать ту веселость, которой он теперь предается: он имел вид постоянно суровый и старался прослыть за дельца. Со мной он был жесток и груб. Я чувствовала удовольствие, когда уходила от Ивана Матвеича; но и свой флигель я покидала охотно... Несчастная моя молодость! Вечно от одного берега к другому, и ни к которому не хочется пристать! Бывало, бежишь через двор, зимой, по глубокому снегу, в холодном платьице, бежишь в господский дом к Ивану Матвеичу на чтение и словно радуешься... А придешь, увидишь эти большие унылые комнаты, эти пестрые штофные мебели, этого приветливого и бездушного старика в шелковой "дульетке" нараспашку, в белом жабо и белом галстуке, с маншетками на пальцах, с "супсоном" пудры (так выражался его камердинер) на зачесанных назад волосах, захватит тебе дыхание этот душный запах амбры, и сердце так и упадет. Иван Матвеич сидел обыкновенно в просторных вольтеровских креслах; на стене, над его головой, висела картина, изображавшая молодую женщину с ясным и смелым выражением лица, одетую в богатый еврейский костюм и всю покрытую драгоценными камнями, жемчугом... Я часто заглядывалась на эту картину, но только впоследствии узнала, что это был портрет моей матери, писанный ее отцом по заказу Ивана Матвеича. Изменилась же она с того времени! Умел он сломить и уничтожить ее! "И она его любила! Любила этого старика?- думалось мне...- Как это возможно! Его любить!"

---

[26] * Орлу нравится в суровых краях, где дикий голубь не мог бы жить (франц.)
[27] Достойно господина Сент Олера! (франц.)

А между тем, когда я вспоминала иные взгляды матушки, иные недомолвки и невольные движения... "Да, да, она любила его!" - твердила я с ужасом. Ах, не дай бог никому испытывать такие ощущения!

Каждый день я читала Ивану Матвеичу, иногда три, четыре часа сряду... Мне было вредно так много и так громко читать. Доктор наш боялся за мою грудь и даже однажды доложил об этом Ивану Матвеичу. Но тот только улыбнулся (то есть нет: он никогда не улыбался, а как-то завастривал и выдвигал вперед губы) и сказал ему: Vous ne savez pas ce qu'il y a de ressources danscette jeunesse"[28].- "Однако в прежние годы M. le Commandeur..." - осмелился было заметить доктор. Иван Матвеич опять усмехнулся: "Vous revez, mon cher,- перебил он его,- le Commandeur n'a plus de dents et il crache a chaque mot. J'aime les voix jeunes"[29].

И я продолжала читать, хоть и много кашляла по утрам и по ночам...

Иногда Иван Матвеич заставлял меня играть на фортепиано. Но музыка действовала усыпительно на его нервы. Глаза его тотчас закрывались, голова мерно опускалась, и только изредка слышалось: "C'est du Steibelt, n'est-ce pas? Jouez moi du Steibelt"[30]. Иван Матвеич считал Штейбельта великим гением, умевшим победить в себе "la grossiere lourdeur des Allemands"[31], и упрекал его в одном: trop de fougue! trop d'imagination!.."[32] Когда же Иван Матвеич замечал, что я уставала за фортепиано, он предлагал мне "du cachou de Bologne"[33]. Так шли дни за днями...

И вот в одну ночь- незабвенную ночь!- страшное несчастие меня поразило. Моя матушка скончалась почти внезапно. Мне только что минуло пятнадцать лет. О, какое это было горе, каким злым вихрем оно налетело на меня! Как запугала меня эта первая встреча со смертию! Бедная моя матушка! Странные были наши отношения: мы обе страстно любили друг друга... страстно и безнадежно; мы обе словно хранили и скрывали от самих себя общую нам тайну, упорно молчали о ней, хотя знали, знали все, что происходило в глубине сердец наших! Даже о прошедшем, о раннем своем прошедшем, матушка со мной не говорила и никогда не жаловалась словами, хотя все существо ее было одна немая жалоба! Мы избегали всякого несколько серьезного разговора. Ах! я все надеялась, что придет час, и она выскажется наконец, и я выскажусь, и

---

[28] Вы не знаете, сколько сил в молодом возрасте (франц.)

[29] Вы бредите, мой дорогой, у Командора нет зубов, и он плюется на каждом слове. Я люблю молодые голоса (франц.)

[30] Это из Штейбельта, не правда ли? Сыграйте мне Штейбельта! (франц.)

[31] Грубую тяжеловесность немцев (франц.)

[32] Слишком много пыла! слишком много воображения!.. (франц.)

[33] Болонского желудочного бальзама (франц.)

легче станет нам... Но заботы ежедневные, нерешительный и робкий нрав, болезни, присутствие г. Ратча, а главное: этот вечный вопрос "к чему?" и это неуловимое, беспрерывное утекание времени, жизни... Кончилось все громовым ударом, и не только тех слов, которые бы разрешили нашу тайну, даже обычных предсмертных прощаний мне не пришлось услышать от моей матушки! Только и осталось у меня в памяти что восклицание г. Ратча: "Сусанна Ивановна, извольте идти, мать вас благословить желает!", а потом бледная рука из-под тяжелого одеяла, дыхание мучительное, закатившийся глаз... О, довольно! довольно!

С каким ужасом, с каким негодованием, с каким тоскливым любопытством я на следующий день и в день похорон смотрела на лицо моего отца... да, моего отца! в шкатулке покойницы, нашлись его письма. Мне показалось, что он побледнел немного и осунулся... а впрочем, нет! Ничего не шевельнулось в этой каменной душе. Точно так же, как и прежде, позвал он меня спустя неделю в кабинет; точно тем же голосом попросил читать:

"Si vous le voulez bien, les observations sur L'histoire de France de Mably, a la page 74... la, ou nous avons ete interrompus"[34]. И даже портрета матушки он не велел вынести! Правда, отпуская меня, он подозвал меня к себе и, дав вторично поцеловать свою руку, промолвил: "Suzanne, la mort de votre mere vous a privee de votre appui naturel; mais vous pourrez toujours compter sur ma protection"[35], но тотчас же слегка пихнул меня в плечо другою рукой и, с обычным своим завастриванием губ, прибавил:

"Allez, mon enfant"[36]. Я хотела было закричать ему: "Да ведь вы мой отец!", но я ничего не сказала и вышла.

На другое утро, рано, я пошла на кладбище. Май месяц стоял тогда во всей красе цветов и листьев, и долго я сидела на свежей могиле. Я не плакала, не грустила; у меня одно вертелось в голове: "Слышишь, мама? Он хочет и мне оказывать покровительство!" И мне казалось, что мать моя не должна была оскорбиться тою усмешкой, которая невольно просилась мне на губы.

Иногда я спрашиваю себя: что заставляло меня так настойчиво желать, добиваться - не признанья... куда! а хоть теплого родственного слова от Ивана Матвеича? Разве я не знала, что он был за человек и как мало он походил на то, чем в моих мечтаниях представлялся мне отец?.. Но я была

---

[34] Будьте любезны, "Заметки к истории Франции" Мабли, страница 74... там, где нас прервали (франц.)
[35] Сюзанна, смерть матери лишила вас естественной опоры, но вы всегда можете рассчитывать на мое покровительство (франц.)
[36] Идите, дитя мое (франц.)

так одинока, так одинока на земле! И потом все та же неотступная мысль не давала мне покоя: "Ведь она его любила? За что-нибудь она полюбила же его?"

Прошло еще три года. Ничего не изменялось в нашей однообразной, заранее размеренной, рассчитанной жизни. Виктор подрастал. Я была старше его восемью годами и охотно занялась бы им, но г. Ратч этому воспротивился. Он приставил к нему няню, которая должна была строго наблюдать, чтобы ребенок не "баловался", то есть не допускать меня до него. Да и сам Виктор меня чуждался. Однажды г. Ратч пришел в мою комнату расстроенный, взволнованный, злобный. Уже накануне дошли до меня дурные слухи о моем вотчиме: люди толковали, будто он был уличен в утайке значительной суммы, во взятке с купца.

- Вы можете помочь мне,- начал он, нетерпеливо постукивая пальцами по столу.- Подите попросите за меня Ивана Матвеича.

- Попросить? с какой стати? о чем?

- Походатайствуйте за меня... ведь я вам все-таки не чужой. Меня обвиняют... Ну, словом, я могу без хлеба остаться, да и вы тоже.

- Но как же я к нему пойду? Как я стану его беспокоить?

- Вот еще! Вы имеете право его беспокоить!

- Какое же право, Иван Демьяныч?

- Ну, не притворяйтесь... Вам он не может отказать по многим причинам. Неужели же вы меня не понимаете?

Он нагло посмотрел мне в глаза, и я почувствовала, что щеки мои так и загорелись. Ненависть, презрение - поднялись во мне разом, хлынули волной, затопили меня.

- Да, я понимаю вас, Иван Демьяныч,- ответила я ему наконец. Мой голос мне самой показался незнакомым.- И я не пойду к Ивану Матвеичу и не стану его просить. Без хлеба так без хлеба!

Г-н Ратч дрогнул, стиснул зубы, сжал кулаки.

- Ну, погоди же, царевна Меликитриса! - хрипло прошептал он.- Я тебе этого не забуду!

В тот же день Иван Матвеич потребовал его к себе и, говорят, грозил ему тростью, тою самою тростью, которою некогда обменялся с дюком де Ларошфуко, кричал: "Вы суть подлец и мздолюбец! Я вас поставлю наружу!" (Иван Матвеич почти совсем не умел говорить по-русски и презирал наше "грубое наречие", ce jargon vulgaire et rude[37]. Кто-то при нем сказал однажды:

"Это само собою разумеется". Иван Матвеич пришел в негодование и

---

[37] Это грубое наречие черни (франц.)

32

часто потом приводил эту фразу как пример бессмыслицы и нелепости русского языка. "Что такое есть: само собою разумеется? - спрашивал он по-русски, напирая на каждый слог.- А почему же не с простотою: разумеется? и зачем: само собою?!")

Иван Матвеич, однако, не прогнал г. Ратча, даже не лишил его места. Но мой вотчим сдержал слово: он мне этого не забыл.

Я начинала замечать перемену в 'Иване Матвеиче. Он стал грустить, скучал, здоровье его пошатнулось. Его розовое свежее лицо пожелтело и сморщилось, один зуб спереди выпал. Он совсем перестал выезжать и прекратил введенные им приемные дни с угощением для крестьян, без участия духовенства - "sans le concours du clerge". В такие дни Иван Матвеич, с розаном в петличке, выходил к крестьянам в залу или на балкон и, коснувшись губами серебряного стаканчика с водкой, держал им речь вроде следующей: "Вы довольны моими поступками, сколь и я доволен вашим усердствованием; сему радуюсь истинно. Мы все браты; само рождение нас производит равными; пью ваше здравие!" Он кланялся им, и крестьяне кланялись ему в пояс, а не в землю, что было строго запрещено. Угощения продолжались по-прежнему, но Иван Матвеич уже не показывался своим подданным. Иногда он прерывал мое чтение восклицаниями: "La machine se detraque! Cela se gate!"[38] Самые глаза его, эти светлые каменные глаза, потускнели и словно уменьшились; он засыпал чаще прежнего и тяжело вздыхал во сне. Не изменилось лишь его обращение со мной; только прибавился оттенок рыцарской вежливости. Он, хоть и с трудом, но всякий раз вставал с кресла, когда я входила, провожал меня до двери, поддерживая меня рукой под локоть, и вместо Suzon стал звать меня то "ma chere demoiselle"[39]. M. le Commandeur умер года два после кончины матушки: по-видимому, его смерть гораздо глубже поразила Ивана Матвеича. Ровесник исчез: вот что его смутило. И между тем единственная заслуга г. Командора в последнее время состояла только в том, что он всякий раз восклицал: "Bien joue, mal reussi!"[40], когда Иван Матвеич, играя с г. Ратчем на биллиарде, давал промах или не попадал в лузу; да еще, когда Иван Матвеич обращался к нему за столом с вопросом вроде, например, следующего: "N'est-ce pas, M. le Commandeur, c'est Montesquieu qui a dit cela dans ses "Lettres Persanes?"[41] Тот, иногда уронив ложку супу на свою манишку, глубокомысленно отвечал: "Ah,

---

[38] Машина расстраивается! Дело плохо! (франц.)

[39] Дорогая барышня (франц.), то "mon Antigone" Моя Антигона (франц.)

[40] Сыграно хорошо, а удалось плохо! (франц.)

[41] Неправда ли, г. Командор, это сказал Мотескье в своих "Персидских письмах"? (франц.)

monsieur de Montesquieu? Un grand ecrivain, monsieur, un grand ecrivain"[42]. Только однажды, когда Иван Матвеич сказал ему, что les theophilantropes ont eu pourtan du bon![43] - старик взволнованным голосом воскликнул: "Monsieur de Kolontouskoi! (он в двадцать пять лет не выучился выговаривать правильно имя своего патрона) Monsieur de Kolontouskoi! Leur fondateur, 1'instigateur de cette secte, ce La Peveillere Lepeaux, etait un bonnet rouge!" - "Non, non,- говорил Иван Матвеич, ухмыляясь и переминая щепотку табаку,- des fleurs, des jeunes vier-ges, le culte de la Nature... ils ont eu du bon, ils ont du bon!.."[44]

Я всегда удивлялась, как много знал Иван Матвеич и как бесполезно было это знание для него самого.

Иван Матвеич, видимо, опускался, но все еще крепился. Однажды, недели за три до смерти, с ним тотчас после обеда сделался сильный припадок головокружения. Он задумался, сказал: "C'est la fin"[45], и, придя в себя и отдохнув, написал письмо в Петербург к своему единственному наследнику, брату, с которым лет двадцать не имел сношений. Прослышав о нездоровье Ивана Матвеича, его посетил один сосед, немец, католик, некогда знаменитый врач, живший на покое в своей деревеньке. Он весьма редко бывал у Ивана Матвеича, но тот всегда принимал его с особенным вниманием и вообще очень уважал его. Чуть ли не его одного во всем свете и уважал он. Старик посоветовал Ивану Матвеичу послать за священником, но Иван Матвеич отвечал, что "ces messieurs et moi, nous n'avons rien a nous dire"[46], и просил переменить разговор; а по отъезде соседа отдал приказ камердинеру впредь уже никого не принимать. Потом он велел позвать меня. Я испугалась, когда увидала его: синие пятна выступили у него под глазами, лицо вытянулось и одеревенело, челюсть повисла. "Vous voila grande, Suzon,- заговорил он, с трудом выговаривая согласные буквы, но все еще стараясь улыбнуться (мне тогда уже пошел девятнадцатый год),- vous allez peut-etre bientot rester seule. Soyez toujours sage et vertueuse. C'est la derniere recommandation d'un...- он кашлянул,- d'un vieillard qui vous veut du bien. Je vous ai recommande a mon frere et je ne doute pas qu'il ne respecte mes volontes...- Он опять кашлянул и заботливо пощупал себе грудь: - Du reste, j'espere encore pouvoir faire

---

[42] Ах, господин де Монтескье? Великий писатель, сударь, великий писатель! (франц.)

[43] У теофилантропов было все-таки и кое-что хорошее! (франц.)

[44] "Господин Колонтуской! Основатель и покровитель этой секты Ла Ревельер Лепо был якобинец!" - "Нет, нет, цветы, юные девы, культ природы... У них было и есть хорошее!" (франц.)

[45] Это конец (франц.)

[46] Нам с этими господами нечего сказать друг другу (франц.)

quelque chose pour vous... dans mon testament"[47]. Эта последняя фраза меня как ножом резанула по сердцу. Ах, это уже было слишком... слишком презрительно и обидно! Иван Матвеич, вероятно, приписал другому чувству - чувству горести или благодарности то, что выразилось у меня на лице; и как бы желая меня утешить, потрепал меня по плечу, в то же время, по обыкновению, ласково меня отодвигая, и промолвил: "Voyons, mon enfant, du courage! Nous sommes tous mortels. Et puis, il n'y a pas encore de danger. Ce n'est qu'une precaution que j'ai cru devoir prendre... Allez!"[48] Как в тот раз, когда он позвал меня к себе после кончины матушки, я опять хотела закричать ему:

"Да ведь я ваша дочь! я дочь ваша!" Но, подумала я, ведь он, пожалуй, в этих словах, в этом сердечном вопле услышит одно желание заявить мои права, права на его наследство, на его деньги... О, ни за что! Не скажу я ничего этому человеку, который ни разу не упомянул при мне имени моей матери, в глазах которого я так мало значу, что он даже не дал себе труда узнать, известно ли мне мое происхождение! А может быть, он это и подозревал и знал, да не хотел "поднимать струшню" (его любимая поговорка, единственная русская фраза, которую он употреблял), не хотел лишить себя хорошей лектрисы с молодым голосом! Нет! нет! Пускай же он останется столь же виноватым пред своею дочерью, как был он виноват пред ее матерью! Пускай унесет в могилу обе эти вины! Клянусь, клянусь: не услышит он из уст моих этого слова, которое должно же звучать чем-то священным и сладостным во всяких ушах! Не скажу я ему: отец! не прощу ему за мать и за себя! Он не нуждается в этом прощении, ни в том названии... Не может быть, не может быть, чтоб он не нуждался в нем! Но не будет ему прощения, не будет, не будет!

Бог знает, сдержала ли бы я свою клятву и не смягчилось ли бы мое сердце, не превозмогла ли бы я своей робости, своего стыда, своей гордости... но с Иваном Матвеичем случилось то же самое, что с моей матушкой. Смерть так же внезапно унесла его и так же ночью. Тот же г. Ратч разбудил меня и вместе со мной побежал в господский дом, в спальню Ивана Матвеича... Но я не застала даже тех последних предсмертных движений, которые такими неизгладимыми чертами залегли мне в память у постели моей матушки. На обшитых кружевом подушках лежала какая-то сухая, темного цвета кукла с острым носом и

---

[47] Вы уже взрослая, Сюзон, может быть вы скоро останетесь одна. Будьте всегда благоразумны и добродетельны. Это последнее наставление... старика, который желает вам добра. Я вас поручил моему брату и не сомневаюсь, что он уважит мою волю... Впрочем, надеюсь вспомнить о вас... в моем завещании (франц.)
[48] Полно, дитя, мужайтесь! Все мы смертны. И ведь опасности-то еще нет, Это лишь предосторожность с моей стороны... Идите! (франц.)

взъерошенными седыми бровями... Я закричала от ужаса, от отвращенья, бросилась вон, наткнулась в дверях на бородатых людей в армяках с праздничными красными кушаками, и уже не помню, как очутилась на свежем воздухе...

Рассказывали потом, что когда камердинер вбежал в спальню на сильный звон колокольчика, он нашел Ивана Матвеича не на кровати, а в двух шагах от нее. И будто он сидел на полу, скорчившись, и два раза сряду повторил: "Вот тебе, бабушка, и Юрьев день!" И будто это были его последние слова. Но я не могу этому верить. С какой стати он заговорил бы по-русски в такую минуту и в таких выражениях!

Целые две недели ждали мы потом приезда нового барина, Семена Матвеича Колтовского. Он прислал приказание ничего не трогать, никого не сменять до личного своего осмотра. Все двери, вес мебели, ящики, столы - все заперли, запечатали Все люди приуныли и насторожились. Я стала вдруг одним из главных лиц в доме, чуть не самым главным лицом. Меня и прежде звали барышней; но теперь это слово приняло какой-то новый смысл, произносилось с особенным ударением. Поднялось шушуканье. "Старый, мол, барин скончался внезапно, и священника позвать к нему не успели, он же у исповеди давным-давно не бывал; да ведь завещание написать недолго". Г-н Ратч также почел за нужное изменить свой образ действия. Он не прикинулся добродушным и ласковым: он знал, что не обманет меня, но на лице его изобразилось угрюмое смирение. "Видишь, дескать, я покоряюсь". Все искали во мне; старались мне угождать... а я не знала, что делать и как быть, и только дивилась, как это люди не понимают, что оскорбляют меня. Наконец приехал . Семен Матвеич.

Семен Матвеич был годами десятью моложе Ивана Матвеича и весь свой век шел по совершенно другой дороге. Он состоял на службе в Петербурге, занимал важное место... Он был женат, рано овдовел; один сын был у него. С лица Семен Матвеич походил на своего старшего брата, только ростом он был ниже и толще, голову имел круглую, лысую, такие же светлые черные глаза, как у Ивана Матвеича, только с поволокой, и большие красные губы. В противность брату, которого он даже после его смерти величал французским философом, а иногда просто чудаком, Семен Матвеич почти постоянно говорил по-русски, громко, речисто, и то и дело хохотал, причем совершенно закрывал глаза и неприятно трясся всем телом, точно злость его колотила. Он принялся за дела очень круто, во все входил сам, от всех требовал отчета подробнейшего. В первый же день своего приезда он пригласил священника со всем причтом, велел отслужить молебен с водосвятием и всюду окропить водою, все комнаты в доме, даже чердаки, даже подвалы, для того, чтобы, как он выразился, "радикально выгнать вольтериянский и якобинский дух". В первую же неделю некоторые любимцы Ивана Матвеича слетели с мест, один даже попал на поселение, другие подверглись телесным наказаниям; самый даже старый камердинер,- он был родом турок, знал французский язык, его подарил Ивану Матвеичу покойный фельдмаршал Каменский,- самый этот камердинер получил, правда, вольную, но вместе с нею и приказание выехать в двадцать четыре часа, "чтобы другим соблазна не было". Семен Матвеич оказался барином строгим; вероятно, многие пожалели о покойнике. "С батюшкой, с Иваном Матвеичем,- сокрушался при мне один уже совсем дряхлый дворецкий,- только и было нам заботы, чтобы белье подавалось чистое, да в комнатах чтобы хорошо пахло, да чтоб людского голоса в передней не было слышно - это уже сохрани бог! А там хоть трава не расти! Мухи в жизнь свою покойничек не обидел! Ну, теперь беда! Помирать надо!" Также скоро изменилось и мое положение, то есть то положение, в которое я попала на несколько дней и против воли... В бумагах Ивана Матвеича не нашлось никакого завещания, ни одной строки, написанной в мою пользу. Все вдруг отхлынули от меня... О г. Ратче я уже не говорю, но и другие все досадовали на меня и старались мне выказать свою досаду: точно я их обманула. В одно воскресенье, после обедни, которую он постоянно прослушивал в алтаре, Семен Матвеич потребовал меня к себе.

Я его до того дня видела мельком, и он, казалось, меня не замечал. Он принял меня в своем кабинете, стоя у окна. На нем был виц-мундирный фрак с двумя звездами. Я остановилась возле двери; сердце сильно стучало во мне от страха и от другого чувства, еще неопределенного, но уже тяжелого. "Я желал вас видеть, молодая девица,- заговорил Семен Матвеич, взглянув мне сперва на ноги, а потом вдруг в лицо,- этот взгляд точно толкнул меня,- я желал вас видеть для того, чтоб объявить. вам мое решение и уверить вас в моем несомнительном расположении быть вам полезным.- Он возвысил голос.- Прав вы никаких, конечно, не имеете, но как... лектриса моего брата, вы всегда можете рассчитывать на мое... на мое внимание. Я... конечно, уверен в вашем благоразумии и в ваших правилах. Господин Ратч, ваш вотчим, уже получил от меня нужные инструкции. К тому же я должен сказать, что ваша счастливая наружность служит мне залогом ваших благородных чувств.- Семен Матвеич вдруг залился тонким хохотом, а я ... не обиделась я... но жалко мне стало самой себя... и тут-то я вполне почувствовала себя круглою сиротой. Семен Матвеич подошел короткими твердыми шагами к столу, достал из ящика пачку ассигнаций и, всунув мне ее в руку, прибавил: - Здесь небольшая сумма от меня вам на иголки. Я и впредь вас не забуду, моя миленькая, а теперь прощайте и будьте умницей". Я взяла эту пачку машинально, я взяла бы все, что бы он мне ни дал и, вернувшись к себе в комнату, долго проплакала, сидя на своей постели. Я и не заметила, как я пачку уронила на пол. Г-н Ратч нашел ее и поднял и, спросив меня, что я с нею намерена сделать, оставил ее у себя.

В судьбе его произошла тогда значительная перемена. После некоторых разговоров с Семеном Матвеичем он попал к нему в большую милость и скоро получил место главного управляющего. С того времени проявилась в нем веселость, проявилось это вечное хохотание: он сперва хотел подделаться к своему патрону... впоследствии все это вошло в привычку. С того же времени он стал русским патриотом. Семен Матвеич придерживался всего национального, сам называл себя русаком, смеялся над немецкой одеждой, которую, однако, носил; сослал в дальнюю деревню повара, за воспитание которого Иван Матвеич заплатил большие деньги,- сослал его за то, что тот не сумел приготовить рассольника с гусиными шейками. Из алтаря Семен Матвеич подтягивал дьячкам, а когда девушек сгоняли хоровод водить и песни играть, он и им подтягивал и подтопывал, и щеки им щипал... Впрочем, он скоро уехал в Петербург и оставил моего вотчима чуть не полным властелином всего имения.

Горькие дни начались для меня... Единственным моим утешением была музыка, и я предалась ей всею душой. К счастью, г. Ратч был очень занят, но при всяком удобном случае он давал мне чувствовать свою вражду; по обещанию, "не забывал" мне моего отказа. Он помыкал мною, заставлял меня переписывать свои длинные и лживые донесения Семену Матвеичу, поправлять в них орфографические ошибки; я принуждена была беспрекословно ему повиноваться, и я повиновалась. Он объявил, что смирит меня, сделает меня шелковою. "Что это у вас за бунтовщицкие глаза? - кричал он иногда за обедом, напившись пива и стуча по столу ладонью,- вы, может быть, думаете: я, дескать, молчалива, как овечка, стало быть я права... Нет! Вы извольте глядеть на меня тоже, как овечка!" Положение мое становилось возмутительно, невыносимо... сердце мое ожесточалось. Что-то опасное стало все чаще и чаще подниматься в нем; ночи я проводила без сна и без огня, все думала, думала, и в наружном мраке, в темноте внутренней созревало страшное решение. Приезд Семена Матвеича дал другое направление моим мыслям.

Его никто не ожидал: осень давно наступила. Оказалось, что он вышел в отставку по неприятности: он надеялся получить александровскую ленту - а ему дали табакерку. Недовольный правительством, которое не оценило его талантов, петербургским обществом, которое выказало ему мало сочувствия и не разделяло его негодования, он решился поселиться в деревне, посвятить себя хозяйству. Он приехал один. Сын его, Михаил

Семеныч, приехал позже, на праздники, к Новому году. Мой вотчим почти не выходил из кабинета Семена Матвеича: фавор его еще усилился. Меня он оставил в покое; не до меня ему было тогда... Семену Матвеичу вздумалось затеять бумажную фабрику. В мануфактурном деле г. Ратч не смыслил ничего, и Семен Матвеич знал, что ничего не смыслит; но зато мой вотчим был "исполнитель" (любимое тогдашнее слово), "Аракчеев!" Семен Матвеич именно так и называл его "мой Аракчеев!" "Сего мне достаточно,- уверял Семен Матвеич,- при усердии направление я сам дам". Среди многочисленных хлопот по фабрике, по имению, по заведению канцелярии, канцелярских порядков, новых званий и должностей Семен Матвеич успел, однако, обратить и на меня внимание. Меня позвали однажды вечером в гостиную и заставили играть на фортепиано: Семен Матвеич музыку любил еще меньше, чем покойник, однако одобрил и поблагодарил меня, а на другой день я была приглашена к обеденному столу. После обеда Семен Матвеич довольно долго со мной разговаривал, расспрашивал меня, смеялся иным моим ответам, хотя, помнится, ничего в них не было забавного, и так странно на меня досматривал... Мне неловко становилось. Не любила я его глаз; не любила их откровенного выраженья, их светлого взора... Мне всегда казалось, что самая эта откровенность скрывала что-то нехорошее, что под этим светлым блеском темно там у него на душе. "Вы у меня лектрисой не будете,- объявил мне наконец Семен Матвеич, как-то гадливо охорашиваясь и одергиваясь,- я, слава богу, еще не ослеп и читать могу сам, но кофей мне из ваших ручек покажется вкуснее, и вашу игру на фортепиано я буду слушать с удовольствием". После этого дня я уже постоянно ходила обедать в господский дом и оставалась в гостиной иногда до вечера. Попала и я, так же как мой вотчим, в милость; не на радость была мне она. Семен Матвеич, я должна в этом признаться, оказывал мне некоторое уважение; но в этом человеке, я это чувствовала, было что-то такое, что отталкивало, что пугало меня. И это "что-то" высказывалось не словами, а в глазах его, в этих нехороших глазах, да еще в его хохоте. Он никогда не говорил со мною о моем отце, о своем брате, и мне казалось, что он избегал этого разговора не потому, что не желал возбуждать во мне честолюбивых мыслей или притязаний, а по другой причине, в которую я тогда не умела вдуматься, но которая заставляла меня недоумевать и краснеть... К святкам приехал его сын Михаил Семеныч.

Ах, я чувствую, я не могу продолжать так же, как начала; слишком горестны эти воспоминания. Особенно теперь мне невозможно спокойно рассказывать... И к чему скрываться? Я полюбила Мишеля, и он меня полюбил.

Как это случилось, я тоже рассказывать не стану. Знаю, что с самого того вечера, когда он вошел в гостиную (я сидела за фортепиано и играла сонату Вебера), когда он вошел, красивый и стройный, в бархатном тулупчике и валенках, как был, прямо с мороза, и, встряхнув заиндевевшею собольею шапкой, прежде чем поздоровался с отцом, быстро глянул на меня и удивился,- знаю я, что с того вечера я уже не могла забыть его, не могла забыть его молодое доброе лицо. Он заговорил... и голос его так и прильнул к моему сердцу... Мужественный и тихий голос, и в каждом звуке такая честная, честная душа! Семен Матвеич обрадовался приезду сына, обнял его, но тотчас же спросил:

"На две недели? а? В отпуск? а?" - и услал меня. Я долго сидела у себя под окном и глядела на огни, забегавшие в комнатах господского дома. Я следила за ними, я прислушивалась к новым незнакомым голосам, меня занимала эта оживленная тревога, и что-то новое, незнакомое, светлое тоже перебегало по моей душе...

На другой же день пред обедом я имела первый разговор с ним. Он зашел к моему вотчиму по поручению Семена Матвеича и застал меня в нашей маленькой гостиной. Я хотела было уйти, он удержал меня. Он был очень жив и развязен во всех движениях и речах; но высокомерия или дерзости, столичного презрительного тона в нем и следа не было, и ничего военного, гвардейского... Напротив, в самой непринужденности его обращения было что-то ласковое, почти стыдливое, точно он вас просил извинить его. У иных людей глаза никогда не смеются, даже в минуту смеха; у него губы почти никогда не изменяли своего красивого склада, а глаза улыбались почти постоянно. Так мы пробеседовали с час... о чем, не помню, помню только, что и я все время глядела ему в глаза, и так мне было с ним легко! Вечером я играла на фортепиано. Он очень любил музыку, сел на кресло и, положив курчавую голову на руку, внимательно слушал. Он ни разу не похвалил меня, но я понимала, что игра моя ему нравится, и я играла с увлечением. Семен Матвеич, который сидел возле сына и рассматривал планы, вдруг нахмурился. "Ну, сударыня,- сказал он, по обыкновению охорашиваясь и застегиваясь,- довольно; что это растрещались, словно канарейка? Этак голова заболеть может. Для нашего брата, старика, небось так стараться не станете..." - прибавил он вполголоса и опять услал меня. Мишель проводил меня до двери глазами и встал с кресел. "Куда? Куда?" - закричал Семен Матвеич, и вдруг засмеялся, и потом сказал еще что-то... Я не могла расслышать его слов; но г. Ратч, который тут же присутствовал в углу гостиной (он всегда "присутствовал", а на этот раз он принес планы), захохотал подобострастно, и его хохот достиг моих ушей... То же, или почти то же, повторилось и в следующий вечер... Семен Матвеич внезапно охладел ко мне, наложил на меня опалу.

Дня четыре спустя я встретила Мишеля в коридоре, разделявшем надвое господский дом. Он взял меня за руку и ввел в комнату, которая находилась возле столовой и называлась портретной. Я последовала за ним не без волнения, но с полным доверием. Я уже тогда, кажется, ушла бы за ним на край света, хотя и не подозревала еще, чем он стал для меня. Ах, я привязалась к нему со всею страстию, со всем отчаянием молодого существа, которому не только некого любить, но которое чувствует себя непрошеным и ненужным гостем среди чуждых ему, среди враждебных людей!..

Мишель сказал мне... И странное дело! Я смело, прямо глядела на него - а он не глядел на меня и слегка покраснел - он сказал мне, что он понимает мое положение и сочувствует ему, и просит извинить отца... "Что же касается до меня,- прибавил он,- то прошу вас быть всегда во мне уверенною, и знайте, что для меня вы сестра, да, сестра". Тут он крепко пожал мне руку. Я смутилась и потупилась в свою очередь; я словно ожидала чего-то другого, другого слова. Однако я начала благодарить его. "Нет, пожалуйста,- перебил он меня,- не говорите так... Но помните: обязанность братьев заступаться за своих сестер - и если вам нужна будет защита против кого бы то ни было,- положитесь на меня. Я недавно здесь, но я уже понял многое... и, между прочим, я понял вашего вотчима". Он опять стиснул мою руку и удалился.

Я узнала впоследствии, что Мишель с самой первой встречи почувствовал отвращение к г. Ратчу. Г-н Ратч попытался подделаться и к нему; но, убедившись в бесполезности своих усилий, тотчас сам стал к нему в отношения враждебные, и не только не скрыл их от Семена Матвеича, но, напротив, старался их выказать, причем выражал сожаление о том, что ему не посчастливилось с молодым наследником. Г-н Ратч хорошо изучил характер Семена Матвеича: расчет его удался. "Преданность этого человека ко мне уже потому не подлежит сомнению, что после меня он погиб; мои наследник его терпеть не может..." - эта мысль утвердилась в голове старика. Говорят, все люди со властью, когда стареют, охотно идут на эту удочку, на удочку исключительной, личной преданности...

Недаром же Семен Матвеич называл г. Ратча своим Аракчеевым... Он мог бы дать ему другое имя. "Ты у меня безответный",- говаривал он ему. Он с самого приезда начал его "тыкать", и вотчим мой умильно глядел Семену Матвеичу в губы, сиротливо склонял голову набок и добродушно смеялся, как бы желая сказать: "Весь тут, весь ваш..." Ах, я чувствую, рука моя дрожит и сердце так и толкается в край стола, на котором я пишу в эту минуту... Страшно мне вспоминать те дни, и кровь моя загорается... Но я скажу все до конца... до конца.

41

Обращение г. Ратча со мною приняло новый оттенок во время моего кратковременного фавора. Он начал ко мне прислуживаться, почтительно фамилиарничать со мною, точно я и поумнела-то и ближе к нему стала. "Бросили ломаться,- сказал он мне однажды, возвращаясь из главного дома во флигель.- Хвалю! Все эти добродетели там, чувствительности - хрестоматия, одним словом - не наше дело, барышня, не дело голышей!" Когда же мой фавор прекратился и Мишель не счел нужным более таить ни презрения к нему, ни участия ко мне, г. Ратч внезапно усугубил свою суровость; он постоянно следил за мною, точно я была способна на все преступления и меня следовало держать в ежовых рукавицах. "Вы смотрите у меня,- кричал он, вваливаясь без спросу, в грязных сапогах и с картузом на голове, в мою комнату.- Я ведь ничего такого не потерплю! Носу у меня не вздергивать! Меня вам не провести, а спесь я вашу сшибу!" И тут же в одно утро объявил мне, что вышел от Семена Матвеича приказ, чтобы мне вперед без приглашения к обеденному столу не являться... Не знаю, какой бы оборот все это приняло, если бы не случилось происшествие, которое окончательно решило мою судьбу...

Мишель был большой охотник до лошадей. Он вздумал сам объезжать молодого рысака. Тот понес, начал бить и выбросил его из саней... Его принесли домой без чувств, с вывихнутою рукой и разбитою грудью. Старик перепугался, выписал лучших докторов из города. Они помогли Мишелю; но ему пришлось пролежать с месяц. В карты он не играл, говорить ему доктора запрещали, читать, держа книгу все одною рукой, было неловко. Кончилось тем, что сам Семен Матвеич послал меня к сыну, по старой памяти, в качестве лектрисы! Тут настали незабвенные часы! Я входила к Мишелю тотчас после обеда и садилась за круглым столиком, у полузавешенного окна. Он лежал в небольшой комнате, возле гостиной, у задней стены, на широком кожаном диване во вкусе "империи", с золотым барельефом на высокой, прямой спинке; барельеф этот представлял свадебную процессию у древних. Бледная, слегка завалившаяся голова.

Мишеля тотчас поворачивалась на подушке и обращалась ко мне; он улыбался, светлел всем лицом, откидывал назад свои мягкие влажные волосы и говорил мне тихим голосом: "Здравствуйте, моя добрая, моя милая". Я принималась за книгу - романы Вальтера Скотта были тогда в славе - особенно мне осталось памятным чтение Айвенго... Как голос мой невольно звенел и трепетал, когда я передавала речи Ревекки! Ведь и во мне текла еврейская кровь, и не походила ли моя судьба на ее судьбу, не ухаживала ли я, как она, за больным милым человеком? Всякий раз, когда я отрывала глаза от страниц книги и поднимала их на него, я встречала его глаза с тою же тихой и светлой улыбкой всего лица. Говорили мы очень мало: дверь в гостиную была постоянно отворена и кто-нибудь всегда сидел там; но когда там затихало, я, сама не знаю почему, переставала читать, и опускала книгу на колени, и неподвижно глядела на Мишеля, и он глядел на меня, и хорошо нам было обоим, и как-то радостно, и стыдно, и все, все высказывали мы друг другу тогда, без движений и без слов. Ах! наши сердца сходились, шли навстречу друг другу, как сливаются подземные ключи, невидимо, неслышно... и неотразимо.

- Вы умеете играть в шахматы или в шашки? - спросил меня он однажды.

- В шахматы немного умею,- отвечала я.

- Ну и прекрасно. Велите принести доску и придвиньте столик.

Я уселась возле дивана, а сердце мое так и замирало, и не смела я взглянуть на Мишеля... А от окна, через всю комнату, как свободно я глядела на него!

Я стала расставлять шашки... Пальцы мои дрожали.

- Я это... не для того чтоб играть с вами...- проговорил вполголоса Мишель, тоже расставляя шашки,- а чтобы вы были ближе ко мне.

Я ничего не ответила и, не спрося, кому начать, ступила пешкой... Мишель не отвечал на мой ход... Я посмотрела на него. Слегка вытянув голову, весь бледный, он умоляющим взором указывал мне на мою руку...

Поняла ли я его - не помню, но что-то мгновенно, вихрем закружилось у меня в голове... В замешательстве, едва дыша, я взяла ферзь, двинула ею куда-то через всю шашечницу. Мишель быстро наклонился и, поймав губами и прижав мои пальцы к доске, начал целовать их безмолвно и жадно... Я не могла, я не хотела принять их, я другою рукою закрыла лицо, и слезы, как теперь помню, холодные, но блаженные... о, какие блаженные слезы!.. закапали на столик одна за одною. Ах, я знала, я всем сердцем почувствовала тогда, в чьей власти была моя рука!.. Я знала, что ее держал не мальчик, увлеченный мгновенным порывом, не Дон-Жуан, не военный-Ловелас, а благороднейший, лучший из людей... и он любил меня!

- О моя Сусанна! - послышался мне шепот Мишеля,- я никогда не заставлю тебя плакать другими слезами...

Он ошибся... Он заставил.

Но к чему останавливаться на таких воспоминаниях... особенно, особенно теперь!

Мы с Мишелем поклялись принадлежать друг другу. Он знал, что Семен Матвеич никогда не позволит ему жениться на мне, и не скрыл этого от меня. Я сама в этом не сомневалась, и я радовалась не тому, что Мишель не лукавил: он не мог лукавить,- а тому, что он не старался себя

43

обманывать. Сама я ничего не требовала и пошла бы за ним, как и куда бы он захотел. "Ты будешь моей женой,- повторял он мне,- я не Айвенго; я знаю, что не с леди Ровеной счастье". Мишель скоро выздоровел. Я не могла больше ходить к нему; но все уже было решено между нами. Я уже вся отдалась будущему; я ничего не видела вокруг, точно я плыла по прекрасной, ровной, но стремительной реке, окруженная туманом. А за нами наблюдали, нас сторожили. Изредка я замечала злые глаза моего вотчима, слышала его гадкий смех... Но смех этот и глаза тоже как будто выступали из тумана, на один миг... Я содрогалась, но тотчас забывала и опять отдавалась той прекрасной, быстрой реке...

Накануне условленного между нами отъезда Мишеля (он должен был тайно вернуться с дороги и увезти меня) я получила от него чрез его доверенного камердинера записку, в которой он назначил мне свидание в половине десятого часа ночи, в летней биллиардной, большой, низкой комнате, пристроенной к главному дому со стороны сада. Он писал мне, что желает окончательно переговорить и условиться со мной. Я уже два раза виделась с Мишелем в биллиардной... у меня был ключ от наружной двери. Как только пробило половина десятого, я накинула душегрейку на плечи, тихонько вышла из флигеля и по скрипучему снегу благополучно добралась до биллиардной. Луна, задернутая паром, стояла тусклым пятном над самым гребнем крыши, и ветер свистал писклявым свистом из-за угла стены. Дрожь пробежала по мне, однако я вложила ключ в замок. Я вошла в комнату, притворила за собой дверь, обернулась... Темная фигура отделилась от одного из простенков, ступила раза два, остановилась...

- Мишель,- прошептала я.

- Мишель по моему приказанию заперт под замок, а это я! - отвечал мне голос, от которого сердце у меня так и оборвалось...

Предо мной стоял Семен Матвеич!

Я бросилась было бежать, но он схватил меня за руку.

- Куда? дрянная девчонка! - прошипел он.- Умеешь к молодым дуракам на свиданье ходить, так умей и ответ держать!

Я помертвела от ужаса, но все порывалась к двери... Напрасно! Как железные крючья впились в меня пальцы Семена Матвеича.

- Пустите, пустите меня! - взмолилась я наконец.

- Говорят вам, ни с места!

Семен Матвеич заставил меня сесть. В полутьме я не могла разглядеть его лица, я же отворачивалась от него, но я слышала, что он тяжело дышал и скрипел зубами. Не страх чувствовала я и не отчаяние, а какое-то бессмысленное удивление. Пойманная птица, должно быть, так замирает в когтях коршуна... да и рука Семена Матвеича, который все так же крепко держал меня, стискивала меня, как лапа...

- Ага! - повторял он,- ага! Вот как... вот до чего... Ну, постой же!

Я попыталась подняться, но он с такою силой встряхнул меня, что я чуть не вскрикнула от боли, и бранные слова, оскорбления, угрозы полились потоком...

- Мишель, Мишель, где ты, спаси меня,- простонала я.

Семен Матвеич еще раз встряхнул меня... Этот раз я не выдержала... я вскрикнула.

Это, по-видимому, подействовало на него. Он утих немного, выпустил мою руку, но остался где был, в двух шагах от меня, между мною и дверью.

Прошло несколько минут... Я не шевелилась; он тяжело дышал по-прежнему.

- Сидите смирно,- начал он наконец,- и отвечайте мне. Докажите мне, что ваша нравственность еще не совсем испорчена и что вы в состоянии внять голосу рассудка. Увлечение я еще извинить могу, но упорство закоренелое - никогда! Мой сын...- Тут он перевел дыхание.- Михаиле Семеныч обещал вам жениться на вас? Не правда ли? Отвечайте же! Обещал? а? Я, разумеется, ничего не отвечала. Семен Матвеич чуть было не вспылил опять.

- Я принимаю ваше молчание за знак согласия,- продолжал он погодя немного.- Итак, вы задумали быть моею невесткой? Прекрасно! Но, не говоря уже о том, что вы не четырнадцатилетний ребенок и должны же знать, что все молодые балбесы не скупятся на самые нелепые обещанья, лишь бы добиться своих целей, не говоря об этом... но неужели же вы могли надеяться, что я, я, столбовой дворянин, Семен Матвеич Колтовской, когда-нибудь дам мое согласие на подобный брак! Или вы хотели обойтись без родительского благословения?.. Хотели бежать, обвенчаться тайно, а потом вернуться, комедию разыграть, броситься в ноги, в надежде, что старик, мол, расчувствуется... Да отвечайте же, черт возьми!

Я только голову наклонила. Убить меня он мог, но заставить говорить... это было не в его силах.

Он немного прошелся взад и вперед.

- Ну, послушайте,- начал он более спокойным голосом.- Вы не думайте... не воображайте... я вижу, с вами надо толковать иначе. Послушайте: я понимаю ваше положение. Вы запуганы, растеряны... Придите в себя. В эту минуту я должен вам казаться извергом... тираном. Но войдите также и в мое положение: как тут было мне не вознегодовать, не сказать лишнего? И со всем тем я вам уже доказал, что я не изверг, что и у меня есть сердце. Вспомните, как я обошелся с вами после приезда в деревню и потом, до... до последнего времени... до болезни Михаила

45

Семеныча. Я не хочу хвастаться своими благодеяниями, но мне кажется, одна благодарность должна была удержать вас от того скользкого пути, на который вы решились ступить!..

Семен Матвеич опять прошелся взад и вперед и, остановившись, потрепал меня слегка по руке, по той самой руке, которая еще ныла от его насилия и на которой я долго потом носила синие знаки...

- То-то и есть...- заговорил он снова,- голова... голова у нас горячая! Не хотим мы дать себе труд подумать, отчета себе дать не хотим, в чем состоит наша польза и где мы ее искать должны. Вы спросите у меня: где эта польза? Далеко вам ходить нечего... Она, быть может, у вас под руками... Да вот хоть бы я. Как родитель, как глава, я, конечно, должен был взыскать... Это моя обязанность. Но я человек в то же время, и вы это знаете. Бесспорно: я человек практический и, конечно, никакой чепухи допустить не могу, ни с чем несообразные надежды надо, конечно, из головы выкинуть, потому, какой в них толк? Я уж не говорю о безнравственности самого поступка... Вы это все должны понять сами, когда опомнитесь. А я, не хвастаясь, скажу, я бы не ограничился тем, что уже сделал для вас; я всегда готов был - и готов еще теперь - устроить, упрочить ваше благосостояние, обеспечить вас вполне, потому что я знаю вам цену, отдаю справедливость вашим талантам, вашему уму, да и, наконец... (Тут Семен Матвеич слегка пригнулся ко мне.) У вас такие' глазки, что, признаться... я вот старик, а совершенно равнодушно видеть их... я понимаю... это трудно, это действительно трудно.

Холодом обдало меня от этих слов. Я ушам своим едва поверила. В первую минуту мне показалось, что Семен Матвеич хотел купить мое отречение от Мишеля, дать мне "отступного"... Но эти слова! Мои глаза начинали привыкать к темноте, и я могла различить лицо Семена Матвеича. Оно улыбалось, это старое лицо, а сам он все расхаживал маленькими шагами, семенил предо мною...

- Ну, так как же? - спросил он наконец,- нравится вам мое предложение?

- Предложение?..- повторила я невольно... я решительно ничего не понимала.

Семен Матвеич засмеялся... действительно засмеялся своим противным, тонким смехом.

- Конечно! - воскликнул он,- вы все, молодые девки...- он поправился:-девицы... девицы... вы все об одном только мечтаете: вам все молодых подавай! Без любви вы жить не можете! Конечно. Что говорить! Молодость - дело хорошее! Но разве одни молодые любить умеют?.. У иного старика сердце еще горячее, и уж коли старик кого полюбит, так уж это - каменная скала! Это навек! Не то что эти безбородые лоботрясы, у которых только ветер в головах ходит! Да, да; старичками брезгать не следует! Они могут сделать многое! Только взяться за них надо умеючи! Да... да! И ласкать старички умеют тоже, хи-хи-хи...- Семен Матвеич опять засмеялся.- Да вот позвольте... Вашу ручку... для пробы... только так... для пробы...

Я вскочила со стула и изо всей силы толкнула его в грудь. Он отшатнулся, он издал какой-то дряхлый, испуганный звук, он чуть не упал. На человеческом языке нет слов, чтобы выразить, до какой степени он мне показался гнусен и ничтожно низок. Всякое подобие страха исчезло во мне.

- Подите прочь, презренный старик,- вырвалось у меня из груди,- подите прочь, господин Колтовской, столбовой дворянин! И во мне течет ваша кровь, кровь Колтовских, и я проклинаю тот день и час, когда она потекла по моим жилам!

- Что?.. Что ты говоришь?.. Что?- лепетал, задыхаясь, Семен Матвеич.- Ты смеешь... в ту минуту, когда я тебя застал... когда ты шла к Мишке... а? а? а?

Но я уже не могла остановиться... Что-то беспощадно отчаянное проснулось во мне.

- И вы, вы, брат... брат вашего брата, вы дерзнули, вы решились... За кого же вы приняли меня? И неужели же вы так слепы, что не могли давно заметить то отвращение, которое вы возбуждаете во мне?.. Вы смели употребить слово: предложение!.. Выпустите меня сейчас, сию минуту.

Я направилась к двери.

- А, вот что! вот как! вот когда она заговорила! - запищал Семен Матвеич в исступлении злобы, но, видимо, не решаясь подойти ко мне...- Погоди же! Господин Ратч, Иван Демьяныч! пожалуйте сюда!

Дверь биллиардной, противоположная той, к которой я приближалась, раскрылась настежь, и, с зажженным канделябром в каждой руке, появился мой вотчим. Освещенное с двух сторон свечами, его круглое красное лицо сияло торжеством удовлетворенной мести, лакейскою радостью удачной услуги... О, эти гадкие, белые глаза! когда я перестану их видеть!

- Извольте тотчас взять эту девушку,- воскликнул Семен Матвеич, обращаясь к моему вотчиму и повелительно указывая на меня дрожащей рукой.- Извольте отвести ее к себе в дом и запереть на ключ, на замок... чтоб она... пальцем пошевельнуть не могла, чтобы муха к ней не проскочила! Впредь до моего приказания! Окна забить, если нужно! Ты отвечаешь мне за нее головой!

Г-н Ратч поставил канделябры на биллиард, поклонился в пояс Семену Матвеичу и, слегка переваливаясь и злорадно улыбаясь, направился ко мне. Кот, должно быть, так подходит к мыши, которой некуда спастись. Вся моя отвага тотчас меня покинула. Я знала, этот человек был в состоянии... прибить меня. Я задрожала; да; о, позор! о, стыд! я задрожала.

- Ну-с, сударыня,- проговорил г. Ратч, - извольте-с идти-с.

Он не спеша взял меня за руку выше локтя... Он понимал, что я сопротивляться не буду. Я сама подалась вперед к двери; в эту минуту я думала только об одном: как бы поскорее избавиться от присутствия Семена Матвеича.

Но гадкий старик подскочил к нам сзади, и Ратч остановил меня и повернул меня лицом к своему патрону.

- А! - закричал тот и потряс кулаком,- а! я брат... моего брата! Узы крови? а? А за брата, за двоюродного, выйти замуж можно? Можно? а? Веди ее, ты! - обратился он к моему вотчиму.- И помни: держать ухо востро! За малейшее сообщение с нею - казни не будет достойной... Веди!

Г-н Ратч привел меня в мою комнату. Идя по двору, он ничего не сказал мне, все только смеялся про себя, без звука. Он запер ставни, двери и тут же, уходя окончательно и кланяясь мне в пояс, как Семену Матвеичу, прыснул, разразился тяжелым восторженным хохотом. "Покойной ночи царевне Меликитрисе,- удушливо простонал он,- не поймала Митрофана-царевича! Жаль! Мысль была в своем роде не глупая! Вперед наука: не заводить корреспонденции! Хо-хо-хо! Как, однако, все славно обделалось!" Он вышел и вдруг высунул голову из-за двери. "Что? Ведь не забыл я вам? Ась? Слово сдержал? Хо-хо!" Ключ щелкнул в замке. Я вздохнула свободно. Я боялась, как бы он мне рук не связал... но они были мои,- они были свободны! Я мгновенно сдернула шелковый шнурок со спального капота, сделала петлю, приблизила ее к шее, но тотчас же отбросила^ шнурок в сторону. "Не потешу я вас! - сказала я громко.- И в самом деле? Что за безумие? Могу ли я располагать моею жизнью без ведома Мишеля, моею жизнью, которую сама ему отдала? Нет, мои злодеи! Нет! Дело еще не выиграно вами! Он меня спасет, он вырвет меня из этого ада, он... мой Мишель!"

Но тут я вспомнила, что он в заключении, так же как и я,- и я бросилась лицом на постель, зарыдала... зарыдала... И только мысль, что мой мучитель, быть может, стоит за дверью, и прислушивается, и торжествует, только эта моя мысль заставила меня поглотить мои слезы...

Я утомлена. Я пишу с утра, а теперь вечер; оторвавшись раз от этого листа бумаги, я уже не буду в состоянии приняться снова за перо... Скорей, скорей к концу! Да и притом останавливаться на безобразиях, которые последовали за тем страшным днем, свыше сил моих!

Меня через сутки перевезли в закрытом возке в отдельную дворовую избу, окружили мужиками-караульщиками, меня держали взаперти целые шесть недель! Я ни минуты, не была одна... Уже впоследствии я узнала, что вотчим мой с самого приезда Мишеля приставил и к нему и ко мне шпионов, что он подкупил слугу, который доставил мне записку от Мишеля;

узнала я также, что между им и отцом его произошла на следующее утро ужасная, возмутительная сцена... Отец его проклял. Мишель с своей стороны поклялся, что ноги его не будет в родительском доме, и уехал в Петербург. Но удар, нанесенный мне моим вотчимом, отразился на нем самом. Семен Матвеич объявил ему, что оставаться ему в деревне, управлять именьем, более невозможно: видно, неловкое усердие не прощается, и надо же было взыскать на ком-нибудь за происшедший скандал. Впрочем, Семен Матвеич щедро наградил г. Ратча; он дал ему средства перебраться в Москву и поселиться там. Пред отъездом в Москву меня перевели обратно во флигель, но по-прежнему держали под строжайшим надзором. Потеря "тепленького" местечка, которого он лишился "по моей милости", еще увеличила злобу моего вотчима против меня.

- И кого удивить вздумали? - говаривал он, чуть не фыркая от негодования,- право! Старичок, конечно, погорячился, поспешил, ну, и попал впросак; теперь, конечно, самолюбие его пострадало, беду теперь поправить нельзя. Подождать бы денька два, и все бы как по маслу пошло; вы бы теперь не сидели на сухоедении, и я бы остался чем был! То-то и есть: длинен у баб волос... а ум короток! Ну, да ладно; я свое возьму, и тот голубчик (он намекал на Мишеля) меня на забудет!

Я, разумеется, должна была сносить в молчании все эти оскорбления. И Семена Матвеича я уже больше ни разу не видела. Разлука с сыном потрясла и его. Почувствовал ли он раскаяние или - что гораздо вероятнее - желал ли он навсегда приковать меня к моему дому, к моей семье - к моей семье! - только он назначил мне пенсию, которая должна была поступать в руки моего вотчима и выдаваться мне до тех пор, пока я выйду замуж... Это унизительное подаяние, эту пенсию, я до сих пор получаю... то есть г. Ратч получает ее за меня...

Поселились мы в Москве. Клянусь памятью моей бедной матери, двух дней, двух часов я бы не осталась с моим вотчимом, попавши в город... Я бы ушла, не зная куда... в полицию, бросилась бы в ноги к генерал-губернатору, сенаторам, я не знаю, что бы я сделала, если бы в самую минуту отъезда из деревни бывшей моей горничной не удалось передать мне письмо от Мишеля. О, это письмо! Сколько раз я перечитывала каждую строку, сколько раз покрыла его поцелуями! Мишель умолял меня не падать духом, надеяться, быть уверенною в его неизменной любви; он клялся, что, кроме меня, никому принадлежать не будет, он называл меня своей женой, он обещал устранить все препятствия, он рисовал картину нашего будущего, он просил меня об одном: потерпеть, подождать немного... И я решилась ждать и терпеть. Ах, на что бы не согласилась я, чего бы не вынесла, чтобы только исполнить его волю! Это письмо стало моею святынею, моею путеводною звездой, моим якорем. Бывало, мой вотчим начнет укорять, оскорблять меня, я тихонько положу руку на грудь (я носила письмо Мишеля зашитым в ладонку) и только улыбнусь. И чем больше бесится и бранится г. Ратч, тем мне легче становится и слаще... Я наконец видела по его глазам, что он начинал думать, не схожу ли я с ума... Вслед за тем первым письмом пришло второе, еще более исполненное надежд... Оно говорило о близком свидании.

Ах, вместо этого свидания настало одно утро... И вижу я, входит ко мне г. Ратч,- и опять торжество, злорадное торжество на его лице,- и в руках его лист Инвалида, и там известие о смерти гвардии ротмистра Михаила Колтовского... Исключен из списков.

Что могу я прибавить? Я осталась жива и продолжала жить у г. Ратча. Он ненавидел меня по-прежнему, больше прежнего,- он слишком разоблачил предо мной свою черную душу, он не мог мне это простить. Но мне было все равно. Я стала какою-то бесчувственною; моя собственная судьба меня уже не занимала. Вспоминать о нем, вспоминать о нем! другого занятия, других радостей у меня не было. Мой бедный Мишель скончался с моим именем на устах... Мне это сообщил один преданный ему человек, который вместе с ним приезжал в деревню. Вотчим мой в том же году женился на Элеоноре Карловне. Вскоре умер и Семен Матвеич, подтвердив и увеличив в завещании своем пожалованную мне пенсию... В случае моей смерти она должна перейти к г. Ратчу...

Минуло два, три года... прошло шесть лет, семь лет... Жизнь уходила, утекала... а я только глядела, как утекала она. Так, бывало, в детстве, устроишь на берегу ручья из песку сажалку, и плотину выведешь, и всячески стараешься, чтобы вода не просочилась, не прорвалась... Но вот она прорвалась наконец, и бросишь ты все свои хлопоты, и весело тебе станет смотреть, как все накопленное тобою убегает до капли...

Так жила я, так существовала, пока наконец новый, уже неожиданный луч тепла и света..."

На этом слове останавливалась рукопись; последующие листы были оторваны, и несколько строк, оканчивавших фразу, зачеркнуты и перемараны чернилами.

XVIII

Чтение этой тетради до того меня смутило, впечатление, произведенное посещением Сусанны, было так велико, что я не мог уснуть всю ночь и рано поутру послал с эстафетой к Фустову письмо, в котором заклинал его вернуться как можно скорее в Москву, так как его отсутствие могло иметь самые тяжелые последствия. Я намекнул ему тоже на свидание с Сусанной, на тетрадку, которую она оставила в моих руках. Отправив письмо, я весь тот день уже не выходил из дому и все размышлял о том, что должно было происходить там, у Ратчей. Пойти самому туда я не решался. Я не мог, однако, не заметить, что тетушка моя находилась в постоянной тревоге: она приказывала курить чуть не каждую минуту и раскладывала пасьянс "Путешественник", известный тем, что никогда не выходит! Визит незнакомой дамы, да еще в такую позднюю пору, не остался для нее тайной: ее воображенью тотчас представилась зияющая бездна, на краю которой я стоял, и она то и дело вздыхала, охала и произносила вполголоса французские сентенции, почерпнутые ею из рукописной книжечки под заглавием: Extracts de lecture[49], а вечером на моем ночном столике очутилось сочинение Де Жерандо, развернутое на главе: О вреде страстей. Сочинение это было занесено в мою комнату, разумеется, по приказанию тетушки, старшею ее компаньонкой, которую в доме прозывали Амишкой вследствие ее сходства с маленьким пуделем того же имени, девицей очень сентиментальною и даже романтическою, но перезрелою. Весь следующий день прошел в томительном ожидании приезда Фустова, письма от него, известий из дома Ратчей... хотя с какой стати было им посылать ко мне? Скорей Сусанна могла предполагать, что я посещу ее... Но у меня решительно духа не хватало увидать ее, не поговорив сперва с Фустовым. Я припоминал все выраженья моего письма к нему... Кажется, они были довольно сильны; наконец, уж поздно вечером, он явился.

XIX

Он вошел ко мне в комнату своею обычною, быстрою, но неторопливою походкой. Лицо его мне показалось бледным и, являя следы дорожной усталости, выражало недоумение, любопытство, недовольство - чувства в обычное время ему мало известные. Я бросился к

---

[49] Выписки из прочитанного (франц.)

нему, обнял его, горячо поблагодарил его за то, что он меня послушался, и, передав в двух словах мой разговор с Сусанной,- вручил ему ее тетрадку. Он отошел к окну, к тому самому окну, на котором два дня тому назад сидела Сусанна, и, не сказав мне ни слова, принялся читать. Я тотчас удалился в противоположный угол комнаты и взял для контенанса книгу; но, признаюсь, все время глядел украдкой через край переплета на Фустова. Сначала он читал довольна спокойно и все щипал левою рукой концы волосиков на губе; потом он опустил руку, нагнулся вперед и уже не шевельнулся более. Глаза его так и бегали по строкам, и рот слегка раскрылся. Вот он кончил тетрадку, перевернул ее, посмотрел кругом, задумался и снова принялся ее читать и перечел ее всю во второй раз от начала до конца. Потом он встал, положил тетрадку в карман и направился было к двери, однако вернулся и остановился посреди комнаты.

- Ну, что ты думаешь? - начал я, не дождавшись, чтоб он заговорил.

- Я виноват перед нею,- произнес Фустов глухо.- Я поступил... необдуманно, непростительно, дико. Я поверил этому... Виктору.

- Как! - воскликнул я,- тому самому Виктору, которого ты так презираешь? Да что он мог сказать тебе?

Фустов скрестил руки и стал ко мне боком. Ему было совестно, я это видел.

- Ты помнишь,- промолвил он не без некоторого усилия,- этот... Виктор упомянул о... о пенсии. Это несчастное слово засело во мне. Оно всему причиной. Я стал его расспрашивать... Ну, и он...

- Что же он?

- Он сказал мне, что тот старик... как бишь его?.. Коптевской, назначил эту пенсию Сусанне, потому что... оттого... ну, словом, в виде вознаграждения.

Я всплеснул руками.

- И ты поверил? Фустов наклонил голову.

- Да! Я поверил... Он также сказал, что и с молодым... Словом, мой поступок не имеет оправданья.

- И ты удалился, чтобы все перервать?

- Да; это лучшее средство... в таких случаях. Я поступил дико, дико,- подхватил он.

Мы оба помолчали. Каждый из нас чувствовал, что другому было стыдно; но мне было легче: я стыдился не за себя.

XX

- Я бы теперь этому Виктору все кости переломал,- продолжал Фустов, стиснув зубы,- если бы сам не сознавал себя виноватым. Я теперь понимаю, почему вся эта штука подведена было: с замужеством Сусанны они лишались ее пенсии... Подлецы!

Я взял его за руку.

- Александр,- спросил я,- ты был у ней?

- Нет; я прямо с дороги к тебе. Я пойду завтра... завтра рано. Этого нельзя так оставить. Ни за что!

- Да ты... любишь ее, Александр? Фустов как будто обиделся.

- Конечно, я ее люблю. Я очень к ней привязан.

- Она прекрасная, честная девушка! - воскликнул я. Фустов нетерпеливо топнул ногою.

- Да что ты воображаешь? Я готов был жениться на ней,- она же крещеная,- я и теперь готов на ней жениться, я уже думал об этом, хотя она старше меня.

В это мгновенье мне вдруг показалось, что на окне сидит, склонившись на руки, бледная женская фигура. Свечи нагорели: в комнате было темно. Я вздрогнул, вгляделся пристальнее, и ничего, конечно, не увидал на подоконнике, но какое-то странное чувство, смешение ужаса, тоски, сожаления, охватило меня.

- Александр! - начал я с внезапным увлечением,- прошу тебя, умоляю тебя, ступай сейчас к Ратчам, не откладывай до завтра! Мне внутренний голос говорит, что тебе непременно должно сегодня же увидаться с Сусанной!

Фустов пожал плечами.

- Что ты это, помилуй! Теперь одиннадцатый час, у них, вероятно, все уже спят в доме.

- Все равно... Ступай, ради бога! У меня есть предчувствие... Пожалуйста, послушайся меня! Ступай сейчас, возьми извозчика...

- Ну, что за вздор?- хладнокровно возразил Фустов,- с какой стати я пойду теперь? Завтра утром я там буду, и все разъяснится.

- Но, Александр, вспомни, она говорила о том, что она умрет, что ты ее не застанешь... И если б ты видел ее лицо! Подумай, представь, чтобы решиться идти ко мне... чего ей стоило...

- У ней восторженная голова,- промолвил Фустов, который, по-видимому, снова вполне овладел собою.- Все молодые девушки так... на первых порах. Повторяю, завтра все придет в порядок. Пока прощай. Я устал, да и тебе спать хочется.

Он взял фуражку и пошел вон из комнаты.

- Но ты обещаешь тотчас прийти сюда и все сказать мне?- крикнул я ему вслед.

- Обещаю... Прощай!

Я лег в постель, но на сердце у меня было неспокойно, и я досадовал на моего друга. Я заснул поздно и видел во сне, будто мы с Сусанной бродим по каким-то подземным сырым переходам, лазим по узким крутым лестницам, и все глубже и глубже спускаемся вниз, хотя нам непременно следует выбраться вверх, на воздух, и кто-то все время беспрестанно зовет нас, однообразно и жалобно.

XXI

Чья-то рука легла на мое плечо и несколько раз меня толкнула... Я открыл глаза и, при слабом свете одинокой свечи, увидел пред собою Фустова. Он испугал меня. Он качался на ногах; лицо его было желто, почти одного цвета с волосами; губы отвисли, мутные глаза глядели бессмысленно в сторону. Куда девался их постоянно ласковый и благосклонный взор? У меня был двоюродный брат, который от падучей болезни впал в идиотизм... Фустов походил на него в эту минуту. Я поспешно приподнялся.

- Что такое? Что с тобою? Господи!

Он ничего не отвечал.

- Да что случилось? Фустов? Говори же! Сусанна?..

Фустов слегка встрепенулся.

- Она...- начал он сиплым голосом и умолк.

- Что с нею? Ты ее видел?

Он уставился на меня.

- Ее уж нет.

- Как нет?

- Совсем нет. Она умерла.

Я вскочил с постели.

- Как умерла! Сусанна? Умерла?

Фустов опять отвел глаза в сторону.

- Да, умерла; в полночь.

"Он рехнулся!" - мелькнуло у меня в голове.

- В полночь! Да теперь который час?

- Теперь восемь часов утра. Мне прислали сказать. Ее завтра хоронят.

Я схватил его за руку.

- Александр, ты не бредишь? Ты в своем уме?

- Я в своем уме,- отвечал он.- Я, как узнал это, сейчас отправился к тебе.

Сердце во мне болезненно окаменело, как это всегда бывает при убеждении в невозвратно совершившейся беде.

- Боже мой! Боже мой! Умерла! - твердил я.- Как это возможно! Так внезапно! Или, может быть, она сама лишила себя жизни?

- Не знаю,- проговорил Фустов.- Ничего не знаю. Мне сказали: в полночь скончалась. И завтра хоронить будут.

"В полночь,- подумал я...- Стало быть, она была еще жива вчера, когда она мне почудилась на окне, когда я умолял его бежать к ней..."

- Она была еще жива вчера, когда ты посылал меня к Ивану Демьянычу,- промолвил Фустов, словно угадав мою мысль.

"Как же мало он знал ее! - подумал я опять.- Как мало мы оба ее знали! Восторженная голова, говорил он, все молодые девушки так... А в ту самую минуту она, быть может, подносила к губам... Возможно ли любить кого-нибудь и так грубо в нем ошибаться?"

Фустов неподвижно стоял пред моею кроватью, с повисшими руками, как виноватый.

XXII

Я наскоро оделся.

- Что же ты намерен теперь делать, Александр?- спросил я.

Он посмотрел на меня с недоуменьем, как бы дивясь нелепости моего вопроса. И в самом деле, что было делать?

- Ты, однако, не можешь не пойти к ним,- начал я.- Ты должен узнать, как это случилось; тут, может быть, преступление скрывается. От этих людей всего ожидать следует... Это все на чистую воду вывести следует. Вспомни, что стоит в ее тетрадке: пенсия прекращается в случае замужества, а в случае смерти переходит к Ратчу. Во всяком случае, последний долг отдать надо, поклониться праху!

Я говорил Фустову как наставник, как старший брат. Среди всего этого ужаса, горя, изумления какое-то невольное чувство превосходства над Фустовым внезапно проявилось во мне... Оттого ли, что я видел его подавленным сознаньем своей вины, потерявшимся, уничтоженным; оттого ли, что несчастье, поразив человека, почти всегда его роняет, спускает его ниже в мнении других - "стало, мол, ты плох, коли не умел увернуться!" - господь ведает! Только Фустов мне казался почти ребенком, и жалко было мне его, и понимал я необходимость строгости. Я протягивал ему руку сверху вниз. Одно лишь женское сожаление не идет сверху вниз.

Но Фустов продолжал глядеть на меня тупо и дико,- мой авторитет, очевидно, не действовал на него,- и на мой вторичный вопрос: "Ведь ты пойдешь к ним?" - отвечал: "Нет, не пойду".

- Как же это, помилуй! Неужели ты не захочешь сам узнать, расспросить: как, что? Может быть, она оставила письмо... документ какой-нибудь... помилуй!

Фустов покачал головой.

- Я не могу пойти туда,- промолвил он.- Я затем и пришел к тебе, чтобы попросить тебя... вместо меня... А я не могу... не могу...

Фустов вдруг присел к столу, закрыл лицо обеими руками и зарыдал горько.

- Ах, ах,- твердил он сквозь слезы,- ах, бедная... бедняжка... я лю... я любил ее... ах, ах!

Я стоял возле него, и, должен сознаться, никакого участия не возбуждали во мне эти бесспорно искренние рыданья; я только удивлялся тому, что Фустов мог так плакать, и мне показалось, что я теперь понял, какой он маленький человек и как я, на его месте, поступил бы совсем иначе. Вот и подите после этого! Если бы Фустов остался совершенно спокоен, я, быть может, возненавидел бы его, возымел бы к нему отвращение, но он не упал бы в моем мнении... Престиж бы его сохранился, Дон-Жуан остался бы Дон-Жуаном! Очень поздно в жизни - и только после многих опытов - научается человек, при виде действительного падения или слабости собрата, сочувствовать ему и помогать ему без тайного самоуслаждения собственною добродетелью и силой, а, напротив, со всяческим смирением и пониманием естественности, почти неизбежности вины!

XXIII

Я очень храбро и решительно посылал Фустова к Ратчам, но когда сам я к ним отправился часов в двенадцать (Фустов ни за что не согласился идти со мною и только просил меня отдать ему подробный отчет во всем), когда из-за поворота переулка издали глянул на меня их дом с желтоватым пятном пригроб-ной свечи в одном из окон, несказанный страх стеснил мое дыхание, я бы охотно вернулся назад... Однако я преодолел себя и вошел в переднюю. В ней пахло ладаном и воском; розовая крыша гроба, обитая серебряным позументом, стояла в углу, прислоненная к стене. В одной из соседних комнат, в столовой, гудело, как залетевший шмель, однообразное бормотанье дьячка. Из гостиной выглянуло заспанное лицо служанки; промолвив вполголоса: "Поклониться пришли?" - она указала на дверь столовой. Я вошел. Гроб стоял к дверям головой; черные волосы Сусанны под белым венчиком, над приподнятою бахромой подушки, первые бросились мне в глаза. Я зашел сбоку, перекрестился, поклонился в землю, взглянул... Боже! какой горестный вид! Несчастная! даже смерть ее не пожалела; не придала ей - не говорю уже красоты - но даже. той тишины, умиленной и умилительной тишины, которая так часто встречается на чертах усопших. Маленькое, темное, почти коричневое, лицо Сусанны напоминало лики на старых-старых образах, и какое выражение было на этом лице! Такое выражение, как будто она собралась крикнуть отчаянным криком, да так и замерла, не произнеся звука... даже морщинка между бровями не изгладилась, а пальцы на руках были подвернуты и сжаты.

Я невольно отвел взор, но погодя немного я заставил себя поглядеть, внимательно и долго поглядеть на нее. Жалость наполнила мою душу, и не одна только жалость. "Эта девушка умерла насильственною смертью,- решил я про себя,- это несомненно". Пока я стоял и глядел на покойницу, дьячок, который при входе моем возвысил было голос и произнес несколько членораздельных звуков, снова загудел и зевнул раза два. Я вторично поклонился в землю и вышел в переднюю. На пороге гостиной уже ожидал меня г. Ратч, одетый в пестрый бухарский шлафрок, и, поманив меня к "себе рукою, повел меня в свой кабинет, я чуть было не сказал, в свою нору. Кабинет этот, мрачный, тесный, весь пропитанный кислым запахом вакштафа, возбуждал в уме сравнение с жилищем волка или лисицы.

XXIV

- Разрыв! разрыв там этих покровов... оболочки... Вы знаете... покровов?- заговорил г. Ратч, как только запер дверь.- Такое несчастие! Еще вчера вечером нельзя было ничего заметить, и вдруг: р-р-р-раз! трах! пополам! и конец! Вот уже точно: "Heute roth, morgen todt!"[50] Правда, это должно было ожидать: я это всегда ожидал, мне в Тамбове полковой доктор Галимбовский, Викентий Казимирович... Вы, наверное, слыхали о нем... отличнейший практик, специалист!

---

[50] Нынче жив, завтра мертв! (нем.)

- В первый раз слышу это имя,- заметил я.

- Ну, все равно; так вот он,- продолжал г. Ратч, сперва тихим голосом, а потом все громче и громче и, к удивлению моему, с заметным немецким акцентом,- он меня всегда предупреждал: "Эй! Иван Демьяныч! эй! друг мой, берегитесь! У вашей падчерицы органический недостаток в сердце - hypertrophia cordialis![51] Чуть что, беда! Сильных ощущений пуще всего избегать должно... На рассудок должно действовать..." А помилуйте, разве можно с молодою девицей!.. на рассудок действовать? Ха... ха... ха...

Г-н Ратч чуть было не засмеялся, по старой привычке, но вовремя спохватился и перевел начатый звук на кашель.

Это г. Ратч говорил! после всего того, что я узнал о нем!.. Я почел, однако, своею обязанностью спросить его: был ли призван доктор?

Г-н Ратч даже подпрыгнул.

- Конечно, был... Двоих призывали, но уже все было совершено - abgemacht! И вообразите: оба словно столковались (г. Ратч, вероятно, хотел сказать: стакнулись): разрыв! разрыв сердца! Так в одно слово и закричали. Предлагали анатомию, но я уже... вы понимаете, не согласился.

- И завтра похороны? - спросил я.

- Да, да, завтра, завтра мы хороним нашу голубицу! Вынос из дома будет ровно в одиннадцать часов пополуночи... Отсюда в церковь Николы на Курьих Ножках... Знаете? Странные какие имена у ваших русских церквей! Потом на последний покой в матушке земле сырой! Вы пожалуете? Мы недавно знакомы, но, смею сказать, любезность вашего нрава и возвышенность чувств...

Я поспешил кивнуть головой.

- Да, да, да,- вздохнул г. Ратч.- Это... это уж точно, как говорится, молния на светлом небеси! Ein Blitz aus heiterem Himmel!

- И ничего Сусанна Ивановна не сказала перед смертью, ничего не оставила?

- Ничего решительно! Ни синь-пороха! Ни единого клочка бумаги! Помилуйте, когда меня к ней позвали, когда разбудили меня - представьте! она уже окоченела! Очень чувствительно было для меня; очень она нас всех огорчила! Александр Давыдыч, чай, тоже пожалеет, как узнает... Говорят, его в Москве нет?

- Он точно уезжал на несколько дней...- начал было я.

- Виктор Иваныч жалуются, что саней им долго не закладывают,- перебила меня вошедшая служанка, та самая, которую я видел в передней. Лицо ее, по-прежнему заспанное, поразило меня в этот раз тем

---

[51] Расширение сердца! (лат.)

выражением дерзкой грубости, какое появляется у слуг, когда они знают, что господа от них зависят и не решатся ни бранить их, ни взыскивать с них.

- Сейчас, сейчас,- засеменил Иван Демьяныч.- Элеонора Карповна! Leonore! Lenchen![52] пожалуйте сюда!

Что-то грузно завозилось за дверью, и в ту же минуту раздалось повелительное восклицание Виктора: "Что ж это, лошадь не закладывают? не пешком же мне в полицию тащиться?"

- Сейчас, сейчас,- снова залепетал Иван Демьяныч.- Элеонора Карповна, пожалуйте же сюда!

- Aber, Иван Демьяныч,- послышался ее голос,- ich habe keine Toilette gemacht![53]

- Macht nichts. Komm herein![54]

Элеонора Карповна вошла, придерживая двумя пальцами косынку на голой шее. На ней был утренний капот-распашонка, и волос она не успела причесать. Иван Демьяныч тотчас подскочил к ней.

- Вы слышите, Виктор лошадь требует,- промолвил он, торопливо указывая пальцем то на дверь, то на окно.- Пожалуйста, распорядитесь попроворнее! Der Keri schreit so![55]

- Der Victor schreit immer, Иван Демьяныч, Sie wissen wohl[56],- отвечала Элеонора Карповна,- и я сама сказала кучеру, только он вздумал овес задавать. Вот какое несчастие случилось вдруг,- прибавила она, обратясь ко мне,- и кто это мог ожидать от Сусанны Ивановны?

- Я всегда это ожидал, всегда! - закричал Ратч и высоко поднял руки, причем его бухарский халат разъехался спереди, и обнаружились препротивные нижние невыразимые из замшевой кожи с медными пряжками на поясе.- Разрыв сердца! разрыв оболочек! Гипертрофия!

- Ну да,- повторила за ним Элеонора Карповна,- гипо... Ну, вот это. Только мне очень, очень жалко, опять-таки скажу...- И ее топорное лицо понемножку перекосилось, брови приподнялись треугольником, и крохотная слезинка скатилась на круглую, точно налакированную, как у куклы, щеку...- Мне очень жалко, что такой молодой человек, которому только бы следовало жить и пользоваться всем... всем... И этакое вдруг отчаяние!

- Na! gut, gut... geh, alte![57] - перебил г. Ратч.

---

[52] Леонора! Ленхен! (нем.)

[53] Но я еще не одета! (нем.)

[54] Пустяки. Входи! (нем.)

[55] Он так кричит! (нем.)

[56] Виктор всегда кричит, вы хорошо это знаете (нем.)

[57] Ну, хорошо, хорошо... иди, старая! (нем.)

- Geh' schon, geh' schon[58],- проворчала Элеонора Карповна и вышла вон, все еще придерживая пальцами косынку и роняя слезинки.

И я отправился вслед за нею. В передней стоял Виктор в студенческой шинели с бобровым воротником и фуражкой набекрень. Он едва глянул на меня через плечо, встряхнул воротником и не поклонился, за что я ему мысленно сказал большое спасибо.

Я вернулся к Фустову.

XXV

Я застал моего приятеля сидящим в углу своего кабинета, с понуренною головой и скрещенными на груди руками. На него нашел столбняк, и глядел он вокруг себя с медленным изумлением человека, который очень крепко спал и которого только что разбудили. Я ему рассказал свое посещение у Ратча, передал ему речи ветерана, речи его жены, впечатление, которое они оба произвели на меня, сообщил ему мое убеждение в том, что несчастная девушка сама себя лишила жизни... Фустов слушал меня, не меняя выражения лица, и с тем же изумлением посматривал кругом.

- Ты ее видел? - спросил он меня наконец.

- Видел.

- В гробу?

Фустов словно сомневался в том, что Сусанна действительно умерла.

- В гробу.

Фустов перекосил и опустил глаза и тихонько потер себе руки.

- Тебе холодно? - спросил я.

- Да, брат, холодно,- отвечал он с расстановкой и бессмысленно покачал головою.

Я начал ему доказывать, что Сусанна непременно отравилась, а может быть, и отравлена была, и что этого нельзя так оставить...

Фустов уставился на меня.

- Что же тут делать?- сказал он, медленно и широко моргая.- Хуже ведь... если узнают. Хоронить не станут. Оставить надо... так.

Мне эта, впрочем, очень простая мысль в голову не приходила. Практический смысл моего приятеля не изменял ему.

- Когда... ее хоронят? - продолжал он.

- Завтра.

---

[58]- Иду уж, иду уж (нем.)

- Ты пойдешь?

- Да.

- В дом или прямо в церковь?

- И в дом и в церковь; а оттуда на кладбище.

- А я не пойду... Я не могу, не могу,- прошептал Фустов и начал всхлипывать. Он и поутру на тех же самых словах зарыдал. Я заметил, это часто случается с плачущим; точно будто одним известным словам, большею частью незначительным,- но именно этим словам, а не другим,- дано раскрыть источник слез в человеке, потрясти его, возбудить в нем чувство жалости к другому и к самому себе... Помнится, одна крестьянка, рассказывая при мне про внезапную смерть своей дочери во время обеда, так и заливалась и не могла продолжать начатого рассказа, как только произносила следующую фразу: "Я ей говорю: Фекла? А она мне: мамка, соль-то ты куда... соль куда... со-оль..." Слово: "соль" ее убивало. Но меня, так же как и поутру, мало трогали слезы Фустова. Я не постигал, каким образом он мог не спросить меня, не оставила ли Сусанна чего-нибудь для него? Вообще их взаимная любовь была для меня загадкой: она так и осталась загадкой для меня.

Поплакав минут с десять, Фустов встал, лег на диван, повернулся лицом к стене и остался неподвижен. Я подождал немного, но, видя, что он не шевелится и не отвечает на мои вопросы, решился удалиться. Я, быть может, взвожу на него напраслину, но едва ли он не заснул. Впрочем, это еще бы не доказывало, чтоб он не чувствовал огорчения... а только природа его была так устроена, что не могла долго выносить печальные ощущения... Уж больно нормальная была природа!

XXVI

На следующий день, ровно в одиннадцать часов, я был на месте. Тонкая крупа сеялась с низкого неба, мороз стоял небольшой, готовилась оттепель, но в воздухе ходили резкие, неприятные струи... Самая была великопостная, простудная погода. Я застал г. Ратча на крыльце его дома. В черном фраке с плерезами, без шляпы на голове, он суетился, размахивал руками, бил себя по ляжкам, кричал то в дом, то на улицу, в направлении тут же стоявших погребальных дрог с белым катафалком и двух ямских карет, возле которых четыре гарнизонные солдата в траурных мантиях на старых шинелях и траурных шляпах на сморщенных глазах задумчиво тыкали в рыхлый снег ручками незажженных факелов. Седая шапка волос так и вздымалась над красным лицом г. Ратча, и голос его, этот медный голос, обрывался от натуги. "Что же ельнику! ельнику! сюда! Ветвей еловых! - вопил он,- сейчас гроб выносить будут! Ельнику! Валите ельнику! Живо!" - воскликнул он еще раз и вскочил в дом. Оказалось, что, несмотря на мою аккуратность, я опоздал: г. Ратч счел за нужное поспешить. Служба уже отошла: священники,- из коих один имел камилавку, а другой, помоложе, очень тщательно расчесал и примаслил волосы,- появились вместе с причтом на крыльце. Вскоре показался и гроб, несомый кучером, двумя дворниками и водовозом. Г-н Ратч шел сзади, придерживаясь концами пальцев за крышку, и все твердил: "Легче, легче!" За ним вперевалочку плелась Элеонора Карповна, в черном платье, тоже с плерезами, окруженная всем своим семейством; после всех выступал Виктор в новеньком мундире, при шпаге, с флером на рукоятке. Носильщики, кряхтя и перекоряясь, поставили гроб на дроги; гарнизонные солдаты зажгли факелы, которые тотчас же затрещали и задымились, раздался плач забредшей салопницы, дьячки запели, снежная крупа внезапно усилилась и завертелась "белыми мухами", г. Ратч крикнул: "С богом! трогай!" - и процессия тронулась. Кроме семейства г. Ратча, провожавших гроб было всего пять человек: отставной, очень поношенный офицер путей сообщения с полинялою лентой Станислава на шее, едва ли не взятый напрокат; помощник квартального надзирателя, крошечный человек, с смиренным лицом и жадными глазами; какой-то старичок в камлотовом капоте; чрезвычайно толстый рыбный торговец в купеческой синей чуйке и с запахом своего товара,- и я. Отсутствие женского пола (ибо не было возможности причислить к нему двух теток Элеоноры Карповны, сестер колбасника, да еще какую-то кривобокую девицу в синих очках на синем носе), отсутствие приятельниц и подруг меня сперва поразило; но, поразмыслив, я сообразил, что Сусанна, с ее нравом, воспитанием, с ее воспоминаниями, не могла иметь подруг в той среде, где она жила. В церковь набралось довольно много народу, незнакомых еще больше, чем знакомых, что можно было видеть по выражению их лиц. Отпевание продолжалось недолго. Удивляло меня то, что г. Ратч крестился весьма истово, совершенно как православный, и едва ли не подтягивал дьячкам, впрочем, одними нотами. Когда же наконец пришлось прощаться с покойницей, я низко поклонился ей, но не дал ей последнего лобызания. Г-н Ратч, напротив, очень развязно исполнил этот страшный обряд, с почтительным наклонением корпуса пригласил к гробу офицера со Станиславом, точно угощая его, и высоко, с размаха, поднимая под мышки своих детей, поочередно подносил их к телу. Элеонора Карповна, простившись с Сусанной, вдруг разрюмилась на всю церковь; однако скоро успокоилась и все спрашивала раздраженным шепотом: "А и где же мой ридикюль?" Виктор держался в стороне и всею своею осанкой, казалось, хотел дать понять, как далек он от всех подобных обычаев и как он только долг приличия исполняет. Больше всех изъявил сочувствия старичок в капоте, бывший лет пятнадцать тому назад землемером в Тамбовской губернии и с тех пор не видавший Ратча; он Сусанны не знал вовсе, но успел уже выпить две рюмки водки в буфете. Тетушка моя также приехала в церковь. Она почему-то узнала, что покойница была именно та дама, которая посетила меня, и пришла в волнение неописанное! Подозревать меня в дурном поступке она не решалась, но изъяснить такое странное стечение обстоятельств, также не могла... Чуть ли не вообразила она, что Сусанна из любви ко мне решилась на самоубийство, и, облекшись в самые темные одежды, с сокрушенным сердцем и слезами, на коленях молилась об успокоении души новопреставленной, поставила рублевую свечу образу Утоления Печали... "Амишка" также с ней приехала и также молилась, но больше все на меня посматривала и ужасалась... Эта старая девица была, увы! ко мне неравнодушна. Выходя из церкви, тетушка раздала бедным все свои деньги, свыше десяти рублей.

Кончилось наконец прощание. Принялись закрывать гроб. В течение всей службы у меня духа не хватило прямо посмотреть на искаженное лицо бедной девушки; но каждый раз, как глаза мои мельком скользили по нем, "он не пришел, он не пришел", казалось мне, хотело сказать оно. Стали взводить крышу над гробом. Я не удержался, бросил быстрый взгляд на мертвую. "Зачем ты это сделала?" - спросил я невольно... "Он не пришел!" - почудилось мне в последний раз...

Молоток застучал по гвоздям, и все было кончено.

XXVII

Вслед за гробом двинулись мы на кладбище. Нас было всех человек сорок, разнокалиберная, в сущности праздная толпа. Больше часу продолжалось томительное шествие. Погода делалась все хуже. Виктор с полдороги сел в карету; но г. Ратч выступал бодро по талому снегу; точно так он, должно быть, выступал, и тоже по снегу, когда, после рокового свидания с Семеном Матвеичем, он с торжеством вел к себе в дом навсегда погубленную им девушку. Волосы "ветерана", его брови опушились снежинками; он то пыхтел и покрикивал, то, мужественно забирая в себя дух, округлял свои крепкие бурые щеки... Право, можно было подумать, что он смеется. "После моей смерти пенсия должна перейти к Ивану Демьянычу",- вспоминались мне опять слова

Сусанниной тетрадки. Пришли мы наконец на кладбище; добрались до свежевырытой могилы. Последний обряд совершился скоро: все продрогли, все торопились. Гроб на веревках скользнул в зияющую яму; принялись забрасывать ее землей. Г-н Ратч и тут показал бодрость своего духа; oil так проворно, с такою силой, с таким размахом бросал комки земли на крышу гроба, так выставлял при этом ногу вперед и так молодецки закидывал свой торс... энергичнее он бы не мог действовать, если б ему пришлось побивать каменьями лютейшего своего врага. Виктор по-прежнему держался в стороне; он все кутался в шинель и проводил подбородком по бобру воротника; остальные дети г. Ратча усердно подражали родителю. Швырять песком и землей доставляло им великое удовольствие, за что их, впрочем, и винить нельзя. Холмик появился на месте ямы; мы уже собирались расходиться, как вдруг г. Ратч, повернувшись по-военному налево кругом и хлопнув себя по ляжке, объявил нам всем, "господам мужчинам", что он приглашает нас, а также и "почтенное священство", на "поминательный" стол, устроенный в недальнем расстоянии от кладбища, в главной зале весьма приличного трактира, "стараньями любезнейшего нашего Сигизмунда Сигизмундовича..." При этих словах он указал на помощника квартального надзирателя и прибавил, что, при всей своей горести и лютеранской религии, он, Иван Демьянов Ратч, как истый русский человек, дорожит пуще всего русскими древними обычаями. "Супруга моя,- воскликнул он,- и какие с нею пожаловали дамы, пускай домой поедут, а мы, господа мужчины, помянем скромной трапезой тень усопшея рабы твоея!" Предложение г. Ратча было принятое искренним сочувствием; "почтенное" священство как-то внушительно переглянулось между собой, а офицер путей сообщения потрепал Ивана Демьяныча по плечу и назвал его патриотом и душою общества.

Мы отправились гуртом в трактир. В трактире, посреди длинной и широкой, впрочем, совершенно пустой комнаты второго этажа, стояли два стола, покрытые бутылками, яствами, приборами и окруженные стульями; запах штукатурки, соединенный с запахом водки и постного масла, бил в нос и стеснял дыхание. Помощник квартального надзирателя, в качестве распорядителя, усадил священство за почетный конец, на котором преимущественно столпились кушанья постные; вслед за духовенством уселись прочие посетители; пир начался. Не хотелось бы мне употреблять такое праздничное слово: пир; но всякое другое слово не соответствовало бы самой сущности дела. Сперва все шло довольно тихо, не без оттенка унылости; уста жевали, рюмки опорожнялись, но слышались и вздохи, быть может, пищеварительные, а быть может, и сочувственные; упоминалась смерть, обращалось внимание на краткость человеческой жизни, на бренность земных надежд; офицер путей сообщения рассказал какой-то, правда военный, но наставительный анекдот; батюшка в камилавке одобрил его и сам сообщил любопытную черту из жития преподобного Ивана Воина; другой батюшка, с прекрасно причесанными волосами хоть обращал больше внимания на кушанья, однако также произнес нечто наставительное насчет девической непорочности; но понемногу все изменилось. Лица раскраснелись, голоса загомонели, смех вступил в свои права; стали раздаваться восклицания порывистые, послышались ласковые наименованья вроде: "братца ты моего миленького", "душки ты моей", "чурки" и даже "свинтуса этакого"; словом, посыпалось все то, на что так щедра русская душа, когда станет, как говорится, нараспашку. Когда же наконец захлопали пробки цимлянского, тут уже совсем шумно стало: некто даже петухом прокричал, а другой посетитель предложил изгрызть зубами и проглотить рюмку, из которой только что выпил вино. Г-н Ратч, уже не красный, а сизый, внезапно встал с своего места; он и до того времени много шумел и хохотал, но тут он попросил позволения произнесть спич. "Говорите! Произносите!" - заголосили все; старик в капоте закричал даже: "браво!" и в ладоши захлопал... впрочем, он сидел уже на полу. Г-н Ратч поднял бокал высоко над головой и объявил, что намерен, в кратких, но "впечатлительных" выражениях, указать на достоинства той прекрасной души, которая, "оставив здесь свою, так сказать, земную шелуху (die irdische Hulie), воспарила в небеса и погрузила...- г. Ратч поправился: - и погрязла...- Он опять поправился: - и погрузила..."

- Отец дьякон! Почтеннейший! Душа! - послышался сдержанный, но убедительный шепот.- Горло, говорят, у тебя адское; уважь, грянь: "Мы живем среди полей!"

- Шш! шш!.. Полно вам! Что это! - промчалось по устам гостей.

- ...Погрузила все свое преданное семейство,- продолжал г. Ратч, бросив строгий взор в направлении любителя музыки,- погрузила все свое семейство в ничем не заменимую печаль!

Да! - воскликнул Иван Демьяныч,- справедливо гласит русская пословица: "Судьба гнет не тужит, переломит..."

- Стойте! Господа! - закричал внезапно чей-то хриплый голос на конце стола,- у меня сейчас кошелек украли!

- Ах, мошенник! - запищал другой голос, и - бац! раздалась пощечина. Господи! Что тут произошло! Точно дикий зверь, который до тех пор лишь изредка ворчал и шевелился в нас, вдруг сорвался с цепи и встал на дыбы, во всей безобразной красе своего взъерошенного загривка. Казалось, все втайне ожидали "скандала", как естественной принадлежности и разрешения пира, и так ринулись все, так и подхватили... Тарелки, стаканы зазвенели, покатились, стулья опрокинулись, поднялся пронзительный крик, руки замахали по воздуху, фалды взвились, и завязалась драка!

- Лупи его! лупи его! - заревел, как иступленный, мой сосед, рыбный торговец, казавшийся до того мгновенья самым смирным человеком в мире; правда, он выпил в молчанку стаканов десять вина.- Лупи его!..

Кого лупить, за что лупить, он не имел понятия, но ревел неистово.

Помощник квартального надзирателя, офицер путей сообщения, сам г. Ратч, который, вероятно, никак не ожидал, что его красноречию будет положен такой скорый конец, попытались было восстановить тишину... но усилия их оказались тщетными. Мой сосед, рыбный торговец, даже на самого г. Ратча накинулся.

- Уморил девку, немчура треклятая,- закричал он на него, потрясая кулаками,- полицию подкупил, а теперь куражишься?!

Тут прибежали половые...

Что произошло дальше, я не знаю; я поскорей схватил фуражку, да и давай бог ноги! Помню только, что-то страшно затрещало; помню также остов селедки в волосах старца в капоте, поповскую шляпу, летевшую через всю комнату, бледное лицо Виктора, присевшего в углу, и чью-то рыжую бороду в чьей-то мускулистой руке... Это были последние впечатления, вынесенные мной из "поминательного пира", устроенного любезнейшим Сигизмундом Сигизмундовичем в честь бедной Сусанны.

Отдохнув несколько, я отправился к Фустову и рассказал ему все, чему я был свидетелем в течение того дня. Он выслушал меня сидя, не поднимая головы, и, подсунув обе руки под ноги, промолвил опять: "Ах, моя бедная, бедная!" - и опять лег на диван и повернулся ко мне спиной.

Неделю спустя он уже совершенно оправился и зажил по-прежнему. Я попросил у него тетрадку Сусанны на память; он отдал ее мне безо всякого затруднения.

XXVIII

Прошло несколько лет. Тетушка моя скончалась; я из Москвы переселился в Петербург. В Петербург переехал и Фустов. Он поступил в министерство финансов, но я виделся с ним редко и не находил уже в нем ничего особенного. Чиновник как и все, да и баста! Если он еще жив и не женат, то, вероятно, и доселе не изменился: точит и клеит, и гимнастикой занимается, и сердца пожирает по-прежнему, и Наполеона в лазоревом мундире рисует в альбомы приятельниц. Мне пришлось как-то съездить в Москву, по делам. В Москве узнал я, признаюсь, к немалому моему удивлению, что обстоятельства моего бывшего знакомца, г. Ратча, приняли оборот неблагоприятный: супруга его, правда, подарила ему еще двойню, двух мальчиков, которых он, "коренной русак", окрестил Брячеславом и Вячеславом, но дом его сгорел, он принужден был подать в отставку, и главное - его старший сынок, Виктор, так и не выходил из долгового отделения. Во время моего пребывания в Москве в одном обществе при мне упомянули о Сусанне, и самым невыгодным, самым оскорбительным образом! Я всячески постарался заступиться за память несчастной девушки, которой судьба отказывала даже в милостыне забвения, но мои доводы не произвели большого впечатления на моих слушателей. Одного из них, молодого студента-поэта, я, однако, поколебал. Он прислал мне на другой день стихотворение, которое я позабыл, но которое оканчивалось следующими четырьмя стихами:

Но и над брошенной могилой
Не смолкнул голос клеветы...
Она тревожит призрак милый
И жжет надгробные цветы!

Я прочел эти стихи и невольно погрузился в думу. Образ Сусанны возник передо мной; я опять увидал то замороженное окно в моей комнате; я вспомнил тот вечер, и порывы снежной вьюги, и те слова, те рыданья... Я начал размышлять о том, чем возможно было объяснить любовь Сусанны к Фустову и почему она так скоро, так неудержимо предалась отчаянию, как только увидала себя оставленною? Почему не захотела подождать, услышать горькую правду из собственных уст любимого человека, написать ему письмо, наконец? Как возможно так сейчас броситься в бездну вниз головой? - Оттого, что она страстно любила Фустова,- скажут мне; оттого, что она не могла перенести малейшего сомнения в его преданности, в его уважении к ней. Может быть; а может быть, и то, что она вовсе не так страстно любила Фустова; что она не ошиблась в нем, а только возложила на него свои последние надежды и не в состоянии была примириться с мыслию, что даже этот человек тотчас, по первому слову сплетника, с презрением отвернулся от нее!

Кто скажет, что ее убило: оскорбленное ли самолюбие, тоска ли безвыходного положения, или, наконец, самое воспоминание о том первом, прекрасном, правдивом существе, которому она, на утре дней своих, так радостно отдалась, который так глубоко был в ней уверен и так уважал ее? Кто знает: быть может, в то самое мгновенье, когда мне казалось, что над ее мертвыми устами носилось восклицание: "Он не

67

пришел!", быть может, ее душа уже радовалась тому, что ушла сама к нему, к своему Мишелю? Тайны человеческой жизни велики, а любовь самая недоступная из этих тайн... но все-таки до сих пор, всякий раз, когда образ Сусанны возникает предо мной, я не в силах подавить в себе ни сожаления к ней, ни упрека судьбе, и уста мои невольно шепчут: "Несчастная! несчастная!"

ЗАТИШЬЕ

I

В довольно большой, недавно выбеленной комнате господского флигеля, в деревне Сасове, -го уезда, Т... губернии, сидел за старым покоробленным столиком, на деревянном узком стуле молодой человек в пальто и рассматривал счеты. Две стеариновые свечки, в дорожных серебряных шандалах, горели перед ним; в одном углу на лавке стоял открытый погребец, в другом - слуга устанавливал железную кровать. За низкой перегородкой ворчал и шипел самовар; собака ворочалась на только что принесенном сене. В дверях стоял мужик в новом армяке, подпоясанный красным кушаком, с большой бородой и умным лицом, по всем признакам староста; он внимательно глядел на сидевшего молодого человека. У одной стены стояло очень ветхое крошечное фортепьяно, возле столь же древнего комода с дырами вместо замков; между окнами виднелось темное зеркальце; на перегородке висел старый, почти весь облупившийся портрет напудренной женщины, в роброне и с черной ленточкой на тонкой шее. Судя по заметной кривизне потолка и покатости щелистого пола, флигелек, в который мы ввели читателя, существовал давным-давно; в нем никто постоянно не жил, он служил для господского приезда. Молодой человек, сидевший за столом, был именно владелец деревни Сасовой. Он только накануне прибыл из главного своего имения, отстоящего верст за сто оттуда, и на другой же день собирался уехать, окончивши осмотр хозяйства, выслушавши требования крестьян и поверив все бумаги.

- Ну, однако, довольно,- промолвил он, приподняв голову,- устал. Ты теперь можешь идти,- прибавил он, обращаясь к старосте,- а завтра приходи пораньше, да с утра повести мужиков, чтобы на сходку явились, слышишь?

- Слушаю.

- Да земскому вели мне ведомость за последний месяц представить. Однако ты хорошо сделал,- продолжал барин, оглянувшись,- что стены выбелил. Все как будто чище.

Староста молча тоже оглянул стены.

- Ну, теперь ступай. Староста поклонился и вышел. Барин потянулся.

- Эй! - крикнул он.- Дайте мне чаю... Пора спать. Слуга отправился за

69

перегородку и скоро вернулся с стаканом чаю, связкой городских котелок и сливочником на железном подносе. Барин принялся пить чай, но не успел он отхлебнуть двух глотков, как в соседней комнате послышался стук вошедших людей и чей-то писклявый голос спросил:

- Владимир Сергеич Астахов дома? Можно их видеть? Владимир Сергеич (так именно звали молодого человека в пальто) с недоумением посмотрел на своего человека и торопливым шепотом проговорил:

- Поди узнай, кто это?

Человек вышел и прихлопнул за собой плохо затворявшуюся дверь.

- Доложи Владимиру Сергеичу,- раздался тот же писклявый голос,- что сосед их Ипатов желает их видеть, буде не обеспокоит; да со мной еще приехал другой сосед, Бодряков, Иван Ильич, тоже желают почтение свое засвидетельствовать.

Невольное движение досады вырвалось у Владимира Сергеича. Однако когда слуга его вошел в комнату, он сказал ему:

- Проси.

И он встал в ожидании гостей.

Дверь отворилась, и появились гости. Один из них, плотный седой старичок, с круглой головкой и светлыми глазками, шел впереди; другой, высокий, худощавый мужчина, лет тридцати пяти, с длинным смуглым лицом и беспорядочными волосами, выступал, переваливаясь сзади. На старичке был опрятный серый сюртук с большими перламутровыми пуговицами; розовый галстучек, до половины скрытый отложным воротничком белой рубашки, свободно обхватывал его шею; на ногах у него красовались штиблеты, приятно пестрели клетки его шотландских панталон, и вообще он весь производил впечатление приятное. Его товарищ, напротив, возбуждал в зрителе чувство менее выгодное:

на нем был черный старый фрак, застегнутый наглухо; штаны его, из толстого зимнего трико, подходили под цвет его фрака; ни около шеи, ни у кистей рук не виднелось белья. Старичок первый приблизился к Владимиру Сергеичу и, любезно поклонившись, заговорил тем же тоненьким голоском:

- Честь имею рекомендоваться - ближайший ваш сосед и даже родственник, Ипатов, Михаиле Николаич. Давно желал иметь удовольствие с вами познакомиться. Надеюсь, что не обеспокоил.

Владимир Сергеич отвечал, что он очень рад и сам желал... и что беспокойства никакого нет и не угодно ли сесть... чаю выкушать.

- А этот дворянин,- продолжал старичок, выслушав с приветной улыбкой недомолвленные речи Владимира Сергеича и протянув руку в направлении господина во фраке, - тоже ваш сосед... и мой хороший знакомый, Бодряков, Иван Ильич, сильно желал с вами познакомиться.

Господин во фраке, по лицу которого никто бы не предположил, чтобы он чего-нибудь мог сильно пожелать в своей жизни - до того рассеянно и в то же время сонливо было выражение этого лица,- господин во фраке поклонился неловко и вяло. Владимир Сергеич поклонился ему в ответ и вторично попросил гостей присесть.

Гости сели.

- Очень рад,- начал старичок, приятно расставив руки, между тем как его товарищ принялся, слегка раскрыв рот, оглядывать потолок,- очень рад, что имею наконец честь видеть вас лично. Хотя вы постоянным жительством вашим и обретаетесь в довольно отдаленном от здешних мест уезде, однако мы считаем вас тоже своим, коренным, так сказать, владельцем.

- Мне это очень лестно,- возразил Владимир Сергеич.

- Лестно ли, нет ли, а оно так. Вы, Владимир Сергеич, извините, мы здесь, в - ом уезде, народ прямой, по простоте живем:

говорим, что думаем, без обиняков. У нас даже, скажу вам, на именины друг к другу ездят не иначе как в сюртуках. Право! Так уж у нас заведено. В соседних уездах нас за это сюртучниками называют и даже упрекают якобы в дурном тоне, но мы на это и внимания не обращаем! Помилуйте, в деревне жить - да еще чиниться?

- Конечно, что может быть лучше... в деревне... этой натуральности в обращении,- заметил Владимир Сергеич.

- А между тем,- возразил старичок,- и у нас в уезде живут люди, можно сказать, умнейшие, европейски образованные люди, хоть и фраков не носят. Вот хоть бы, например, историк наш, Евсюков, Степан Степаныч: он российской историей с самых древнейших времен занимается и в Петербурге известен, ученейший человек! В городе нашем старинное шведское ядро, знаете... там оно среди площади поставлено... ведь это он его открыл. Как же! Центелер, Антон Карлыч... тот естественную историю изучил:

впрочем, говорят, эта наука всем немцам далась. Когда у нас, лет десять тому назад, забежавшую гиену убили, так ведь это Антон Карлыч открыл, что она действительно была гиена, по причине особенного устройства ее хвоста. Вот еще Кабурдин есть у нас помещик: тот больше легкие статейки пишет; очень бойкое у него перо, в "Галатее" есть его статейки. Бодряков... не Иван Ильич, нет, Иван Ильич этим неглижирует, а другой Бодряков, Сергей... как бишь его по батюшке-то, Иван Ильич... как бишь?

- Сергеич,- подхватил Иван Ильич.

- Да, Сергей Сергеич,- тот стихами занимается. Ну, конечно, не Пушкин, а иногда так отбреет, что хоть бы в столице. Вы его эпиграмму на Агея Фомича знаете?

- На какого Агея Фомича?

- Ах, извините; я все забываю, что вы все-таки не здешний житель. На нашего исправника. Очень смешная вышла эпиграмма. Иван Ильич, ты, кажется, ее помнишь?

- Агей Фомич,- равнодушно заговорил Бодряков,- ...недаром славно Дворянским выбором почтен...

- Надо вам сказать,- перебил Ипатов,- что его выбрали почти что одними белыми шарами, ибо человек он наидостойнейший.

- Агей Фомич,- повторил Бодряков,-

...Недаром славно
Дворянским выбором почтен:
Он пьет и кушает исправно...
Так как же не исправник он?

Старичок засмеялся.

- Хе-хе-хе! а ведь недурно? С тех пор, поверите ли вы, всякий из нас скажет, например, Агею Фомичу: здравствуйте - и уж непременно прибавит: "Так как же не исправник он?" И Агей Фомич, вы думаете, сердится? Нисколько. Нет - у нас этого и в заведении нет. Вот спросите хоть Ивана Ильича.

Иван Ильич только глазами повел.

- Сердиться за шутку, как это можно! Вот хоть бы Иван Ильич, е;о у нас прозывают Складная Душа, потому что он весьма скоро на все соглашается. Что ж? разве Иван Ильич за это обижается? Никогда!

Иван Ильич посмотрел, медленно мигая, сперва на старичка, потом на Владимира Сергеича.

Название "Складная Душа" действительно очень шло к Ивану Ильичу. В нем и следа не было того, что называется волей или характером. Всякий, кто только хотел, мог увести его с собой куда угодно; стоило только сказать ему: Иван Ильич, поедемте,- он брал шапку и ехал; а подвернись тут другой и скажи ему: Иван Ильич, останьтесь,- он клал шапку и оставался. Нрава он был миролюбивого и тихого, весь свой век прожил холостяком, в карты не играл, но любил сидеть возле играющих и глядеть им по очереди в лица. Без общества он жить не мог и уединения не переносил; он тогда впадал в уныние; впрочем, это с ним случалось очень редко. За ним водилась еще одна особенность: встав рано поутру с постели, он вполголоса напевал старинный романс:

В деревне некогда барон
Жил с деревенской простотою...

Вследствие этой особенности Ивана Ильича его прозывали также щуром; известно, что щур в клетке поет только раз в течение дня, рано поутру. Таков был Иван Ильич Бодряков.

Разговор между Ипатовым и Владимиром Сергеичем продолжался довольно долго, но уже не в прежнем, так сказать, умозрительном направлении. Старичок расспрашивал Владимира Сергеича об его имении, о состоянии его лесных и других дач, об усовершенствованиях, которые он уже ввел или только намеревался ввести в своем хозяйстве; сообщил ему несколько своих собственных наблюдений, посоветовал, между прочим, для истребления луговых кочек обсыпать их кругом овсом, что будто бы побуждает свиней срывать их своими носами, и т. п. Наконец, однако, заметив, что у Владимира Сергеича слипались глаза и в самых словах проявлялась некоторая медлительность и бессвязность, старичок встал и, любезно поклонившись, объявил, что он не намерен более стеснять своим присутствием, но что надеется иметь удовольствие видеть у себя дорогого гостя не позже завтрашнего дня к обеду.

- А в мою деревню,- прибавил он,- не говорю уже малое дитя, первая встречная, смею сказать, курица или баба вам дорогу укажет, стоит только спросить Ипатовку. Лошади сами добегут.

Владимир Сергеич отвечал с небольшой, впрочем свойственной ему запинкой, что постарается... что если ничего не воспрепятствует...

- Нет уж, мы вас будем ждать наверное,- перебил его ласково старичок, крепко пожал ему руку и проворно вышел, воскликнув у двери в полуоборот,- без церемонии!

Складная Душа Бодряков поклонился молча и исчез вслед за своим товарищем, предварительно споткнувшись на пороге.

Проводив нежданных гостей, Владимир Сергеич тотчас разделся, лег в постель и заснул.

Владимир Сергеич Астахов принадлежал к числу людей, которые, осторожно попытавши свои силы на двух-трех различных поприщах, сами говорят о себе, что решились наконец взглянуть на жизнь с практической точки зрения и посвящают досуг умножению своих доходов. Он был не глуп, довольно скуп и очень рассудителен, любил чтение, общество, музыку, но все в меру... и держал себя очень прилично. Ему было всего двадцать семь лет. Подобных ему молодых людей развелось в последнее время много. Он был среднего роста, хорошо сложен, черты лица имел приятные, но мелкие: выражение их почти никогда не менялось, глаза его глядели всегда одним и тем же сухим и светлым взором; лишь изредка смягчался он легким оттенком не то грусти, не то скуки; учтивая улыбка почти не покидала его губ. Волосы у него были прекрасные, белокурые, шелковистые и в длинных завитках. За Владимиром Сергеичем считалось около шестисот душ хорошего имения, и он думал о браке, браке по наклонности, но в то же время выгодном. Особенно хотелось ему сыскать жену со связями. Он находил, что у него недостаточно было связей. Словом, он заслуживал вошедшее недавно в моду название джентльмена.

Вставши на другое утро, по обыкновению очень рано, джентльмен наш занялся делами, и, должно отдать ему справедливость, занялся ими довольно дельно, что не всегда можно сказать про молодых практических людей у нас на Руси. Он терпеливо выслушал сбивчивые просьбы и жалобы мужиков, удовлетворил их насколько мог, разобрал возникшие споры и несогласия между родными, одних усовестил, на других прикрикнул, проверил отчет земского, вывел на свежую воду две-три плутни старосты - словом, распорядился так, что и сам остался собою доволен, и крестьяне, возвращаясь со сходки ко дворам, отзывались о нем хорошо. Несмотря на слово, данное накануне Ипатову, Владимир Сергеич решился было обедать дома и даже заказал своему походному повару любимый рисовый суп с потрохами, но вдруг, быть может вследствие чувства довольства, наполнившего его душу с утра, остановился посреди комнаты, ударил себя рукою по лбу и не без некоторой удали громко воскликнул: "А поеду-ка я к этому старому краснобаю!" Сказано - сделано; чрез полчаса он уже сидел в своем новеньком тарантасе, запряженном четвернею добрых крестьянских лошадей, и ехал в Ипатовку, до которой считалось не более двенадцати верст отличной дороги.

II

Усадьба Михаила Николаевича Ипатова состояла из двух отдельных господских домиков, построенных друг против друга по обеим сторонам огромного проточного пруда. Длинная плотина, обсаженная серебристыми тополями, замыкала этот пруд; почти в уровень с ней виднелась красная крыша небольшой мельницы-колотовки. Построенные одинаково, выкрашенные одной лиловой краской, домики, казалось, переглядывались через широкую водную гладь блестящими стеклами своих маленьких чистых окон. Посредине каждого из домиков выдавалась круглая терраса и возвышался острый фронтон, подпертый четырьмя тесно поставленными белыми колоннами. Вокруг всего пруда шел старинный сад: липы тянулись по нем аллеями, стояли сплошными купами; заматерелые сосны с бледно-желтыми стволами, темные дубы, великолепные ясени высоко поднимали там и сям свои одинокие верхушки; густая зелень разросшихся сиреней и акаций подступала вплоть до самых боков обоих домиков, оставляя открытыми одни их передние стороны, от которых бежали вниз по скатам извилистые, убитые кирпичом дорожки. Пестрые утки, белые и серые гуси плавали отдельными станицами по светлой воде пруда: он никогда не зацветал благодаря обильным ключам, бившим в его "голове" со дна крутого и каменистого оврага. Местоположение усадьбы было хорошо: приветливо, уединенно и красиво.

В одном из двух маленьких домиков жил сам Михаил Николаич; в другом жила его мать, дряхлая старуха лет семидесяти. Взъехавши на плотину, Владимир Сергеич не знал, к какому дому направиться. Он оглянулся - дворовый мальчик удил рыбу, стоя босиком на полусгнившей коряге. Владимир Сергеич окликнул его.

- Да вам к кому, к старой барыне аль к барчуку? - возразил мальчик, не сводя глаз с поплавка.

- К какой барыне? - ответил Владимир Сергеич.- Я к Михаилу Николаичу.

- А! к барчуку? Ну так ступайте направо.

И мальчик дернул удочкой и вытащил из неподвижной воды небольшого серебристого карася. Владимир Сергеич отправился направо.

Михаил Николаич играл в шашки со Складной Душою, когда ему доложили о приезде Владимира Сергеича. Он очень обрадовался, вскочил с кресел, выбежал в переднюю и в передней трижды с ним облобызался.

- Вы меня застаете с моим неизменным приятелем, Владимир Сергеич,- заговорил словоохотливый старичок,- с Иваном Ильичом, который, скажу мимоходом, совершенно очарован-вашей обходительностью. (Иван Ильич молча глянул в угол.) Он был так добр, остался со мной в шашки играть, а мои все пошли в сад гулять, но я сейчас за ними пошлю...

- Да зачем же беспокоить... - начал было Владимир Сергеич.

- Какое беспокойство, помилосердуйте. Эй, Ванька, сбегай за барышнями скорей... скажи, гость, мол, пожаловал. А каково вам здешняя местность нравится, ведь недурна, не правда ли? Кабурдин стихи на нее сочинил. "Ипатовка, приют любезный", так начинается,- дальше тоже хорошо, только не все помню. Сад велик, вот беда, не по средствам. А эти два дома, столь между собой схожие, как вы изволили, может быть, заметить, были построены двумя братьями, отцом моим Николаем и дядей Сергеем; они же и сад развели, друзья были примерные... Дамон и... вот тебе на! забыл, как другого звали...

- Пифион,- заметил Иван Ильич.

- Полно, так ли? Ну все равно. (Дома старик говорил гораздо развязнее, чем в гостях.) Вам, Владимир Сергеич, вероятно, небезызвестно,

75

что я вдовец, лишился жены; старшие детки в казенных заведениях, а со мной только две меньшеньких, да свояченица живет, женина сестра, вот вы ее сейчас увидите. Да что ж это я вас ничем не потчую. Иван Ильич, распорядись, братец, насчет закуски... какую вы водку предпочитать изволите?

- Я до обеда ничего не пью.

- Помилуйте, как это можно! А впрочем, как вам будет угодно. Гостю воля, гостю честь. Ведь здесь у нас по простоте. Здесь у нас, осмелюсь так выразиться, не то чтобы захолустье, а затишье, право, затишье, уединенный уголок - вот что! Но что же вы не сядете?

Владимир Сергеич сел, не выпуская из рук шляпы.

- Позвольте вас облегчить,- проговорил Ипатов и, деликатно отняв у него шляпу, отнес ее в угол, потом возвратился, с ласковой улыбкой посмотрел гостю в глаза и, не зная, что бы такое сказать ему приятное, спросил его самым радушным образом, любит ли он играть в шашки?

- Я плохо играю во все игры,- ответил Владимир Сергеич.

- И это с вашей стороны прекрасно,- возразил Ипатов,- но шашки это не игра, а скорее забава, препровождение праздного времени; не так ли, Иван Ильич?

Иван Ильич взглянул на Ипатова равнодушным взглядом, словно думая про себя: "А черт их знает - игра ли она или забава", но погодя немного он промолвил:

- Да; шашки - ничего.

- Вот, говорят, шахматы другое дело,- продолжал Ипатов,- говорят, это игра претрудная. Но по-моему... а, да вот и мои идут! - перебил он сам себя, взглянув в полурастворенную стеклянную дверь, выходившую в сад.

Владимир Сергеич встал, обернулся и увидал сперва двух девочек лет около десяти, в розовых ситцевых платьицах и больших шляпах, проворно взбегавших по ступеням террасы; вскоре за ними появилась девушка лет двадцати, высокого роста, полная и стройная, в темном платье. Все они вошли в комнату, девочки чинно присели перед гостем.

- Вот-с, рекомендую,- проговорил хозяин,- мои дочки-с. Эту вот Катей зовут-с, а эту Настей, а эта вот моя свояченица, Марья Павловна, о которой я уже имел удовольствие вам говорить. Прошу любить да жаловать.

Владимир Сергеич поклонился Марье Павловне; она ответила ему едва заметным наклонением головы.

Марья Павловна держала в руке большой раскрытый нож; ее густые русые волосы слегка растрепались, небольшой зеленый листок запутался в них, коса выбилась из-под гребня, смуглое лицо зарумянилось, и красные губы раскрылись; платье казалось измятым. Она дышала быстро; глаза ее блестели; видно было, что она работала в саду. Она тотчас же вышла из комнаты, девочки побежали за ней.

- Туалет-с немножко в порядок привести,- заметил старик, обращаясь к Владимиру Сергеичу,- без этого нельзя-с.

Владимир Сергеич осклабился ему в ответ и слегка задумался. Марья Павловна его поразила. Давно не видывал он такой прямо русской степной красоты. Она скоро вернулась, села на диван и осталась неподвижной. Волосы свои она убрала, но платья не переменила, не надела даже манжеток. Черты ее лица выражали не то чтобы гордость, а суровость, почти грубость; лоб ее был широк и низок, нос короток и прям; ленивая и медленная усмешка изредка кривила ее губы; презрительно хмурились ее прямые брови. Она почти постоянно держала свои большие темные глаза опущенными. "Я знаю,- казалось, говорило ее неприветное молодое лицо,- я знаю, что вы все на меня смотрите, ну смотрите, надоели!" Когда же она поднимала свои глаза, в них было что-то дикое, красивое и тупое, напоминавшее взор лани. Сложена она была великолепно. Классический поэт сравнил бы ее с Церерой или Юноной.

- Что вы делали в саду? - спросил ее Ипатов, желавший вовлечь ее в разговор.

- Сухие сучья резали и копали гряды,- отвечала она голосом несколько низким, но приятным и звучным.

- И что ж, вы устали?

- Дети устали; я нет.

- Я знаю,- возразил с улыбкой старик,- ты у меня настоящая Бобелина! А у бабушки были?

- Были; она почивает.

- Вы любите цветы? - спросил ее Владимир Сергеич.

- Люблю.

- Отчего ты шляпы не надеваешь, когда выходишь? - заметил ей Ипатов,- посмотри, как ты раскраснелась и загорела.

Она молча провела рукой по лицу. Руки у ней были невелики, но немного широки и довольно красны. Она не носила перчаток.

- И садоводство вы любите? - опять спросил ее Владимир Сергеич.

- Да.

Владимир Сергеич принялся рассказывать, какой у него в соседстве прекрасный сад у богатого помещика Н *.

- Главный садовник, немец, одного жалованья получает две тысячи рублей серебром,- сказал он между прочим.

- А как зовут этого садовника? - спросил вдруг Иван Ильич.

- Не помню, кажется Мейер или Миллер. А вам на что?

- Так-с,- ответил Иван Ильич.- Фамилию узнать. Владимир Сергеич продолжал свой рассказ. Девочки, дочери

Михаила Николаича, вошли, тихонько сели и тихонько стали слушать...

Слуга показался в дверях и доложил, что Егор Капитоныч приехал.

- А! проси, проси! - воскликнул Ипатов.

Вошел старичок низенький и толстенький, из породы людей, называемых коротышками, или карандашами, с пухлым и в то же время сморщенным личиком вроде печеного яблока. На нем была серая венгерка с черными шнурками и стоячим воротником; его широкие плисовые шаровары, кофейного цвета, оканчивались далеко выше щиколок.

- Здравствуйте, почтеннейший Егор Капитоныч,- воскликнул Ипатов, идя ему навстречу,- давненько мы с вами не видались.

- Да что,- возразил Егор Капитоныч картавым и плаксивым голосом, раскланявшись предварительно со всеми присутствовавшими,- ведь вы знаете, Михаил Николаич, свободный ли я человек?

- А чем же вы не свободный человек, Егор Капитоныч?

- Да как же, Михаил Николаич, семейство, дела... А тут еще Матрена Марковна. И он махнул рукой.

- А что ж Матрена Марковна?

И Ипатов слегка подмигнул Владимиру Сергеичу, как бы желая заранее возбудить его внимание.

- Да известно,- возразил Егор Капитоныч, садясь,- все мною недовольна, будто вы не знаете? Что я ни скажу, все не так, не деликатно, не прилично. А почему не прилично, господь бог знает. И барышни, дочери мои то есть, туда же, с матери пример берут. Я не говорю, Матрена Марковна прекраснейшая женщина, да уж очень строга насчет манер.

- Да чем же ваши манеры дурны, Егор Капитоныч, помилуйте?

- Я и сам то же думаю, да, видно, ей угодить мудрено. Вчера, например, говорю я за столом: Матрена Марковна (и Егор Капитоныч придал голосу своему самое вкрадчивое выражение), Матрена Марковна, говорю я, что это, как Алдошка лошадей не бережет, ездить не умеет, говорю; вороного-то жеребца совсем закачало. И-их, Матрена Марковна как вспыхнет, как примется стыдить меня: выражаться ты, дескать, прилично не умеешь в дамском обществе; барышни тотчас из-за стола повскакали, а на другой день Бирюлевским барышням, жениным племянницам, уже все известно. А чем я дурно выразился? посудите сами. И что бы я ни сказал, иногда неосторожно, точно,- с кем этого не бывает, особенно дома,- Бирюлевским барышням на другой день уже все известно. Просто не знаешь, как быть. Иногда сижу я этак, думаю с своей манерой,- я, вы, может, знаете, дышу тяжело, - Матрена Марковна опять меня стыдить примется: не сопи, говорит, кто нынче сопит! Что ты бранишься, говорю я, Матрена Марковна, помилуй, надо соболезновать, а ты бранишься. Уж я теперь дома больше не думаю. Сижу и на низ все так гляжу. Ей-богу. А то еще на днях, спать мы ложились: Матрена Марковна,

78

говорю я, что ты это, матушка, своего казачка как избаловала, ведь он, говорю, поросенок этакой, хоть бы в воскресенье лицо-то вымыл. Что ж? ведь, кажется, далеко, нежно сказал, а и тут не потрафил, опять начала меня Матрена Марковна стыдить: не умеешь, говорит, в дамском обществе держать себя, а на другой день Бирюлевским барышням все известно. Где уж тут о выездах думать, Михаил Николаич?

- Это для меня удивительно, что вы говорить изволите,- возразил Ипатов,- я этого не ожидал от Матрены Марковны; кажется, она...

- Прекраснейшая женщина,- подхватил Егор Капитоныч,- примерная, можно сказать, супруга и мать, насчет манер только строга. Говорит, во всем нужен ансамбль, и будто у меня его нет. Я по-французски, вы знаете, не говорю, так только понимаю. Но какой же ансамбль, которого у меня нет!

Ипатов, который сам не больно был силен во французском языке, только плечами пожал.

- А что ваши детки, сыновья то есть? - спросил он Егора Капитоныча немного погодя.

Егор Капитоныч посмотрел на него сбоку.

- Что сыновья, ничего. Я ими доволен. Барышни, те от рук отбились, а сыновьями я доволен. Леля служит хорошо, начальство его одобряет; Леля у меня ловкий ребенок. Ну Михец - тот не так: филантроп какой-то вышел.

- Отчего филантроп?

- Господь его знает, ни с кем не говорит, дичится. Матрена Марковна его больше конфузит. Что, говорит, с отца пример берешь-то? Ты его уважай, а в манерах подражай матери. Выравняется, пойдет и он.

Владимир Сергеич попросил Ипатова познакомить его с Егором Капитонычем. Между ними завязался разговор, Марья Павловна не принимала в нем участия; к ней подсел Иван Ильич, да и тот сказал ей всего слова два; девочки подошли к нему и начали что-то шепотом рассказывать... Вошла ключница, худая старуха, повязанная темным платком, и объявила, что обед готов. Все отправились в столовую.

Обед продолжался довольно долго. Ипатов хорошего держал повара, и вина он выписывал недурные, хотя не из Москвы, а из губернского города. Ипатов жил, как говорится, в свое удовольствие. Душ за ним числилось не более трехсот, но он никому не был должен и именье привел в порядок. За столом разговаривал больше сам хозяин; Егор Капитоныч ему вторил, но в то же время не забывал себя: кушал и пил на славу. Марья Павловна все молчала, лишь изредка отвечая полуулыбками на торопливые речи двух девочек, сидевших по обоим ее бокам; они, по-видимому, очень ее любили; Владимир Сергеич пытался несколько раз заговорить с нею, однако без особенного успеха. Складная Душа Бодряков даже ел лениво и вяло. После обеда все пошли на террасу пить кофе. Погода была прекрасная; из сада несло сладким запахом лип, стоявших тогда в полном цвету; летний воздух, слегка охлажденный густою тенью деревьев и влажностью близкого пруда, дышал какой-то ласковой теплотой. Вдруг из-за тополей плотины примчался конский топот, и спустя мгновенье показалась всадница в длинной амазонке и круглой серой шляпе, на гнедой лошади; она ехала галопом, казачок скакал сзади ее на небольшом белом клеппере.

- А! - воскликнул Ипатов,- Надежда Алексеевна едет - вот приятный сюрприз.

- Одна? - спросила Марья Павловна, стоявшая до того мгновенья неподвижно у дверей.

- Одна... видно, Петра Алексеича что-нибудь задержало. Марья Павловна глянула исподлобья, краска разлилась по ее лицу, она отворотилась.

Между тем всадница въехала через калитку в сад, подскакала к террасе и легко спрыгнула на землю, не дождавшись ни своего казачка, ни Ипатова, который направился было к ней навстречу. Проворно подобрав подол своей амазонки, вбежала она по ступеням и, вскочив на террасу, весело воскликнула:

- Вот и я!

- Милости просим! - промолвил Ипатов.- Вот неожиданно-то, вот мило. Позвольте поцеловать вашу ручку...

- Извольте,- возразила гостья,- только стащите перчатку сами. Я не могу.- И, протянув ему руку, кивнула головой Марье Павловне.- Маша, вообрази, брат не будет сегодня,- сказала она с маленьким вздохом.

- Я и так вижу, что его нет,- вполголоса отвечала Марья Павловна.

- Он велел тебе сказать, что занят. Ты не сердись. Здравствуйте, Егор Капитоныч; здравствуйте, Иван Ильич. Здравствуйте, дети... Вася,- прибавила гостья, обратившись к своему казачку,- вели хорошенько проводить Красавчика, слышишь. Маша, дай мне, пожалуйста, булавку, шлейф приколоть... Михаил Николаич, подите-ка сюда.

Ипатов подошел к ней поближе.

- Кто это новое лицо? - спросила она его довольно громко.

- Это сосед, Астахов, Владимир Сергеевич, знаете, чье Сасово. Хотите, я вас с ним познакомлю?

- Хорошо... после. Ах, какая прекрасная погода,- продолжала она.- Егор Капитоныч, скажите, Матрена Мармовна неужели даже в такую погоду ворчит?

- Матрена Марковна не ворчит ни в какую погоду, сударыня, а она только строга насчет манер...

- А что делают Бирюлевские барышни? Не правда ли, на другой день уже все им известно...

И она засмеялась звонким и серебристым смехом.

- Вы все изволите смеяться,- возразил Егор Капитоныч.- Впрочем, когда же и смеяться, как не в ваши года.

- Егор Капитоныч, милый, не сердитесь! Ах, я устала, позвольте сесть...

Надежда Алексеевна опустилась в кресла и шаловливо надвинула шляпу на самые глаза.

Ипатов подвел к ней Владимира Сергеича.

- Позвольте, Надежда Алексеевна, представить вам соседа нашего, господина Астахова, о котором вы, вероятно, много слышали.

Владимир Сергеич поклонился, а Надежда Алексеевна посмотрела на него из-под околышка своей круглой шляпы.

- Надежда Алексеевна Веретьева, наша соседка,- продолжал Ипатов, обращаясь к Владимиру Сергеичу.- Живет здесь с братцем своим, Петром Алексеичем, отставным гвардии поручиком. Большая приятельница моей свояченице и вообще к нашему дому благоволит.

- Целый формулярный список,- промолвила с усмешкой Надежда Алексеевна, по-прежнему поглядывая на Владимира Сергеича из-под шляпы.

А Владимир Сергеич между тем думал про себя: "Да ведь и эта прехорошенькая". И точно, Надежда Алексеевна была очень милая девица. Тоненькая и стройная, она казалась гораздо моложе, чем была на самом деле. Ей уже минул двадцать седьмой год. Лицо она имела круглое, головку небольшую, пушистые белокурые волосы, острый, почти нахально вздернутый носик и веселые, несколько лукавые глазки. Насмешливость так и светилась в них, так и зажигалась в них искрами. Черты лица ее, чрезвычайно оживленные и подвижные, принимали иногда выражение почти забавное; в них проглядывал юмор. Изредка, большей частью внезапно, тень раздумья набегала на ее лицо - тогда оно становилось кротким и добродушным, но долго предаваться раздумью она не могла. Она легко схватывала смешные стороны людей и порядочно рисовала карикатуры. С самого рождения ее все баловали, и это тотчас можно было заметить: люди, избалованные в детстве, сохраняют особый отпечаток до конца жизни. Брат ее любил, хотя уверял, что она жалится не как пчела, а как оса, потому что пчела ужалит, да и умрет, а осе ужалить ничего не значит. Это сравнение ее сердило.

- Вы надолго сюда приехали? - спросила она Владимира Сергеича, опустив глаза и вертя в руках хлыстик.

- Нет, я располагаю завтра же выехать отсюда.

- Куда?

- Домой.

- Домой? Зачем? смею спросить.

- Как зачем? Помилуйте, дома у меня дела есть, не терпящие отлагательства.

Надежда Алексеевна посмотрела на него.

- Разве вы такой... аккуратный человек?

- Я стараюсь быть аккуратным человеком,- возразил Владимир Сергеич.- В наше положительное время всякий порядочный человек должен быть положительным и аккуратным.

- Это совершенно справедливо,- заметил Ипатов.- Не правда ли, Иван Ильич?

Иван Ильич только глянул на Ипатова, а Егор Капитоныч промолвил:

- Да, это так.

- Жаль,- сказала Надежда Алексеевна,- а у нас именно недостает jeune premier[59]. Вы ведь умеете играть комедии?

- Я никогда не испытывал сил своих на этом поприще.

- Я уверена, что вы хорошо бы сыграли. У вас осанка такая... важная, это для нынешних jeune premier необходимо. Мы с братом собираемся завести здесь театр. Впрочем, мы не одни комедии будем играть, мы все будем играть- драмы, балеты и даже трагедии. Чем Маша не Клеопатра или не Федра? Посмотрите-ка на нее.

Владимир Сергеич обернулся... Прислонившись головою к двери и скрестив руки, Марья Павловна задумчиво глядела вдаль... В это мгновенье ее стройные черты действительно напоминали облики древних изваяний. Последних слов Надежды Алексеевны она не расслышала; но, заметив, что взгляды всех внезапно на нее устремились, она тотчас догадалась, в чем было дело, покраснела и хотела уйти в гостиную... Надежда Алексеевна проворно схватила ее за руку и, с кокетливой ласковостью котенка, притянула к себе и поцеловала эту почти мужскую руку. Марья Павловна вспыхнула еще ярче.

- Ты все шалишь, Надя,- промолвила она.

- Разве я неправду про тебя сказала? Я готова сослаться на всех... Ну полно, полно, не буду. А я опять-таки скажу,- продолжала Надежда Алексеевна, обратившись к Владимиру Сергеичу,- жаль, что вы едете. Правда, есть у нас один jeune premier, сам навязывается, да уж очень плох.

- Кто такой? позвольте узнать.

- Бодряков, поэт. Где ж поэту быть jeune premier? Во-первых он так одевается, что ужас, во-вторых, эпиграммы он пишет, а перед всякой

---

[59] Актера на роли первого любовника (франц.).

женщиной, даже предо мной, представьте, робеет. Пришепётывает, одна рука у него всегда выше головы и уж не знаю что. Скажите, пожалуйста, мосье Астахов, все ли поэты таковы?

Владимир Сергеич слегка выпрямился.

- Я ни одного из них не знал лично, да и, признаться, не искал никогда их знакомства.

- Да, ведь вы положительный человек. Придется взять Бодрякова, нечего делать. Другие jeune premier еще хуже. Этот по крайней мере роль наизусть выучит. Маша у нас, кроме трагических ролей, будет исполнять должность примадонны... Вы, мосье Астахов, не слыхали, как она поет?

- Нет,- возразил, осклабясь, Владимир Сергеич,- я и не знал...

- Что с тобою сегодня, Надя? - заговорила с недовольным видом Марья Павловна.

Надежда Алексеевна вскочила.

- Ради бога, Маша, спой нам что-нибудь, пожалуйста... пожалуйста... Я от тебя не отстану, пока ты не споешь нам что-нибудь, Маша, душка. Я бы сама спела, чтобы занять гостя, да ведь ты знаешь, какой у меня нехороший голос. Зато, посмотри, как я славно буду тебе аккомпанировать.

Марья Павловна помолчала.

- От тебя не отделаешься,- сказала она наконец.- Ты, как избалованное дитя, привыкла исполнять все свои прихоти. Изволь, я буду петь.

- Браво, браво,- воскликнула Надежда Алексеевна и захлопала в ладоши.- Господа, пойдемте в гостиную. А что касается до прихотей,- прибавила она, смеясь,- это тебе припомнится. Можно ли при незнакомых людях выставлять мои слабости? Егор Капитоныч, Матрена Марковна так вас стыдит при чужих?

- Матрена Марковна,- пробормотал Егор Капитоныч,- очень почтенная дама; только насчет манер...

- Ну пойдемте, пойдемте,- перебила его Надежда Алексеевна и вошла в гостиную.

Все отправились вслед за ней. Она сбросила с себя шляпу и села за фортепьяно. Марья Павловна стала возле стены, довольно далеко от Надежды Алексеевны.

- Маша,- проговорила она, подумав немного,- спой нам "Хлопец сее жито".

Марья Павловна запела. Голос у ней был чист и силен, и пела она хорошо - просто и без вычур. Все слушали ее с большим вниманием, а Владимир Сергеич не мог скрыть свое изумленье. Когда Марья Павловна кончила, он подошел к ней и начал ее уверять, что он никак не ожидал...

- Погодите, то ли еще будет! - перебила его Надежда Алексеевна.-

Маша, потешу я твою хохлацкую душу, спой нам теперь "Гомин-гомин по дуброви..."

- Разве вы малоросска? - спросил ее Владимир Сергеич.

- Я родом из Малороссии,- отвечала она и принялась петь "Гомин-гомин..."

Сначала она выговаривала слова равнодушно, но заунывно-страстный, родной напев расшевелил понемногу ее самое, щеки ее покраснели, взор заблистал, голос зазвучал горячо. Она кончила.

- Боже мой! как ты это хорошо спела,- проговорила Надежда Алексеевна, склонясь над клавишами.- Как жаль, что брата здесь не было!

Марья Павловна тотчас опустила глаза и усмехнулась своей обычной, горькой усмешкой.

- А надо бы еще что-нибудь,- заметил Ипатов.

- Да, если б вы были так добры,- прибавил Владимир Сергеич.

- Извините меня, я больше петь сегодня не буду,- промолвила Марья Павловна и вышла вон из комнаты.

Надежда Алексеевна посмотрела ей вслед, сперва задумалась, потом улыбнулась, принялась наигрывать одним пальцем "Хлопец сее жито", потом вдруг заиграла блестящую польку и, не кончив ее, взяла громкий аккорд, захлопнула крышку фортепьян и встала.

- Жаль, что не с кем потанцевать,- воскликнула она,- вот бы кстати!

Владимир Сергеич подошел к ней.

- Какой чудесный голос у Марьи Павловны,- заметил он,- и с каким она чувством поет!

- А вы любите музыку?

- Да... очень.

- Такой ученый человек и любите музыку!

- Да почему же вы думаете, что я ученый?

- Ах, да; извините, я все забываю, вы положительный человек. Куда же это ушла Маша? Постойте, я схожу за ней.

И Надежда Алексеевна выпорхнула вон из гостиной.

- Вертушка, как изволите видеть,- промолвил Ипатов, подходя к Владимиру Сергеичу,- но сердце добрейшее. И какое воспитание получила, вы не можете представить! На всех языках объясняется. Ну, люди они с состоянием, оно понятно.

- Да,- рассеянно произнес Владимир Сергеич,- очень любезная девица. Но, позвольте спросить, супруга ваша тоже родом была из Малороссии?

- Точно так-с. Покойница жена моя была малороссиянка, так же, как и сестра ее, Марья Павловна. Жена моя, сказать по правде, даже выговор не совсем имела чистый; хотя она российским языком владела в совершенстве, однако все-таки не совсем правильно изъяснялась: знаете

84

там и за ы, да ха, да же; ну Марья Павловна, та еще в малых летах из родины выехала. А ведь мало-россиянская кровь все видна, не правда ли?

- Удивительно поет Марья Павловна,- заметил Владимир Сергеич.

- Действительно, недурно. А впрочем, что же это нам чаю не несут? И куда это барышни ушли? Пора чай пить.

Барышни возвратились не скоро. Между тем принесли самовар, накрыли стол для чаю. Ипатов послал за ними. Они пришли обе вместе. Марья Павловна села за стол разливать чай, а Надежда Алексеевна подошла к двери террасы и стала глядеть в сад. После светлого летнего дня наступил ясный и тихий вечер: заря пылала; до половины облитый ее багрянцем, широкий пруд стоял неподвижным зеркалом, величаво отражая в серебристой мгле своего глубокого лона и всю воздушную бездну неба, и опрокинутые, как бы почерневшие деревья, и дом. Все замолкло кругом. Шума уже не было нигде.

- Посмотрите, как хорошо,- сказала Надежда Алексеевна подошедшему к ней Владимиру Сергеичу,- вон там, внизу, в пруде звезда зажглась подле огонька в доме; он красный, она золотая. А вот и бабушка едет,- прибавила она громко.

Из-за куста сирени показалась небольшая колясочка. Два человека везли ее. В ней сидела старуха, вся закутанная, вся сгорбленная, с головой, склоненной на самую грудь. Бахрома ее белого чепца почти совсем закрывала ее иссохшее и съеженное личико. Колясочка остановилась перед террасой. Ипатов вышел из гостиной, за ним выбежали его дочки. Они, как мышата, в течение всего вечера то и дело шныряли из комнаты в комнату.

- Доброго вечера желаю вам, матушка,- сказал Ипатов, подходя к старухе и возвысив голос.- Как вы себя чувствуете?

- Приехала посмотреть на вас,- глухо и с усилием проговорила старушка.- Вишь, какой славный вечер. День-то я спала, а теперь ноги заломили. Ох, мне эти ноги! Не служат, а болят.

- Позвольте, матушка, представить вам нашего соседа, господина Астахова, Владимира Сергеича.

- Очень рада,- возразила старуха, окинув его своими большими и черными, но уже потускневшими глазами.- Прошу полюбить моего сынка. Человек он хороший; воспитание я ему дала какое могла; известно, дело женское. Малодушие в нем еще есть, да, бог даст, поостепенится, а пора бы; пора мне сдать ему дела. Это вы, Надя,- прибавила старуха, взглянув на Надежду Алексеевну.

- Я, бабушка.

- А Маша чай разливает?

- Да, бабушка, разливает чай.

- А кто еще там?

- Иван Ильич да Егор Капитоныч.

- Матрены Марковны муж?

- Он, бабушка.

Старуха пожевала губами.

- Ну, хорошо. Да что, Миша, я никак старосты не добьюсь: вели ему прийти ко мне завтра пораньше, у меня с ним дела будет много. Без меня у вас, я вижу, все не так идет. Ну довольно, устала я, везите меня, вы... Прощайте, батюшка, имени и отчества не помню,- прибавила она, обратившись к Владимиру Сергеичу,- извините старуху. А вы, внучки, не провожайте меня. Не надо. Вам бы только все бегать. Сидите, сидите да уроки твердите, слышите. Маша вас балует. Ну, ступайте.

С трудом приподнятая голова старушки опять упала к ней на грудь...

Колясочка тронулась и тихо укатилась.

- Сколько лет вашей матушке? - спросил Владимир Сергеич.

- Всего семьдесят третий год пошел; да вот уж двадцать шесть лет, как ноги у ней отнялись; это с ней случилось скоро после кончины покойного батюшки. А была красавицей.

Все помолчали.

Вдруг Надежда Алексеевна вздрогнула.

- Что это, летучая, кажется, мышь пролетела? Ай, какой ужас!

И она поспешно вернулась в гостиную.

- Пора мне домой ехать. Михаил Николаич, велите оседлать мою лошадь.

- И мне пора,- заметил Владимир Сергеич.

- Куда же вы? - промолвил Ипатов.- Переночуйте здесь. Надежде Алексеевне всего две версты ехать, а вам целых двенадцать. Да и вы, Надежда Алексеевна, куда спешите? Подождите месяца, он теперь скоро взойдет. Еще светлее будет ехать.

- Пожалуй,- сказала Надежда Алексеевна,- я давно не ездила при луне.

- А вы ночуете?- спросил Ипатов Владимира Сергеича.

- Я, право, не знаю... Впрочем, если я не стесню...

- Нисколько, помилуйте, я сейчас велю вам комнату приготовить.

- А ведь хорошо ехать верхом при луне,- заговорила Надежда Алексеевна, как только подали свечи, принесли чай и Ипатов с Егором Капитонычем засели играть в преферанс вдвоем, а Складная Душа безмолвно уселся возле них,- особенно по лесу, между кустами орешника. И жутко, и приятно, и какая странная игра света и тени - все кажется, как будто кто-то крадется за вами или впереди...

Владимир Сергеич снисходительно осклабился.

- А то вот еще,- продолжала она,- случалось ли вам сидеть в теплую, темную, тихую ночь возле леса: мне всегда кажется тогда, что сзади, близко, над самым ухом, как будто двое горячо спорят чуть слышным шепотом.

- Это кровь стучит,- проговорил Ипатов.

- Вы очень поэтически описываете,- заметил. Владимир Сергеич.

Надежда Алексеевна посмотрела на него.

- Выдумаете?.. В таком случае Маше мои описания не понравились бы.

- Почему? разве Марья Павловна не любит поэзии?

- Нет; она находит, что все это сочинено, все неправда; этого-то она и не любит.

- Странный упрек! - воскликнул Владимир Сергеич. - Сочинено! да как же иначе? на что же после этого сочинители?

- Ну вот, подите; впрочем, ведь и вы не должны любить поэзии.

- Напротив, я люблю хорошие стихи, когда они действительно хороши и благозвучны и, как бы это сказать, представляют идеи, мысли...

Марья Павловна встала.

Надежда Алексеевна быстро обернулась к ней.

- Куда ты, Маша?

- Детей уложить. Девять часов скоро.

- Да разве без тебя они не лягут?

Но Марья Павловна взяла детей за руки и ушла с ними.

- Она сегодня не в духе,- заметила Надежда Алексеевна,- и я знаю отчего,- прибавила она вполголоса.- Но это пройдет.

- Позвольте спросить,- начал Владимир Сергеич,- вы зиму где намерены провести?

- Может быть, здесь, может быть - в Петербурге. Мне кажется, я в Петербурге соскучусь.

- В Петербурге-то, помилуйте! Как это возможно! И Владимир Сергеич пустился описывать все удобства, все выгоды и прелести столичной жизни. Надежда Алексеевна слушала его со вниманием, не сводя с него глаз. Она словно изучала его черты и изредка посмеивалась про себя.

- Я вижу, вы очень красноречивы,- сказала она наконец,- придется прожить зиму в Петербурге.

- Вы не будете раскаиваться,- заметил Владимир Сергеич.

- Я никогда ни в чем не раскаиваюсь, не стоит труда. Сделал глупость, старайся поскорей забыть ее - вот и все.

- Позвольте спросить,- заговорил после небольшого молчания Владимир Сергеич на французском языке,- вы давно знакомы с Марьей Павловной?

- Позвольте спросить,- возразила с быстрой усмешкой Надежда Алексеевна,- почему вы именно этот вопрос мне по-французски сделали?

- Так... без всякой особенной причины... Надежда Алексеевна опять усмехнулась.

- Нет, я не очень давно ее знаю. А не правда ли, она замечательная девушка?

- Она очень оригинальна,- промолвил Владимир Сергеич сквозь зубы.

- А что - это в ваших устах, в устах положительных людей, похвала? не думаю. Может быть, и я вам кажусь оригинальной? Однако,- прибавила она, поднимаясь с места и взглянув в раскрытое окно,- луна, должно быть, взошла, это ее отблеск над тополями. Пора ехать... Пойду прикажу оседлать- Красавчика.

- Уж он оседлан-с,- проговорил казачок Надежды Алексеевны, выступая из тени сада в полосу света, падавшую на террасу.

- А! ну прекрасно! Маша, где же ты? приди проститься со мною.

Марья Павловна появилась из соседней комнаты. Мужчины встали из-за карточного стола.

- Так вы уж и едете? - спросил Ипатов.

- Еду, пора.

Она приблизилась к двери сада.

- Какая ночь! - воскликнула она,- подойдите, подставьте ей лицо; чувствуете вы, она как будто дышит? и какой запах! все цветы теперь проснулись. Они проснулись - а мы спать собираемся... Да, кстати, Маша,- прибавила она,- я ведь сказала Владимиру Сергеичу, что ты не любишь поэзии. А теперь прощайте... вот и лошадь мою ведут...

И она проворно сбежала по ступеням террасы, легко взобралась на седло, сказала "до завтра" и, ударив лошадь хлыстиком по шее, поскакала к плотине... казачок пустился рысью за ней.

Все посмотрели ей вслед...

- До завтра! - раздался еще раз ее голос из-за тополей. Стук копыт долго слышался в тишине летней ночи. Наконец Ипатов предложил вернуться в дом.

- Оно точно, хорошо на воздухе,- сказал он,- а надо же партию нашу доиграть.

Все послушались его. Владимир Сергеич начал расспрашивать Марью Павловну, почему она поэзии не любит.

- Мне стихи не нравятся,- возразила она как бы нехотя.

- Да вы, может быть, мало стихов читали.

- Я сама их не читала, а мне читали.

- И неужели ни одни вам не понравились?

- Ни одни.

- Даже Пушкина стихи?

- Даже Пушкина.

- Отчего?

Марья Павловна не отвечала, а Ипатов, оборотясь через спинку стула, заметил с добродушным смехом, что она не только стихов, но и сахару не любит и вообще ничего сладкого терпеть не может.

- Да ведь есть стихи не сладкие,- возразил Владимир Сергеич.

- Например? - спросила его Марья Павловна. Владимир Сергеич почесал у себя за ухом... Он сам не много стихов знал на память, особенно не сладких.

- Да вот,- воскликнул он наконец,- знаете вы "Анчар" Пушкина? Нет? Уж это стихотворение никак не может назваться сладким.

- Прочтите, - проговорила Марья Павловна и потупилась.

Владимир Сергеич сперва посмотрел в потолок, нахмурился, помычал немного про себя и, наконец, прочел "Анчар".

После первых четырех стихов Марья Павловна медленно подняла глаза, а когда Владимир Сергеич кончил, так же медленно сказала:

- Пожалуйста, прочтите опять.

- Стало быть, эти стихи вам понравились? - спросил Владимир Сергеич.

- Прочтите еще.

Владимир Сергеич повторил "Анчар". Марья Павловна встала, вышла в другую комнату и вернулась с листом бумаги, чернильницей и пером.

- Пожалуйста, напишите это для меня,- сказала она Владимиру Сергеичу.

- Извольте, с удовольствием,- возразил он, принимаясь писать,- но, признаюсь, я удивляюсь, отчего эти стихи могли вам так понравиться. Я их прочел, собственно, для того, чтобы показать вам, что не все стихи бывают сладкие.

- Признаюсь! - воскликнул Ипатов.- Что ты думаешь об этих стихах, Иван Ильич?

Иван Ильич, по своему обыкновению, только взглянул на Ипатова, но не вымолвил ни слова.

- Вот-с - готово,- произнес Владимир Сергеич, поставив восклицательный знак в конце последнего стиха.

Марья Павловна поблагодарила его и унесла исписанный листок к себе.

Через полчаса подали ужин, а через час все гости разошлись по своим комнатам. Владимир Сергеич неоднократно обращался к Марье Павловне, но вести разговор с ней было трудно, и рассказы его, казалось, не слишком ее занимали. Ложась спать, он много думал о ней и о Надежде Алексеевне. Впрочем, он бы, вероятно, скоро заснул, если б не помешал ему сосед, Егор Капитоныч. Муж Матрены Марковны, уже совершенно раздевшись и лежа в постели, очень долго разговаривал с своим слугою, все наставления ему читал. Каждое слово его явственно доходило до слуха Владимира Сергеича: одна тонкая перегородка их разделяла.

- Держи свечку перед своею грудью,- говорил Егор Капитоныч жалобным голосом,- держи так, чтобы я лицо твое мог видеть. Состарил ты меня, состарил, бессовестный ты человек, состарил совершенно.

- Да чем, помилуйте, состарил я вас, Егор Капитоныч? - послышался глухой и заспанный голос слуги.

- Чем? я скажу чем. Сколько раз я тебе говорил: Митька, говорил я тебе, когда ты со мной куда в гости поедешь, всегда забирай по две штуки каждого платья, особенно... держи свечку перед грудью... особенно нижнего. А сегодня что ты со мной сделал?

- Что-с?

- Что-с? завтрашний день что я надену?

- Да то же, что и сегодня-с.

- Состарил ты меня, злодей, состарил. Я уж и сегодня не знал, куда от жары деться. Держи свечку перед грудью, говорят тебе, да не спи, когда барин с тобой беседует.

- Да и Матрена Марковна сказала-с, что довольно, мол, на что такую пропасть всегда с собой забираете. Только трется даром.

- Матрена Марковна... Разве это женское дело, в это входить? Состарили вы меня. Ох, состарили!

- Да и Яхим тоже говорил-с.

- Как ты сказал?

- Я говорю, Яхим тоже говорил-с.

- Яхим! Яхим! - повторил с укоризной Егор Капитоныч,- эх, состарили вы меня, окаянные, говорить по-русски не умеют путем. Яхим! что за Яхим? Ефим, ну это куда еще ни шло, сказать можно; для того, что настоящее, греческое имя есть Евфи-мий, понимаешь ты меня?.. держи свечку перед грудью... так для скорости, пожалуй, можно сказать Ефим, но уж никак не Яхим. Яхим! - прибавил Егор Капитоныч, напирая на букву я.- Состарили меня, злодеи. Держи свечку перед грудью!

И долго еще продолжал Егор Капитоныч наставлять слугу своего уму-разуму, несмотря на вздохи, покашливанья и другие знаки нетерпения Владимира Сергеича...

Наконец он отпустил своего Митьку и заснул, но и от этого Владимиру Сергеичу не стало легче: Егор Капитоныч так сильно и густо храпел, с такими игривыми переходами от высоких тонов к самым низким, с такими присвистываниями и даже прищелкиваниями, что, казалось, сама перегородка вздрагивала ему в ответ;

Бедный Владимир Сергеич чуть не плакал. В отведенной ему комнате было очень душно, и перина, на которой он лежал, охватывала все его тело каким-то ползучим жаром.

В отчаянье Владимир Сергеич наконец встал, раскрыл окно и с жадностью стал вдыхать благовонную ночную свежесть. Окно выходило в сад; на небе было светло, круглый лик полной луны то отражался ясно в пруде, то вытягивался в длинный золотой сноп медленно переливавшихся блесток. На одной из дорожек сада Владимир Сергеич увидал какую-то фигуру в женском платье, он пригляделся: это была Марья Павловна; в лучах луны лицо ее казалось бледным. Она стояла неподвижно и вдруг заговорила... Владимир Сергеич вытянул осторожно голову...

> Но человека человек
> Послал к аначару властным взглядом... -

дошло до его слуха...

"Каково,- подумал он,- стало быть, подействовали стишки..." И он с удвоенным вниманием стал вслушиваться... Но Марья

Павловна скоро умолкла и поворотила лицо свое еще прямее к нему; он мог различить ее темные большие глаза, ее строгие брови и губы...

Вдруг она вздрогнула, обернулась, вошла в тень, падавшую от сплошной стены высоких акаций, и исчезла. Владимир Сергеич постоял довольно долго у окна, потом, однако ж, лег, но заснул не скоро.

"Странное существо,- думал он, переворачиваясь с боку на бок,- а говорят, в провинции нет ничего особенного... Как бы не так! Странное существо! Спрошу ее завтра, что она делала в саду".

А Егор Капитоныч все храпел по-прежнему.

III

На другое утро Владимир Сергеич проснулся довольно поздно и тотчас после общего чая и завтрака в столовой поехал к себе домой оканчивать свои хозяйственные распоряжения, как ни удерживал его старик Ипатов. Марья Павловна также присутствовала за чаем; однако Владимир Сергеич не счел за нужное расспрашивать ее об ее вчерашней поздней прогулке; он принадлежал к числу людей, которым тяжело предаваться два дня сряду какими бы то ни было необычным мыслям и предположениям. Пришлось бы толковать о стихах, а так называемое "поэтическое" настроение весьма скоро его утомляло. Целый день до обеда он провел в поле, покушал с большим аппетитом, соснул и, проснувшись, взялся было за счеты земского; но, не окончивши первой страницы, велел заложить тарантас и отправился в Ипатовку. Видно, и положительные люди носят в груди не каменное сердце, и скучать не любят они так же, как и остальные, простые смертные.

Въезжая на плотину, услыхал он голоса и звуки музыки. У Платовых в доме хором пели русские песни. Он застал все общество, оставленное им поутру, на террасе; все, и Надежда Алексеевна между прочими, сидели в кружке около мужчины лет тридцати двух, смуглого, черноволосого и черноглазого, в бархатной куртке, с небрежно повязанным красным платком на шее и гитарою в руках. Это был Петр Алексеевич Веретьев, брат Надежды Алексеевны. Увидавши Владимира Сергеича, старик Ипатов с радостным восклицанием пошел ему навстречу, подвел его к Веретьеву и представил их друг другу. Обменявшись с новым знакомым обычными приветствиями, Астахов почтительно поклонился его сестре.

- А мы, Владимир Сергеич, по-деревенски, песни поем,- начал Ипатов и, указывая на Веретьева, прибавил: - Петр Алексеич у нас запевала - и какой! вы извольте послушать.

- Это очень приятно,- возразил Владимир Сергеич.

- Не угодно ли присоединиться к хору? - спросила его Надежда Алексеевна.

- Душевно бы рад, да голосу нету.

- Это не беда! Посмотрите, и Егор Капитоныч поет, и я пою. Тут только нужно подтягивать. Садитесь-ка; а ты, брат, начинай.

- Какую бы теперь нам песню спеть?- проговорил Веретьев, перебирая струны гитары и, остановившись вдруг, глянул на Марью Павловну, сидевшую возле него.- Теперь, кажется, очередь за вами,- сказал он ей.

- Нет, пойте вы,- возразила Марья Павловна.

- Вот есть песня "Вниз по матушке по Волге",- промолвил с важностью Владимир Сергеич.

- Нет, это мы к концу приберегаем,- отвечал Веретьев и, ударив по струнам, протяжно затянул: "Солнце на закате".

Он пел славно, бойко и весело. Его мужественное лицо, и без того выразительное, еще более оживлялось, когда он пел; изредка подергивал он плечами, внезапно прижимал струны ладонью, поднимал руку, встряхивал кудрями и соколом взглядывал кругом. Он в Москве не раз видал знаменитого Илью и подражал ему. Хор дружно ему подтягивал. Звучной струей отделялся голос Марьи Павловны от всех других голосов; он словно вел их за собою; но одна она петь не хотела, запевалой до конца остался Веретьев.

Много других еще пели песен...

Между тем вместе с вечером надвигалась гроза. Уже с полудня парило и в отдалении все погрохатывало; но вот широкая туча, давно лежавшая свинцовой пеленой на самой черте небосклона, стала расти и показываться из-за вершин деревьев, явственнее начал вздрагивать душный воздух, все сильнее и сильнее потрясаемый приближавшимся громом; ветер поднялся, прошумел порывисто в листьях, замолк, опять зашумел продолжительно, загудел; угрюмый сумрак побежал над землею, быстро сгоняя последний отблеск зари; сплошные облака, как бы сорвавшись, поплыли вдруг, понеслись по небу; дождик закапал, молния вспыхнула красным огнем, и гром грянул тяжко и сердито.

- Уйдемте,- промолвил старик Ипатов.- А то промочит, пожалуй.

Все встали.

- Сейчас,- воскликнул Веретьев,- еще последнюю песню. Слушайте.

Ах вы, сени, мои сени,
Сени новые мои... -

запел он громким голосом, проворно забив всей рукой по струнам гитары. "Сени новые, кленовые",- подхватил хор, как бы невольно увлеченный. Дождик почти в то же мгновенье хлынул ручьями; но Веретьев допел "Мои сени" до конца. Изредка заглушаемая ударами грома, удалая песенка казалась еще удалее под шумную дробь и журчанье дождя. Наконец раздался последний взрыв хора - и все общество с хохотом вбежало в гостиную. Особенно громко смеялись девочки, дочери Ипатова, стряхивая с своих платьев дождевые брызги. Ипатов, однако же, для предосторожности, закрыл окно и запер дверь, и Егор Капитоныч его похвалил, заметив, что Матрена Марковна также всегда, вовремя грозы, все приказывает запереть для того, что электричество способнее действует в пустом промежутке. Бодряков посмотрел ему в лицо, посторонился и уронил стул. Подобные маленькие несчастья случались с ним беспрестанно.

Гроза прошла очень скоро. Двери и окна снова раскрылись, и комнаты наполнились влажным благовонием. Принесли чай. После чаю старички уселись опять за карты. Иван Ильич к ним, по обыкновению, присоединился. Владимир Сергеич подошел было к Марье Павловне, сидевшей под окном с Веретьевым; но Надежда Алексеевна подозвала его к себе и тотчас вступила с ним в жаркий разговор о Петербурге и петербургской жизни. Она нападала на нее; Владимир Сергеич начал защищать ее. Надежда Алексеевна, казалось, старалась удержать его близ себя.

- О чем вы это спорите? - спросил Веретьев, вставая и приближаясь к ним.

Он лениво переваливался на ходу: во всех его движениях замечалась не то небрежность, не то усталость.

- Все о Петербурге,- ответила Надежда Алексеевна.- Владимир Сергеич не нахвалится им.

- Город хороший,- заметил Веретьев,- а по-моему, везде хорошо. Ей-богу. Были бы две-три женщины да, извините за откровенность, вино, и человеку, право, ничего не остается желать.

- Это меня удивляет,- возразил Владимир Сергеич,- неужели же вы действительно того мнения, что для образованного человека не существует...

- Может быть... точно... я с вами согласен,- перебил его Веретьев, за которым, при всей вежливости, водилась привычка не дослушивать возражения,- но это не по моей части, я не философ.

- Да и я не философ,- ответил Владимир Сергеич,- и нисколько не желаю быть им; но тут речь идет совсем о другом.

Веретьев рассеянно глянул на свою сестру, а она, слегка усмехнувшись, нагнулась к нему и вполголоса прошептала:

- Петруша, душка, представь нам Егора Капитоныча, сделай одолженье.

Лицо Веретьева мгновенно изменилось и, бог ведает, каким чудом, стало необыкновенно похоже на лицо Егора Капитоныча, хотя между чертами того и другого решительно не было ничего общего, и сам Веретьев едва только сморщил нос и опустил углы губ.

- Конечно,- начал он шептать голосом, совершенно напоминавшим голос Егора Капитоныча,- Матрена Марковна дама строгая насчет манер; но супруга зато примерная. Правда, что бы я ни сказал...

- Бирюлевским барышням все известно,- подхватила Надежда Алексеевна, едва удерживая хохот.

- Все на другой же день известно,- ответил Веретьев с такой уморительной ужимкой, с таким смущенным, косвенным взглядом, что даже Владимир Сергеич рассмеялся.

- У вас, я вижу, большой талант к подражанию,- заметил он.

Веретьев провел рукой по лицу, черты его приняли обычное выражение, а Надежда Алексеевна воскликнула:

- О, да! он всех умеет передразнить, кого только захочет... Он на это мастер.

- И меня бы, например, сумели представить? - спросил Владимир Сергеич.

- Еще бы! - возразила Надежда Алексеевна,- разумеется.

- Ах, сделайте одолжение, представьте меня,- промолвил Астахов, обращаясь к Веретьеву.- Я прошу вас, без церемоний.

- А вы ей и поверили? - ответил Веретьев, чуть-чуть прищурив один глаз и придав своему голосу звук астаховского голоса, но так осторожно и легко, что одна Надежда Алексеевна это заметила и прикусила губы,- вы, пожалуйста, ей не верьте, она вам еще не то наскажет про меня.

- И какой он актер, если бы вы знали,- продолжала Надежда Алексеевна,- всевозможные роли играет. Так чудесно! Он наш режиссер, и суфлер, и все, что хотите. Жаль, что вы скоро едете.

- Сестра, твое пристрастие тебя ослепляет,- произнес важным голосом, но все с тем же оттенком, Веретьев.- Что подумает о тебе господин Астахов? Он сочтет тебя за провинциалку.

- Помилуйте...- начал было Владимир Сергеич.

- Петруша, знаешь что,- подхватила Надежда Алексеевна,- представь, пожалуйста, как пьяный человек никак не может достать платок из кармана, или нет, лучше представь, как мальчик муху на окне ловит и она у него жужжит под пальцами.

- Ты совершенное дитя,- отвечал Веретьев.

Однако он встал и, подойдя к окну, возле которого сидела Марья Павловна, начал водить рукой по стеклу и представлять, как мальчик ловит муху. Верность, с которой он подражал ее жалобному писку, была точно изумительна. Казалось, действительная, живая муха билась у него под пальцами. Надежда Алексеевна засмеялась, и понемногу все засмеялись в комнате. У одной лишь Марьи Павловны лицо не изменилось, губы даже не дрогнули. Она сидела с опущенными глазами, наконец подняла их и, серьезно взглянув на Веретьева, промолвила сквозь зубы:

- Вот охота делать из себя шута.

Веретьев тотчас отвернулся от окна и, постояв немного посреди комнаты, вышел на террасу, а оттуда в сад, уже совершенно потемневший.

- Забавник этот Петр Алексеич! - воскликнул Егор Капитоныч, ударив с размаху козырной семеркой по чужому тузу.- Право, забавник!

Надежда Алексеевна встала и, торопливо подойдя к Марье Павловне, спросила ее вполголоса:

- Что ты сказала брату?

- Ничего,- ответила та.

- Как ничего, не может быть.

И погодя немного Надежда Алексеевна промолвила: "Пойдем!" - взяла Марью Павловну за руку и принудила ее встать и отправиться вместе с нею в сад.

Владимир Сергеич поглядел обеим девицам вслед не без недоумения.

Впрочем, отсутствие их продолжалось недолго; через четверть часа они возвратились, и Петр Алексеич вошел вместе с ними.

- Какая прекрасная ночь! - воскликнула, входя, Надежда Алексеевна.- Как хорошо в саду!

- Ах, да, кстати, - промолвил Владимир Сергеич.- позвольте узнать, Марья Павловна, вас ли это я видел вчера в саду ночью?

Марья Павловна быстро взглянула ему в глаза.

- Еще вы, сколько я мог расслышать, декламировали "Анчар" Пушкина.

Веретьев слегка нахмурился и также принялся смотреть на Астахова.

- Это точно была я,- сказала Марья Павловна,- но только я ничего не декламировала: я никогда не декламирую.

- Может быть, мне показалось,- начал Владимир Сергеич,- однако...

- Вам показалось,- холодно промолвила Марья Павловна.

- Что это за "Анчар"? - спросила Надежда Алексеевна.

- А вы не знаете? - возразил Астахов,- Пушкина стихи "На почве чахлой и скупой", будто вы не помните?

- Не помню что-то... Этот анчар - ядовитое дерево?

- Да.

- Как датуры... Помнишь, Маша, как хороши были датуры у нас на балконе, при луне, с своими длинными белыми цветами. Помнишь, какой из них лился запах, сладкий, вкрадчивый и коварный.

- Коварный запах! - воскликнул Владимир Сергеич.

- Да, коварный. Чему вы удивляетесь? Он, говорят, опасен, а привлекает. Отчего злое может привлекать? Злое не должно быть красивым!

- Ого! какие умозрения! - заметил Петр Алексеич,- куда мы удалились от стихов!

- Я эти стихи прочел вчера Марье Павловне,- подхватил Владимир Сергеич,- и они ей чрезвычайно понравились.

- Ах, прочтите их, пожалуйста,- сказала Надежда Алексеевна.

- Извольте-с.

И Астахов прочел "Анчар".

- Слишком напыщенно,- произнес как бы нехотя Веретьев, как только Владимир Сергеич кончил.

- Стихотворение слишком напыщенно?

- Нет, не стихотворение... Извините меня, мне кажется, вы не довольно просто читаете. Дело говорит само за себя; впрочем, я могу ошибаться.

- Нет, ты не ошибаешься,- сказала Надежда Алексеевна с расстановкой.

- О, да ведь это известно! я в твоих глазах гений, даровитейший человек, который все знает, все бы мог сделать, да только лень, к несчастью, его одолевает: не правда ли?

Надежда Алексеевна только головой качнула.

- Я с вами не спорю, вы это лучше должны знать,- заметил Владимир Сергеич и немного надулся. - Это не по моей части.

- Я ошибся, извините,- поспешно произнес Веретьев. Между тем игра кончилась.

- Ах, кстати,- заговорил Ипатов, вставая,- Владимир Сергеич, мне поручил один здешний помещик, сосед, прекраснейший и почтеннейший человек, Акилин, Гаврила Степаныч, просить вас, не сделаете ли вы ему честь, не пожалуете ли к нему на бал, то есть я это так, для красоты слога, говорю: бал, а просто на вечеринку с танцами, без церемоний? Он бы сам к вам непременно явился, да побоялся обеспокоить.

- Я очень благодарен господину помещику,- возразил Владимир Сергеич,- но мне непременно нужно ехать домой...

- Да ведь что вы думаете, когда бал-то? Ведь завтра бал, Гаврила Степаныч завтра именинник. Один день куда ни шел, а уж как вы его обрадуете! И всего отсюда десять верст. Если позволите, мы же вас и довезем.

- Я, право, не знаю,- начал Владимир Сергеич.- А вы едете?

- Всем семейством! И Надежда Алексеевна, и Петр Алексеич, все едут!

- Вы можете, если хотите, теперь же меня пригласить на пятую кадриль,- заметила Надежда Алексеевна. - Первые четыре уже разобраны.

- Вы очень любезны, а на мазурку вы уже приглашены?

- Я? Дайте вспомнить... нет, кажется, не приглашена.

- В таком случае, если вы будете так добры, я бы желал иметь честь...

- Стало быть, вы едете? Прекрасно. Извольте.

- Браво! - воскликнул Ипатов.- Ну, Владимир Сергеич, одолжили. Гаврила Степаныч просто в восторг придет. Не правда ли, Иван Ильич?

Иван Ильич хотел было, по неизменной привычке своей, промолчать, однако почел за лучшее произнести одобрительный звук.

- Что тебе была за охота,- говорил час спустя Петр Алексеич своей сестре, сидя с ней в легонькой таратайке, которой правил сам,- что тебе была за охота навязаться этому кисляю на мазурку?

- У меня на то свои планы,- возразила Надежда Алексеевна.

- Какие,- позволь узнать?

- Это моя тайна.

- Ого!

И он слегка ударил бичом лошадь, которая начала было прясть ушами, фыркать и упираться. Ее пугала тень от большого ракитового куста, падавшая на дорогу, тускло озаренную месяцем.

- А ты танцуешь с Машей? - спросила Надежда Алексеевна в свою очередь брата.

- Да, - сказал он равнодушно.

- Да! да!- повторила Надежда Алексеевна с укоризной.- Вы, мужчины.- прибавила она, помолчав,- решительно не стоите того, чтобы вас любили порядочные женщины.

- Ты думаешь? Ну, а этот петербургский кисляй, этот стоит?

- Скорее, чем ты.

- Вот как!

И Петр Алексеич проговорил со вздохом:

> Что за комиссия, создатель,
> Быть... братом выросшей сестры!

Надежда Алексеевна засмеялась.

- Много я тебе хлопот доставляю, нечего сказать. Мне так вот комиссия с тобою.

- Неужели? - я этого никак не подозревал.

- Я не насчет Маши говорю.

- На какой же счет?

Лицо Надежды Алексеевны слегка опечалилось.

- Ты сам знаешь,- проговорила она тихо.

- А, понимаю! Что делать-с. Надежда Алексеевна, люблю-с выпить с добрым приятелем, грешный человек, люблю-с.

- Полно, брат, пожалуйста, не говори так... Этим не шутят.

- Трам-трам-там-пум,- забормотал Петр Алексеич сквозь зубы.

- Это твоя погибель, а ты шутишь...

- "Хлопец сее жито, жинка каже мак",- громко запел Петр Алексеич, ударил вожжами лошадь, и она помчалась шибкой рысью.

IV

Приехавши домой, Веретьев не раздевался, и часа два спустя, заря только что начинала заниматься в небе, его уже не было в доме.

На полдороге между его имением и Ипатовкой, над самой кручью широкого оврага, находился небольшой березовый "заказ". Молодые деревья росли очень тесно, ничей топор еще не коснулся до их стройных стволов; негустая, но почти сплошная тень ложилась от мелких листьев на мягкую и тонкую траву, всю испещренную золотыми головками куриной слепоты, белыми точками лесных колокольчиков и малиновыми крестиками гвоздики. Недавно вставшее солнце затопляло всю рощу сильным, хотя и не ярким светом; везде блестели росинки, кой-где внезапно загорались и рдели крупные капли; все дышало свежестью, жизнью и той невинной торжественностью первых мгновений утра, когда все уже так светло и так еще безмолвно. Только и слышались что рассыпчатые голоса жаворонков над отдаленными полями, да в самой роще две-три птички, не торопясь, выводили свои коротенькие коленца и словно прислушивались потом, как это у них вышло. От мокрой земли пахло здоровым, крепким запахом, чистый, легкий воздух переливался прохладными струями. Утром, славным летним утром веяло от всего, все глядело и улыбалось утром, точно румяное, только что вымытое личико проснувшегося ребенка.

Невдалеке от оврага, посреди лужайки сидел на раскинутом плаще Веретьев. Марья Павловна стояла подле него, прислонясь к березе и заложив назад руки.

Они оба молчали. Марья Павловна неподвижно глядела вдаль; белый шарф скатился с ее головы на плечи, набегавший ветер шевелил и приподнимал концы ее наскоро причесанных волос. Веретьев сидел наклонившись и похлопывал веткой по траве.

- Что ж,- начал он наконец,- вы на меня сердитесь? Марья Павловна не отвечала. Веретьев взглянул на нее.

- Маша, вы сердитесь? - повторил он. Марья Павловна окинула его быстрым взором, слегка отвернулась и промолвила:

- Да.

- За что? - спросил Веретьев и отбросил ветку. Марья Павловна опять не отвечала.

- Впрочем, вы точно имеете право сердиться на меня,- начал Веретьева после небольшого молчанья.- Вы должны считать меня за человека не только легкомысленного, но даже...

- Вы меня не понимаете,- перебила Марья Павловна.- Я совсем не за себя сержусь на вас.

- За кого же?

- За вас самих.

Веретьев поднял голову и усмехнулся.

- А! понимаю! - заговорил он.- Опять! опять вас начинает тревожить мысль: отчего я ничего из себя не сделаю? Знаете что. Маша, вы удивительное существо, ей-богу. Вы так много заботитесь о других и так мало о себе самой. В вас эгоизма совсем нет, право. Другой такой девушки, как вы, на свете нет. Одно горе: я решительно не стою вашей привязанности; это я говорю не шутя.

- Тем хуже для вас. Чувствуете и ничего не делаете. Веретьев опять усмехнулся.

- Маша, выньте из-за спины, дайте мне вашу руку,- проговорил он с ласковой вкрадчивостью в голосе. Марья Павловна только плечом пожала.

- Дайте мне вашу красивую честную руку, мне хочется облобызать ее почтительно и нежно. Так ветреный ученик лобызает руку своего снисходительного наставника.

И Веретьев потянулся к Марье Павловне.

- Полноте! - промолвила она.- Вы все. смеетесь да шутите, и прошутите так всю вашу жизнь.

- Гм! прошутить жизнь! Новое выражение! Ведь вы, Марья Павловна, я надеюсь, употребили глагол шутить - в смысле действительном?

Марья Павловна нахмурила брови.

- Полноте, Веретьев,- повторила она.

- Прошутить жизнь,- продолжал Веретьев и приподнялся,- а вы хуже моего распорядитесь, вы просурьезничаете всю вашу жизнь. Знаете, Маша, вы мне напоминаете одну сцену из пушкинского Дон-Жуана. Вы не читали пушкинского Дон-Жуана?

- Нет.

- Да, я ведь и забыл, вы стихов не читаете. Там к одной Лауре приходят гости, она их всех прогоняет и остается с одним, Карлосом. Они оба выходят на балкон, ночь удивительная. Лаура любуется, а Карлос вдруг начинает ей доказывать, что она со временем состарится. "Что ж,- отвечает Лаура,- теперь, может быть, в Париже холод и дождь, а здесь у нас "ночь лимоном и лавром пахнет". Что загадывать о будущем? Оглянитесь, Маша, разве и здесь не прекрасно? Посмотрите, как все радуется жизни, как все молодо. И мы сами разве не молоды?

Веретьев приблизился к Марье Павловне, она не отодвинулась от него, но не повернула к нему головы.

- Улыбнитесь, Маша,- продолжал он,- только доброй вашей улыбкой, а не вашей обыкновенной усмешкой. Я люблю вашу добрую улыбку. Поднимите ваши гордые, строгие глаза. Что же вы? Вы отворачиваетесь? Протяните мне хоть руку.

- Ах, Веретьев,- начала Маша,- вы знаете, я не умею говорить. Вы мне рассказали об этой Лауре. Но ведь она женщина... Женщине простительно не думать о будущем.

- Когда вы говорите, Маша,- возразил Веретьев,- вы беспрестанно краснеете от самолюбия и стыдливости, кровь так и приливает алым потоком в ваши щеки, я ужасно это люблю в вас.

Марья Павловна взглянула прямо в глаза Веретьеву.

- Прощайте,- промолвила она и накинула шарф себе на голову.

Веретьев удержал ее.

- Полноте, полноте, подождите! - воскликнул он.- Ну, что вы хотите? Приказывайте! Хотите вы, чтобы я поступил на службу, сделался агрономом? Хотите, чтобы я издал романсы с аккомпанементом гитары, напечатал бы собрание стихотворений, рисунков, занялся бы живописью, ваяньем, плясаньем на канате? Все, все я сделаю, все, что прикажете, лишь бы вы были мною довольны! Ну, право же. Маша, поверьте мне.

Марья Павловна опять взглянула на него.

- Все это вы только на словах, не на деле. Вы уверяете, что слушаетесь меня.

- Конечно, слушаюсь.

- Слушаетесь, а вот я сколько раз вас просила...

- О чем?

Марья Павловна запнулась.

- Не пить вина,- промолвила она наконец. Веретьев засмеялся.

- Эх, Маша, Маша! И вы туда же! Сестра моя тоже об этом убивается. Да, во-первых, я вовсе не пьяница; а во-вторых, знаете ли вы, для чего я пью? Посмотрите-ка вон на эту ласточку... Видите, как она смело распоряжается своим маленьким телом, куда хочет, туда его и бросит! Вон взвилась, вон ударилась книзу, даже взвизгнула от радости, слышите? Так вот я для чего пью. Маша, чтобы испытать те самые ощущения, которые испытывает эта ласточка... Швыряй себя куда хочешь, несись куда вздумается...

- Да к чему же это? - перебила Маша.

- Как к чему? - из чего же тогда жить?

- А разве без вина этого нельзя?

- Нельзя, все мы попорчены, измяты. Вот страсть... та такое же производит действие. Оттого-то я вас люблю.

- Как вино... покорно благодарю.

- Нет, Маша; я вас люблю не как вино. Постойте, я вам это докажу когда-нибудь, вот когда мы женимся и поедем с вами за границу. Знаете ли, я уже заранее думаю, как я приведу вас перед Милосскую Венеру. Вот кстати будет сказать:

Стоит ли с важностью очей Перед Милосскою Кипридой - Их две, и мрамор перед ней Страдает, кажется, обидой...

Что это я сегодня все говорю стихами? Это утро, должно быть, на меня действует. Что за воздух! точно вино пьешь.

- Опять вино,- заметила Марья Павловна.

- Что ж такое! Этакое утро да вы со мной, и не чувствовать себя опьяненным! "С важностью очей..." Да,- продолжал Веретьев, глядя пристально на Марью Павловну,- это так... А ведь я помню, я видал, редко, но видал эти темные великолепные глаза, я видал их нежными! И как они прекрасны тогда! Ну, не отворачивайтесь, Маша, ну по крайней мере засмейтесь... покажите мне глаза ваши хотя веселыми, если уже они не хотят удостоить меня нежным взглядом.

- Перестаньте, Веретьев,- проговорила Марья Павловна.- Пустите меня, мне пора домой.

- А ведь я вас рассмешу,- подхватил Веретьев,- ей-богу, рассмешу. Э, кстати, посмотрите, вон заяц бежит...

- Где?- спросила Марья Павловна.

- Вон за оврагом, по овсяному полю. Его, должно быть, кто-нибудь вспугнул; они по утрам не бегают. Хотите, я его остановлю сейчас?

И Веретьев громко свистнул. Заяц тотчас присел, повел ушами, поджал передние лапки, выпрямился, пожевал, пожевал, понюхал воздух и опять пожевал. Веретьев проворно сел на корточки, наподобие зайца, и стал водить носом, нюхать и жевать, как он. Заяц провел раза два лапками по , мордочке, встряхнулся - они, должно быть, были мокры от росы,- уставил уши и покатил дальше. Веретьев потер себя руками по щекам и также встряхнулся... Марья Павловна не выдержала и засмеялась.

- Браво! - воскликнул Веретьев и вскочил,- браво! Вот то-то и есть, вы не кокетка. Знаете ли, что если бы у какой-нибудь светской барышни были такие зубы, как у вас, она бы вечно смеялась! Но за то я и люблю вас, Маша, что вы не светская барышня, не смеетесь без нужды, не носите перчаток на ваших руках, которые и целовать оттого так весело, что они загорели и силу в них чувствуешь... Я люблю вас за то, что вы не умничаете, что вы горды, молчаливы, книг не читаете, стихов не любите...

- А хотите, я вам прочту стихи? - перебила его Марья Павловна, с каким-то особенным выражением в лице.

- Стихи? - спросил с изумлением Веретьев.

- Да, стихи, те самые, которые вчера читал этот петербургский господин.

- Опять "Анчар"?.. Так вы точно его декламировали в саду ночью? Он к вам идет... Но разве он так вам понравился?

- Да, понравился.

- Прочтите.

Марья Павловна застыдилась...

- Читайте, читайте,- повторил Веретьев.

Марья Павловна начала читать. Веретьев стал перед ней, скрестил руки на груди и принялся слушать. При первом стихе Марья Павловна медленно подняла глаза к небу, ей не хотелось встречаться взорами с Веретьевым. Она читала своим ровным мягким голосом, напоминавшим звуки виолончели; но когда она дошла до стихов:

> И умер бедный раб у ног
> Непобедимого владыки...

Ее голос задрожал, недвижные, надменные брови приподнялись наивно, как у девочки, и глаза с невольной преданностью остановились на Веретьеве...

Он вдруг бросился к ее ногам и обнял ее колени.

- Я твой раб,- воскликнул он,- я у ног твоих, ты мой владыка, моя богиня, моя волоокая Гера, моя Медея...

Марья Павловна хотела оттолкнуть его; но руки ее замерли на густых его кудрях, и она, с улыбкой замешательства, уронила голову на грудь...

V

Гаврила Степаныч Акилин, у которого назначен был бал, принадлежал к числу помещиков, возбуждающих удивление соседей искусством жить хорошо и открыто при незначительных средствах. Имея не более четырехсот душ крестьян, он принимал всю губернию в огромных, им самим воздвигнутых каменных палатах с колоннами, башней и флагом на башне. Имение это досталось ему от отца и никогда не отличалось благоустройством; Гаврила Степаныч долго находился в отсутствии, служил в Петербурге; наконец, лет пятнадцать тому назад, вернулся он на родину в чине коллежского асессора, с женою и тремя дочерьми, в одно и то же время принялся за преобразования и за постройки, немедленно завел оркестр и начал давать обеды. Сначала все пророчили ему скорое и неминуемое разорение; не раз носились слухи о продаже имения Гаврилы Степаныча с молотка; но годы шли, обеды, балы, пирушки, концерты следовали друг за другом обычной чередой, новые строения, как грибы, вырастали из земли, а имение Гаврилы Степаныча с молотка все-таки не продавалось, и сам он поживал по-прежнему, даже потолстел в последнее время. Тогда толки соседей приняли другое направление; стали намекать на какие-то важные, будто бы утаенные суммы, заговорили о кладе... "И хотя бы хозяин он был хороший,- так рассуждали дворяне между собою,- а то ведь нет! нисколько! Вот ведь что удивления достойно и непонятно". Как бы то ни было, но к Гавриле Степанычу все ездили очень охотно: он принимал гостей радушно и в карты играл по какой угодно цене. Это был маленький, седенький человечек с вострой головкой, желтым лицом и желтыми глазами, всегда тщательно выбритый и надушенный одеколоном; он и в будни и в праздники носил просторный синий фрак, застегнутый доверху, большой галстук, в который имел привычку прятать подбородок, и щеголял бельем; он жмурил глаза и вытягивал губы, когда

103

нюхал табак, и говорил весьма приветливо и мягко, с беспрестанными слово-ериками. С виду Гаврила Степаныч не отличался бойкостью и вообще наружностью не брал и не глядел умницей, хотя по временам в его глазах светилось лукавство. Старших двух дочерей он выгодно пристроил, младшая оставалась еще в доме невестой. Была у Гаврилы Степаныча и жена, существо незначительное и бессловесное.

Владимир Сергеич в семь часов вечера явился к Платовым во фраке и белых перчатках. Он застал уже всех совершенно одетыми; девочки чинно сидели, боясь измять свои беленькие накрахмаленные платьица; старик Ипатов, увидя Владимира Сергеича во фраке, ласково попенял ему и указал на свой сюртук; на Марье Павловне было темно-розовое кисейное платье, которое очень шло к ней. Владимир Сергеич сказал ей несколько любезностей. Красота Марьи Павловны его привлекала, хотя она, видимо, его дичилась; Надежда Алексеевна ему тоже нравилась, но непринужденность ее обращения его несколько смущала. Притом в ее речах, взглядах, самых улыбках часто высказывалась насмешливость, и это беспокоило его столичную и благовоспитанную душу. Он бы не прочь был подтрунить с нею над другими, но ему неприятно было думать, что она в состоянии, пожалуй, посмеяться над ним самим.

Бал уже начался; гостей собралось довольно много, и доморощенный оркестр трещал, гудел и взвизгивал на хорах, когда семейство Ипатовых вместе с Владимиром Сергеичем вступило в залу акилинского дома. Хозяин встретил их у самых дверей, поблагодарил Владимира Сергеича за чувствительное доставление приятного сюрприза - так он выразился - и, взяв Ипатова под руку, повел его в гостиную, к карточным столам. Гаврила Степаныч воспитание получил плохое, и все у него в доме, и музыка, и мебель, и кушанья, и вина, не только не могло назваться первостепенным, но даже и во вторую степень не годилось. Зато всего было вволю, и сам он не ломался, не кичился... дворяне больше ничего от него и не требовали и оставались совершенно довольны его угощением. За ужином, например, подавали икру, нарезанную в кусочки и сильно посоленную; но никто не мешал брать ее пальцами и запить ее было чем, правда дешевеньким, но все же виноградным вином, а не другим каким-либо напитком. Пружины в мебели Гаврилы Степаныча были действительно несколько беспокойны по причине их неподатливости и тугости; но, не говоря уже о том, что во многих диванах и креслах пружин не было вовсе, всяк мог подложить под себя гарусную подушку, а подобных подушек, вышитых собственными руками супруги Гаврилы Степаныча, лежало везде многое множество - и тогда уже ничего не оставалось желать.

Словом, дом Гаврилы Степаныча пришелся как нельзя более под лад общежительному и бесцеремонному образу мыслей обитателей -го уезда, и единственно скромность г. Акилина была причиною тому, что на дворянских съездах в предводители избирался не он, а отставной майор Подпекин, человек тоже весьма почтенный и достойный, хотя он и зачесывал себе волосы на правый висок из-за левого уха, красил усы в лиловую краску и, страдая одышкой, в послеобеденное время впадал в меланхолию.

Итак, бал уже начался. Танцевали кадриль в десять пар. Кавалерами были офицеры близстоявшего полка, юные, а иные и не совсем юные помещики, два-три чиновника из города. Все было как следует, все шло своим порядком. Предводитель играл в карты с отставным действительным статским советником и богатым барином, владельцем трех тысяч душ. Действительный статский советник носил на указательном пальце перстень с алмазом, говорил очень тихо, не раздвигал соединенных каблуков ног своих, поставленных в положение, употребляемое танцорами прежних времен, и не поворачивал головы, до половины закрытой отличнейшим бархатным воротником; богатый барин, напротив, все чему-то смеялся, поднимал брови и сверкал белками глаз. Поэт Бодряков, человек вида неуклюжего и дикого, разговаривал в углу с ученым историком Евсюковым: они оба держали друг друга за пуговицы. Возле них один дворянин, с необыкновенно длинной талией, излагал какие-то смелые мнения перед другим дворянином, с робостью смотревшим ему в лоб. Вдоль стен сидели маменьки в пестрых чепцах, у дверей жались господа простого покроя, молодые с смущенными, пожилые с смирными лицами; но всего не опишешь. Повторяем: все было как следует.

Надежда Алексеевна приехала еще раньше Ипатовых: Владимир Сергеич увидал ее танцующею с молодым человеком красивой наружности, в щегольском фраке, с выразительными глазами, тонкими черными усиками и блестящими зубами; золотая цепочка висела полукругом у него на желудке. На Надежде Алексеевне было голубое платье с белыми цветами; небольшой венок из тех же цветов обвивал ее кудрявую головку; она улыбалась, играла веером, весело посматривала кругом; она чувствовала себя царицей бала. Владимир Сергеич подошел к ней, поклонился и, любезно заглянув ей в лицо, спросил ее, помнит ли она вчерашнее обещание?

- Какое обещание?

- Ведь вы со мною танцуете мазурку?

- Да, конечно, с вами.

Молодой человек, стоявший рядом с Надеждой Алексеевной, внезапно покраснел.

- Вы, mademoiselle, вероятно, забыли,- начал он,- что вы уже прежде дали мне слово на сегодняшнюю мазурку. Надежда Алексеевна смешалась.

- Ах, боже мой, как же быть?- заговорила она,- извините меня, .пожалуйста, мосье Стельчинский, я такая рассеянная:, мне, право, так совестно...

Мосье Стельчинский ничего не отвечал и только глаза опустил; Владимир Сергеич слегка приосанился.

- Будьте так добры, мосье Стельчинский,- продолжала Надежда Алексеевна,- мы ведь с вами старинные знакомые, а мосье Астахов у нас чужой: не ставьте меня в затруднительное положение, позвольте мне танцевать с ним.

- Как вам угодно,- возразил молодой человек.- Однако вам начинать.

- Благодарствуйте,- промолвила Надежда Алексеевна и порхнула навстречу своего визави.

Стельчинский глянул ей вслед, потом посмотрел на Владимира Сергеича. Владимир Сергеич в свою очередь посмотрел на него и отошел в сторону.

Кадриль скоро кончилась. Владимир Сергеич походил немного по зале, потом направился в гостиную и остановился у одного из карточных столов. Вдруг он почувствовал, что кто-то сзади прикоснулся к его руке; он обернулся - перед ним стоял Стельчинский.

- Мне нужно с вами в соседнюю комнату на пару слов, если вы позволите,- промолвил он по-французски очень вежливо и с нерусским выговором.

Владимир Сергеич последовал за ним.

Стельчинский остановился у окна.

- В присутствии дамы,- начал он на том же языке,- я не мог сказать ничего другого как то, что я сказал; но вы, я надеюсь, не думаете, что я действительно намерен уступить вам мое право на мазурку с mademoiselle Veretieff.

Владимир Сергеич изумился.

- Как так? - спросил он.

- Да так же-с,- спокойно отвечал Стельчинский, положил руку за пазуху и раздул ноздри.- Не намерен, да и только.

Владимир Сергеич тоже положил руку за пазуху, но ноздрей не раздул.

- Позвольте вам заметить, милостивый государь,- начал он,- вы чрез это можете вовлечь mademoiselle Veretieff в неприятность, и я полагаю...

- Мне самому это было бы крайне неприятно, но никто не мешает вам отказаться, объявить себя больным или уехать...

- Я этого не сделаю. За кого вы меня принимаете?

- В таком случае я вынужден буду требовать от вас удовлетворения.

- То есть в каком это смысле... удовлетворения?

- Известно, в каком смысле.

- Вы меня вызовете на дуэль?

- Точно так-с, если вы не откажетесь от мазурки. Стельчинский постарался выговорить эти слова как можно равнодушнее. У Владимира Сергеича сердце екнуло. Он посмотрел своему недуманному-негаданному противнику в лицо. "фу ты, господи, какая глупость!" - подумал он.

- Вы не шутите? - произнес он громко.

- Я вообще не имею привычки шутить,- ответил с важностью Стельчинский,- и в особенности с людьми, мне не знакомыми. Вы не отказываетесь от мазурки? - прибавил он, помолчав немного.

- Не отказываюсь,- возразил Владимир Сергеич, как бы размышляя.

- Прекрасно! Мы завтра деремся.

- Очень хорошо.

- Завтра поутру мой секундант будет у вас.

И, учтиво поклонившись, Стельчинский удалился, видимо, довольный собою.

Владимир Сергеич остался еще несколько мгновений у окна. "Вот тебе на! - думал он,- вот тебе и новые знакомства! Нужно было приезжать! Хорошо! Славно!"

Однако, он наконец оправился и вышел в залу. В зале уже танцевали польку. Перед глазами Владимира Сергеича промелькнула Марья Павловна с Петром Алексеичем, которого он до того мгновения не заметил; она казалась бледной и даже печальной; потом пронеслась Надежда Алексеевна, вся светлая и радостная, с каким-то маленьким, кривоногим, но пламенным артиллеристом; на второй тур она пошла со Стельчинским. Стельчинский, танцуя, сильно встряхивал волосами.

- Что, батюшка,- раздался вдруг за спиной Владимира Сергеича голос Ипатова,- только глядите, а сами не танцуете? А признайтесь-ка, даром что у нас, так сказать, затишье, ведь недурно и у нас, ась?

"Хорошо, к черту, затишье",- подумал Владимир Сергеич и, пробормотав что-то в ответ Ипатову, отошел в другой угол залы.

"Надо будет секунданта сыскать,- продолжал он свои размышления,- а где его, к черту, найти? Веретьева нельзя, других я никого не знаю, черт знает, что за нелепость такая!"

Владимир Сергеич, когда сердился, любил поминать черта.

В это мгновение глаза Владимира Сергеича упали на Складную Душу, Ивана Ильича, стоявшего в бездействии у окна.

"Уж не его ли?" - подумал он и, пожав плечами, прибавил почти вслух:

- Придется его.

Владимир Сергеич подошел к нему.

- Со мной очень странное происшествие сейчас случилось,- начал наш герой с натянутой улыбкой,- вообразите, меня какой-то незнакомый молодой человек на дуэль вызвал, отказаться нет никакой возможности, мне необходимо нужен секундант, не хотите ли вы?

Хотя Иван Ильич отличался, как известно, невозмутимым равнодушием, но такое необыкновенное предложение поразило и его. Полный недоумения, уставился он на Владимира Сергеича.

- Да, - повторил Владимир Сергеич, - я бы очень вам был обязан, я здесь ни с кем не знаком. Вы одни...

- Не могу,- промолвил Иван Ильич, словно просыпаясь,- совершенно не могу.

- Отчего же? Вы боитесь неприятностей, но, я надеюсь, все это останется в тайне...

Говоря эти слова, Владимир Сергеич чувствовал сам, что краснел и смущался.

"Как глупо! как все это ужасно глупо!" - мысленно твердил он в то же время.

- Извините меня, никак не могу,- повторил Иван Ильич, замотал головой и попятился, причем опять повалил стул.

В первый раз в жизни ему приходилось отвечать на просьбу отказом, да ведь и просьба же была какова!

- По крайней мере,- продолжал встревоженным голосом Владимир Сергеич, поймав его за руку,- вы уж сделайте одолжение, никому не говорите о том, что я вам сказал, я вас покорнейше прошу об этом.

- Это я могу, это я могу,- поспешно возразил Иван Ильич,- а то не могу, воля ваша, решительно не в состоянии.

- Ну хорошо, хорошо,- промолвил Владимир Сергеич,- но не забудьте, я надеюсь на вашу скромность... Я объявлю завтра этому господину,- пробормотал он про себя с досадой,- что я не мог найти секунданта, пусть он сам распорядится как знает, я здесь человек чужой. И черт меня дернул обратиться к этому господину! Да что же было делать?

Владимиру Сергеичу было очень и очень не по себе. Между тем бал продолжался. Владимир Сергеич весьма бы желал уехать тотчас, но до конца мазурки нечего было думать об отъезде. Как дать восторжествовать противнику? К несчастью Владимира Сергеича, танцами распоряжался один молодой развязный господин, с длинными волосами и впалой грудью, по которой, в виде маленького водопада, извивался черный атласный галстук, проколотый огромной золотой булавкой. Молодой этот господин слыл по всей губернии за человека, до тонкости изучившего все обычаи и уставы высшего света, хотя он в Петербурге прожил всего шесть месяцев и выше домов коллежского советника Сандараки и зятя его статского советника Костандараки проникнуть не успел. На всех балах танцами распоряжался он, подавал музыкантам знак хлопаньем в ладоши, посреди воя труб и визга скрипок кричал: "En avant deux"[60], или: "Grande chaine!"[61], или: "A vous, mademoiselle!"[62], и то и дело летал, стремительно скользя и шаркая, по зале, весь бледный и в поту. Мазурку он никогда раньше полуночи не начинал. "И это милость,- говорил он,- я бы вас в Петербурге до двух часов проморил". Длинен показался этот бал Владимиру Сергеичу. Он бродил, как тень, из залы в гостиную, изредка обмениваясь холодными взглядами с своим соперником, не пропускавшим ни одного танца, попросил было Марью Павловну на кадриль, но она уже была приглашена,- и раза два перекинулся словами с заботливым хозяином, которого, казалось, беспокоила скука, написанная на лице нового гостя. Наконец загремела желанная мазурка. Владимир Сергеич отыскал свою даму, принес два стула и сел с ней в последних парах, почти напротив Стельчинского.

В первую пару сел, как оно и следовало ожидать, молодой человек, распорядитель. С каким лицом он начал мазурку, как поволок за собой свою даму, как ударял притом ножкой в пол и вздергивал головой - описать все это едва ли не выше пера человеческого.

- А вы, мосье Астахов, мне кажется, скучаете?- начала Надежда Алексеевна, внезапно обратясь к Владимиру Сергеичу.

- Я? Нисколько. Почему вам это кажется?

- Да так, по выражению вашего лица... Вы, с тех пор как приехали, ни разу не усмехнулись. Я этого от вас не ожидала. Вам, господам положительным людям, нейдет дичиться и хмуриться a la Byron[63]. Предоставьте это сочинителям.

- Я замечаю, Надежда Алексеевна, что вы часто называете меня положительным человеком, как бы в насмешку. Вы, должно быть, считаете меня холоднейшим и благоразумнейшим существом, не способным ни на что такое... А знаете ли, что я вам доложу: положительному человеку часто бывает очень нелегко на сердце, но он не считает нужным выказывать перед другими, что у него там, внутри, происходит, он предпочитает молчать.

- Что вы хотите сказать этим? - спросила Надежда Алексеевна, окинув его взором.

---

[60] Двое вперед! (франц.)

[61] Большая цепь! (франц.)

[62] Ваша очередь, мадемуазель! (франц.)

[63] По-байроновски (франц.)

- Ничего-с,- возразил с притворным равнодушием Владимир Сергеич и принял таинственный вид.

- Однако?

- Право, ничего... Когда-нибудь узнаете, после. Надежда Алексеевна хотела было продолжать свои расспросы, но в это мгновенье девица, хозяйская дочь, подвела к ней Стельчинского и другого кавалера в синих очках.

- Жизнь или смерть? - спросила она ее по-французски.

- Жизнь! - воскликнула Надежда Алексеевна, - я не хочу еще смерти. Стельчинский наклонился; она пошла с ним.

Кавалер в синих очках, назвавшийся смертью, пошел с хозяйской дочерью. Оба имени были придуманы Стельчинским.

- Скажите, пожалуйста, кто этот господин Стельчинский?- спросил Владимир Сергеич Надежду Алексеевну, как только та возвратилась на свое место.

- Он у губернатора служит, очень любезный молодой человек. Он не здешний. Немножко фат, но это у них всех в крови. Я надеюсь, вы никаких с ним не имели объяснений по поводу мазурки?

- Никаких, помилуйте,- возразил с маленькой запинкой Владимир Сергеич.

- Я такая забывчивая! Вы не можете себе представить!

- Я должен радоваться вашей забывчивости: она доставила мне удовольствие танцевать сегодня с вами.

Надежда Алексеевна посмотрела на него, слегка прищурясь.

- В самом деле? Вам приятно танцевать со мною? Владимир Сергеич отвечал ей комплиментом. Понемногу он разговорился. Надежда Алексеевна была очень мила всегда и особенно в тот вечер; Владимиру Сергеичу она показалась прелестной. Мысль о завтрашнем поединке, раздражая его нервы, придавала блеск и оживление его речам; под влиянием ее он позволил себе небольшие преувеличения в выражении чувств своих... "Куда ни шло!" - думал он. Во всех словах его, в подавленных вздохах, в омрачавшихся внезапно взорах проступало что-то таинственное, невольно грустное, что-то изящно-безнадежное. Он наконец доболтался до того, что уже начал рассуждать о любви, о женщинах, о своем будущем, о том, как он понимает счастье и чего требует от судьбы... Он изъяснялся иносказательно, намеками. Накануне возможной смерти Владимир Сергеич кокетничал с Надеждой Алексеевной.

Она слушала его внимательно, посмеивалась, качала головой, то спорила с ним, то притворялась недоверчивой... Разговор, часто прерываемый подходившими кавалерами и дамами, принял под конец направление несколько странное... Владимир Сергеич стал уже расспрашивать Надежду Алексеевну о ней самой, об ее характере, об ее симпатиях... Она сперва отшучивалась, потом вдруг, совершенно неожиданно для Владимира Сергеича, спросила его, когда он едет.

- Куда? - проговорил он с изумлением.

- К себе домой.

- В Сасово?

- Нет, домой, в вашу деревню, за сто верст отсюда. Владимир Сергеич опустил глаза.

- Хотелось бы поскорей,- промолвил он с озабоченным лицом.- Думаю завтра... если только жив буду. Ведь у меня дела! Но почему вам вдруг вздумалось спросить меня об этом?

- Так! - возразила Надежда Алексеевна.

- Однако какая причина?

- Так! - повторила она.- Меня удивляет любопытство человека, который едет завтра, а сегодня желает узнать мои характер...

- Но позвольте...- начал было Владимир Сергеич...

- Ах, вот кстати... прочтите,- со смехом перебила его Надежда Алексеевна, протягивая ему билет с конфетки, которую она только что взяла с соседнего столика, а сама поднялась навстречу Марье Павловне, остановившейся перед ней вместе с другой дамой.

Марья Павловна танцевала с Петром Алексеичем. Лицо ее покрылось румянцем, разгорелось, но не повеселело.

Владимир Сергеич взглянул на билет - на нем плохими французскими буквами было напечатано:

Qui me ne'glige, me perd[64].

Он поднял глаза и встретил взор Стельчинского, устремленный прямо на него. Владимир Сергеич усмехнулся принужденно, облокотился на спинку стула и положил ногу на ногу. "Вот, мол, тебе!"

Пламенный артиллерист примчал Надежду Алексеевну к ее стулу, лихо повертелся с ней пред ним, поклонился, звякнул шпорами и ушел. Она села.

- Позвольте узнать,- начал с расстановкой Владимир Сергеич,- как мне понять этот билет...

- А что бишь на нем стояло,- проговорила Надежда Алексеевна.- Ах, да! Qui me neglige, me perd. Что ж! это прекрасное житейское правило, которое на каждом шагу может пригодиться. Для того чтоб успеть в чем

---

[64] Кто мной пренебрегает, меня теряет (франц.)

111

бы то ни было, не нужно ничем пренебрегать... Должно добиваться всего: может быть, хоть что-нибудь достанется. Но мне смешно, я... я вам, практическому человеку, толкую о житейских правилах...

Надежда Алексеевна засмеялась, и уже напрасно, до самого конца мазурки, старался Владимир Сергеич возобновить прежний разговор. Надежда Алексеевна уклонялась от него с своенравием прихотливого ребенка. Владимир Сергеич толковал ей о своих чувствах, а она либо не отвечала ему вовсе, либо обращала его внимание на платья дам, на смешные лица иных мужчин, на ловкость, с которой танцевал ее брат, на красоту Марьи Павловны, заговаривала о музыке, о вчерашнем дне, о Егоре Капитоныче и супруге его Матрене Марковне... и только при самом конце мазурки, когда Владимир Сергеич начал с ней раскланиваться, с иронической улыбкой на губах и во взоре проговорила:

- Итак, вы решительно завтра едете?

- Да; и, может быть, очень далеко,- значительно промолвил Владимир Сергеич.

- Желаю вам счастливого пути.

И Надежда Алексеевна быстро приблизилась к своему брату, весело шепнула ему что-то на ухо, потом спросила громко:

- Благодарен мне? Да? не правда ли? а то бы он ее пригласил на мазурку.

Он пожал плечами и промолвил:

- Все-таки ничего из этого не выйдет...

Она увела его в гостиную.

"Кокетка!" - подумал Владимир Сергеич и, взяв шляпу в руку, выскользнул незаметно из залы, сыскал своего лакея, которому он заранее приказал быть наготове, и уже надевал пальто, как вдруг, к крайнему его изумлению, лакей доложил ему, что ехать нельзя, что кучер неизвестно каким образом напился пьян и что разбудить его нет никакой возможности. Выбранив кучера необыкновенно кратко, но чрезвычайно сильно (дело происходило в передней, посторонние свидетели присутствовали) и объявив лакею, что если завтра чуть свет кучер не будет в исправности, то никто в мире не в состоянии себе представить, что из этого может выйти, Владимир Сергеич вернулся в залу и попросил дворецкого отвести ему комнатку, не дожидаясь ужина, уже приготовляемого в гостиной. Хозяин дома вдруг словно вырос из-под полу возле самого локтя Владимира Сергеича (Гаврила Степаныч носил сапоги без каблуков и потому двигался безо всякого шума) и начал его удерживать, уверяя, что за ужином будет икра первый сорт; но Владимир Сергеич отговорился головною болью. Полчаса спустя он уже лежал на небольшой кроватке, под коротким одеялом, и силился заснуть.

Но ему не спалось. Как ни ворочался он с боку на бок, как ни старался он думать о чем-нибудь другом, фигура Стельчинского неотвязно торчала пред ним... Вот он целится... вот он выстрелил... "Убит Астахов",- говорит кто-то. Владимир Сергеич не мог назваться храбрецом, да и трусом он не был; но даже мысль о поединке с кем бы то ни было никогда ему в голову не приходила... Драться! с его благоразумием, мирными наклонностями, уважением приличий, мечтами о будущем благосостоянии и о выгодной партии! Если бы дело шло не о собственной особе, он бы расхохотался, до того нелепа и смешна казалась ему вся эта история. Драться! с кем и за что?!

- Тьфу ты, черт! что за вздор!- восклицал он невольно вслух.- Ну, а если он точно убьет меня,- продолжал он свои размышления,- надо, однако, принять свои меры, распорядиться... Кто-то пожалеет обо мне?

И он с досадой закрывал свои широко раскрытые глаза, натягивал одеяло на шею... но все-таки заснуть не мог...

Заря уже брезжила на небе, и, утомленный лихорадкой бессонницы, Владимир Сергеич начинал впадать в дремоту, как вдруг почувствовал какую-то тяжесть на ногах. Он открыл глаза... На его постели сидел Веретьев.

Владимир Сергеич изумился чрезвычайно, особенно когда заметил, что на Веретьеве не было сюртука, что у него из-под расстегнутой рубашки выказывалась обнаженная грудь, волосы падали на лоб и само лицо казалось измененным. Владимир Сергеич приподнялся в постели...

- Позвольте спросить...- начал он, расставив руки.
- Я к вам пришел,- заговорил Веретьев сиплым голосом,- извините меня, в таком виде... Мы там немного выпили... Я желал вас успокоить. Я сказал себе: там лежит джентльмен, которому, вероятно, не спится. Поможем ему. Внемлите: вы не деретесь завтра и можете спать...

Владимир Сергеич изумился еще более.

- Что вы такое сказали? - пробормотал он.
- Да; все это улажено,- продолжал Веретьев,- этот господин с берегов Вислы... Стельчинский... извиняется перед вами... завтра вы получите письмо... Повторяю вам: все кончено... Храпите!

И, сказавши эти слова, Веретьев встал и направился неверными шагами к двери.

- Но позвольте, позвольте,- начал Владимир Сергеич.- Как вы могли узнать и почему я могу поверить... Веретьев посмотрел на него.

- Ах! вы думаете, что я... того... (и он слегка качнулся вперед)... Говорят вам... он к вам завтра письмо пришлет... Вы не возбуждаете во мне особенной симпатии, но великодушие моя слабая сторона. Да и что тут толковать... Ведь это все такие пустяки... А признайтесь,- прибавил он, подмигнув глазом,- вы таки струхнули, а?

Владимир Сергеич рассердился.

- Позвольте наконец, милостивый государь...- промолвил он.

- Ну хорошо, хорошо,- перебил его Веретьев с добродушной улыбкой.- Не горячитесь. Ведь вы не знаете, у нас без этого ни одного бала не бывает... Это уж так заведено. Последствий это никогда никаких не имеет. Кому охота подставлять свой лоб? Ну, а почему же не покуражиться, а? над приезжим, например? In vino veritas[65]. А впрочем, ни вы, ни я, мы не знаем по-латыни. Однако я вижу по вашей фигуре, что вы хотите спать. Спокойной ночи желаю вам, господин положительный человек, благонамеренный смертный. Примите это пожелание от другого смертного, который сам гроша медного не стоит. Addio, mio caro![66]

И Веретьев вышел вон.

- Это черт знает что такое! - воскликнул немного погодя Владимир Сергеич и ударил кулаком в подушку. - Это просто ни на что не похоже!.. Это надо будет объяснить! Я этого не потерплю!

Со всем тем пять минут спустя он уже спал кротким и крепким сном. Ему на сердце стало легче... Минувшая опасность наполняет сладостью и смягчает дух человека.

Вот что происходило перед неожиданным ночным свиданием Веретьева и Владимира Сергеича.

У Гаврилы Степаныча жил в доме троюродный его племянник и занимал в нижнем этаже дома холостую квартиру. Когда случались балы, молодые люди, в промежутках танцев, забегали к нему покурить наскоро Жукова, а после ужина собирались у него же для дружеской попойки. В ту ночь к нему нашло довольно много гостей. Стельчинский и Веретьев были в числе их;

Иван Ильич Складная Душа тоже приплелся туда вслед за другими. Сделали жженку. Хотя Иван Ильич обещал Астахову не говорить никому о предстоявшем поединке, однако, когда Веретьев случайно спросил его, о чем он рассуждал с этим кислялем (Веретьев иначе не называл Астахова), Складная Душа не вытерпел и повторил весь свой разговор с Владимиром Сергеичем от слова до слова.

Веретьев засмеялся, потом задумался.

- Да с кем он дерется? - спросил он.

- А этого я сказать не могу,- возразил Иван Ильич.

- По крайней мере с кем он разговаривал?

- С разными лицами... С Егором Капитонычем. Уж не с ним ли он дерется?

---

[65] Истина в вине (лат.).-

[66] Прощай, мой дорогой! (итал.).-

Веретьев отошел от Ивана Ильича.

Итак, сделали жженку, начали пить. Веретьев сидел на самом видном месте; веселый и разгульный, он первенствовал в собраньях молодежи. Он сбросил сюртук и галстук. Его попросили петь, он взял гитару и спел несколько песен. Головы понемногу разгорячились; молодежь принялась провозглашать тосты. Стельчинский вскочил вдруг, весь красный, на стол и, высоко подняв над головою стакан, воскликнул громко:

- За здоровье... уж я знаю кого,- подхватил он торопливо, выпил вино, разбил стакан о пол и прибавил: - Пускай же завтра точно так же разлетится вдребезги мой враг!

Веретьев, который уже давно наблюдал за ним, быстро поднял голову...

- Стельчинский,- промолвил он,- во-первых, сойди со стола: это неприлично, да у тебя же и сапоги прескверные, а во-вторых, поди-ка сюда, я тебе что-то сообщу. Он отвел его в сторону.

- Послушай, брат, ты, я знаю, дерешься завтра с этим джентльменом из Петербурга. Стельчинский дрогнул.

- Как... кто тебе сказал?

- Я тебе говорю. И мне также известно, за кого ты дерешься.

- А именно? Это любопытно знать.

- Ах ты, Талейран этакой! Да, разумеется, за мою сестру. Ну, ну, не притворяйся удивленным. Это придает тебе гусиное выражение. Не могу представить, как это у вас там вышло, но только это верно. Полно, брат,- продолжал Веретьев,- к чему тут прикидываться? Ведь я знаю, ты за ней давно ухаживаешь.

- Да все-таки это не доказывает...

- Перестань, пожалуйста. Но послушай-ка, что я теперь тебе скажу. Я этого поединка ни под каким видом не допущу. Понимаешь? Вся эта глупость обрушится на сестру. Извини:

пока я жив... этому не бывать. Мы с тобой пропадем - туда и дорога, а ей еще долго надо жить, и жить счастливо. Да, клянусь,- прибавил он с внезапным жаром,- всех других выдам, даже тех, которые были бы готовы всем пожертвовать для меня, а у ней волоска никому тронуть не позволю.

Стельчинский принужденно захохотал.

- Ты пьян, любезный, и бредишь... вот и все.

- А ты небось нет? Но пьян ли я, нет ли, это совершенно все равно. А говорю я дело. Не будешь ты драться с этим барином, за это я ручаюсь. И охота была тебе с ним связываться! Приревновал, что ли? Вот правду говорят, что влюбленные люди глупы! Да она и танцевала-то с ним для того только, чтобы он не вздумал пригласить... Ну, да не об этом дело. А дуэли этой не бывать.

- Гм! желал бы я посмотреть, как ты мне помешаешь?

- А так же вот, что если ты сейчас не дашь мне слова отказаться от этой дуэли, я сам с тобой драться буду.

- Будто?

- Милый мой, не сомневайся в этом. Оскорблю тебя, дружище, сейчас же, при всех, самым фантастическим образом, и потом хоть через платок. А я думаю, это тебе будет неприятно по многим причинам, ась?

Стельчинский вспыхнул, начал говорить, что это интимидация[67], что он никому не позволит вмешиваться в его дела, что он не посмотрит ни на что... и кончил тем, что покорился и отказался от всяких покушений на жизнь Владимира Сергеича.

Веретьев его обнял, и не прошло еще полчаса, как уж оба они в десятый раз пили Bruderschaft, то есть пили, запустив рука за руку... Юноша-распорядитель также выпил Bruderschaft с ними и сперва не отставал от них, но заснул наконец самым невинным образом и долго лежал на спине в состоянии совершенного бесчувствия... Выражение его маленького побледневшего личика было и забавно и жалко... Боже! что сказали бы светские дамы, его знакомые, если б увидели его в таком уничижении! Но, к его счастью, он не знал ни одной светской дамы.

Иван Ильич также отличился в ту ночь. Сперва он удивил гостей, внезапно затянув: "В деревне некогда барон".

- Щур! щур запел! - закричали все,- когда это бывает, чтобы щур пел по ночам!

- Да будто я одну только песню знаю,- возразил разгоряченный вином Иван Ильич,- я умею и другие.

- Ну, ну, ну, покажи нам свое искусство.

Иван Ильич помолчал и вдруг начал басом: "Крамбамбули, отцов наследье", но так нескладно и странно, что общий взрыв хохота тотчас заглушил его голос, и он умолк.

Когда все разошлись, Веретьев отправился к Владимиру Сергеичу, и между ними произошел непродолжительный, уже упомянутый разговор.

На другой день Владимир Сергеич уехал очень рано к себе в Сасово. Целое утро провел он в волнении, чуть было не принял приезжего купца за секунданта и отдохнул только тогда, когда лакей принес ему письмо от Стельчинского. Владимир Сергеич несколько раз прочел это письмо - оно очень было ловко написано... Стельчинский начинал со слов: la nuit porte conseil, monsieur[68], - ни в чем не извинялся, потому что, по его мнению, он своего противника ничем не оскорбил: впрочем, сознавался, что накануне

---

[67] От франц. intimidation - запугивание, застращивание.-
[68] Утро вечера мудренее, господин (франц.)

излишне погорячился, и кончил объявлением, что состоит в полном распоряжении господина Астахова (de m-r Astakhof), но сам уже удовлетворения более не желает. Сочинив и отправив ответ, исполненный в одно и то же время вежливости, доходившей до игривости, и чувства достоинства, в котором, однако, не замечалось ничего хвастливого, Владимир Сергеич сел за обед, потирая руки, с великим удовольствием покушал и тотчас же после стола отправился восвояси, не выслав даже подставы вперед. Дорога, по которой он ехал, проходила верстах в четырех от усадьбы Ипатова... Владимир Сергеич посмотрел на нее...

- Прощай, затишье! - молвил он с усмешкой.

Образы Надежды Алексеевны и Марьи Павловны предстали на мгновение его воображенью; он махнул рукой, отворотился и задремал.

VI

Прошло три месяца с лишком. Осень уже давно наступила;

пожелтевшие леса обнажались, синицы прилетели, и, верный признак близости зимы, ветер начинал завывать и ныть. Но дождей больших еще не бывало, и грязь на дорогах не успела раствориться. Пользуясь этим обстоятельством, Владимир Сергеич отправился для окончания некоторых дел в губернский город. Утро он провел в разъездах, а вечером поехал в клуб. В огромной мрачной зале клуба встретил он несколько знакомых и между прочими старого отставного ротмистра Флича, всем известного дельца, остряка, картежника и сплетника. Владимир Сергеич вступил с ним в разговор.

- Ах, кстати,- воскликнул вдруг отставной ротмистр,- на днях здесь проезжала одна ваша знакомая, кланяться вам велела.

- Какая это знакомая?

- Стельчинская.

- Я ни с одной Стельчинской не знаком.

- Вы ее в девушках знавали... Она урожденная Веретьева... Надежда Алексеевна. Муж ее у нашего губернатора служил. Вы его тоже, должно быть, видали... Живчик такой, с усиками... Славную штучку подцепил, и с состояньем.

- Вот как,- проговорил Владимир Сергеич.- Так она за него вышла... Гм! А куда ж это они уехали?

- В Петербург. Она еще вам напомнить велела про какой-то билетик с конфетки... Что это был за билетик, позвольте полюбопытствовать?

И старый сплетник так и выставил вперед свой острый нос.

- Не помню, право, шутка какая-нибудь,- возразил Владимир Сергеич.- А позвольте узнать, где теперь ее брат?

- Петр? Ну, тому плохо.

Господин Флич возвел кверху свои маленькие, лисьи глазки и вздохнул.

- А что? - спросил Владимир Сергеич.

- Загулял! Пропал человек.

- А где он теперь?

- Совершенно неизвестно, где. Уехал куда-нибудь за цыганками, это вернее всего. В губернии его нет, за это я ручаюсь.

- А Ипатов-старик, все там же живет?

- Михаил Николаич? Чудачок-то? Все там же.

- И все у него в доме... по-прежнему?

- Как же, как же. Вот что бы вам жениться на его свояченице? Ведь это не женщина, это просто монумент, право. Хе-хе. У нас уж и поговаривали... что, мол, дескать...

- Вот как-с,- промолвил, прищурив глаза, Владимир Сергеич.

В это мгновенье Фличу предложили партию, и разговор прекратился.

Владимир Сергеич располагал возвратиться домой скоро, но вдруг получил с нарочным донесение от старосты, что в Сасове сгорело шесть дворов, и решился сам туда съездить. От губернского города до Сасова считалось верст шестьдесят. Владимир Сергеич прибыл в знакомый уже читателю флигелек к вечеру, тотчас же велел призвать старосту и земского, побранил их как следует, осмотрел утром место пожара, принял надлежащие меры и после обеда, поколебавшись немного, отправился в гости к Ипатову. Владимир Сергеич остался бы дома, если б не услыхал от Флича об отъезде Надежды Алексеевны; ему не хотелось с ней встречаться, но он был не прочь взглянуть еще раз на Марью Павловну.

Владимир Сергеич застал, как и в первое свое посещение, Ипатова за шашками с Складною Душою. Старик ему обрадовался; Владимиру Сергеичу показалось, однако, лицо его озабоченным, и речь его не лилась свободно и охотно, как прежде.

С Иваном Ильичом Владимир Сергеич переглянулся молча. Обоих их немножко покоробило; впрочем, они скоро успокоились.

- Все ваши здоровы? - спросил Владимир Сергеич, усаживаясь.

- Все, слава богу, покорнейше благодарю, - ответил Ипатов.- Одна Марья Павловна не совсем... того, все больше в своей комнате находится.

- Простудилась?

- Нет... так. К чаю явится.

- А Егор Капитоныч? что он поделывает?

- Ах! Егор Капитоныч убитый человек. У него жена умерла.

118

- Не может быть!

- В сутки умерла, от холеры. Вы бы не узнали его теперь, просто на себя не похож стал. "Без Матрены Марковны, говорит, жизнь мне в тягость. Умру, говорит, и слава богу, говорит; не желаю, говорит, жить". Да, пропал бедняк.

- Ах, боже мой, как это неприятно! - воскликнул Владимир Сергеич.- Бедный Егор Капитоныч! Все помолчали.

- Ваша соседка, я слышал, замуж вышла,- заговорил Владимир Сергеич, слегка покраснев.

- Надежда Алексеевна? Да, вышла.

Ипатов косвенно посмотрел на Владимира Сергеича.

- Как же... как же, вышла и уж уехала.

- В Петербург?

- В Санкт-Петербург.

- Марья Павловна,я думаю, скучает по ней? Кажется, она очень с ней была дружна.

- Конечно, скучает. Без этого нельзя. А впрочем, что до дружества касается, скажу вам, девичья дружба еще хуже мужской. Пока на глазах, хорошо, а то и поминай как звали.

- Вы думаете?

- Да, ей-богу так. Вот хоть бы Надежда Алексеевна. Как уехала, ни одного письма к нам не написала, а ведь как обещалась, божилась даже. Правда, ей теперь не до того.

- А давно она уехала?

- Да, уж недель шесть будет. На другой же день после свадьбы ускакала, по-иностранному.

- Говорят, и брата ее тоже здесь нет? - проговорил Владимир Сергеич немного погодя.

- Да, тоже. Ведь они люди столичные, станут они долго в деревне жить!

- И неизвестно, куда он уехал?

- Неизвестно.

- Пощебелил, да и за щеку,- заметил Иван Ильич.

- Пощебелил, да и за щеку,- повторил Ипатов.- Ну, а вы, Владимир Сергеич, что поделывали хорошенького?- прибавил он, оборотясь на стуле.

Владимир Сергеич начал рассказывать о себе. Ипатов его слушал, слушал и воскликнул наконец:

- Да что ж это Маша нейдет? Иван Ильич, ты бы сходил за ней.

Иван Ильич отправился вон из комнаты и, вернувшись, объявил, что Марья Павловна сейчас придет.

- Что, у ней голова болит? - спросил Ипатов вполголоса.

- Болит,- ответил Иван Ильич.

Дверь раскрылась, и вошла Марья Павловна. Владимир Сергеич встал, поклонился и от изумления не мог произнесть слова: так изменилась Марья Павловна с тех пор, как он ее видел в последний раз! Румянец исчез с ее похудевших щек; широкая черная кайма окружила ее глаза; горько сжались губы, все лицо ее, неподвижное и темное, казалось окаменелым.

Она подняла глаза, и в них не было блеску.

- Как ты себя чувствуешь? - спросил ее Ипатов.

- Я здорова,- отвечала она и села к столу, на котором уже кипел самовар.

Владимир Сергеич порядком таки поскучал в тот вечер. Да и все были не в духе. Разговор принимал все такой невеселый оборот.

- Ведь вишь,- сказал, между прочим, Ипатов, прислушиваясь к завываньям ветра,- какие ноты выводит! Лето-то уж давно прошло; вот и осень проходит, вот и зима на носу. Опять завалит кругом сугробами. Хоть бы поскорее снег выпал. А то в сад выйдешь, тоска нападет... Словно развалина какая-то. Деревья ветками стучат... Да, прошли красные дни!

- Прошли,- повторил Иван Ильич. Марья Павловна молча посмотрела в окно.

- Бог даст, вернутся,- заметил Ипатов.

Никто не отозвался ему.

- А помните, как здесь тогда хорошо песни пели? - сказал Владимир Сергеич.

- Мало ли чего! - вздохнув, ответил старик.

- Но вы бы могли,- продолжал Владимир Сергеич, обращаясь к Марье Павловне,- у вас такой прекрасный голос. Она не ответила ему.

- А что ваша матушка? - спросил Владимир Сергеич Ипатова, не зная уже, о чем вести разговор.

- Слава богу, перебивается помаленьку при своих недугах. Еще сегодня в колясочке каталась. Она, доложу вам, как надломленное дерево, скрип да скрип, и глядишь, иное молодое, крепкое повалится, а оно все стоит да стоит. Эх-хе-хе!

Марья Павловна уронила руки на колени и наклонила голову.

- А все же плохое ее житье,- заговорил опять Ипатов,- справедливо сказано: "Старость не радость".

- А молодость не в радость,- промолвила Марья Павловна словно про себя.

Владимир Сергеич хотел было вернуться на ночь домой, но такая сделалась на дворе темнота, что он не решился ехать. Ему отвели ту же комнату наверху, в которой он три месяца тому назад провел беспокойную ночь по милости Егора Капитоныча...

"Храпит ли он теперь"? - подумал Владимир Сергеич и вспомнил его наставления слуге, вспомнил внезапное появленье Марьи Павловны в саду...

Владимир Сергеич подошел к окну и приложился лбом к холодному стеклу. Его собственное лицо тускло глянуло на него с надворья, словно в черную завесу уперлись его глаза, и только спустя немного времени мог он различить на беззвездном небе ветки деревьев, порывисто крутившиеся среди мрака. Их тормошил неугомонный ветер.

Вдруг Владимиру Сергеичу показалось, будто что-то белое промелькнуло по земле... Он всмотрелся, усмехнулся, пожал плечами и, воскликнув вполголоса: "Что значит воображенье!" - лег в постель.

Он заснул очень скоро, но и в этот раз не было ему суждено провести спокойную ночь. Его разбудила беготня, поднявшаяся в доме... Он отделил от подушки голову... Слышались смятенные голоса, восклицания, торопливые шаги, двери хлопали, вот раздался женский плач, крики поднялись в саду, другие крики отозвались дальше... Тревога в доме росла, становилась шумнее с каждым мгновением... "Пожар!" - мелькнуло в уме Владимира Сергеича. Он трухнул, вскочил с кровати и бросился к окну; но зарева не было, только в саду проворно двигались по дорожкам, мимо деревьев, красные огненные точки - то бегали люди с фонарями. Владимир Сергеич подошел быстро к двери, отворил ее и наткнулся прямо на Ивана Ильича. Бледный, растрепанный, полураздетый, он мчался, сам не зная куда.

- Что такое? что случилось?- спросил с волнением Владимир Сергеич, сильно схватив его за руку.

- Пропала, утопла, в воду бросилась,- ответил Иван Ильич задыхавшимся голосом.

- Кто в воду бросился, кто пропал?

- Марья Павловна! Кому же, как не Марье Павловне! Погубил он ее, сердешную! Помогите! Батюшки, побежимте скорее! Голубчики, скорее!

И Иван Ильич ринулся вниз по лестнице.

Владимир Сергеич кое-как надел сапоги, накинул шинель на плечи и пустился вслед за ним.

В доме он уже никого не встретил, все выскочили в сад; одни только девочки, дочери Ипатова, попались ему в коридоре, возле передней; помертвев от испуга, стояли они в своих белых юбочках, с сжатыми руками и голыми ножками, возле ночника, поставленного на полу. Через гостиную, мимо опрокинутого стола, выбежал Владимир Сергеич на террасу. Сквозь чащу, по направлению к плотине, мелькали огни, тени...

- За баграми! скорее за баграми! - слышался голос Ипатова.

- Невод, невод, лодку! - кричали другие голоса. Владимир Сергеич побежал на крик. Он нашел Ипатова на берегу пруда; фонарь, повешенный на суку, ярко освещал седую голову старика. Он ломал руки и шатался как пьяный; возле него женщина, лежа на траве, билась и рыдала; кругом суетились люди. Иван Ильич уже вошел по колени в воду и щупал дно шестом; 'кучер раздевался, дрожа всем телом; два человека тащили вдоль берега лодку; слышался резкий топот копыт по улице деревни... Ветер несся с визгом, как бы силясь задуть фонари, а пруд плескал и шумел, чернея грозно.

- Что я слышал,- воскликнул Владимир Сергеич, подбегая к Ипатову,- возможно ли?

- Багры, давайте багры! - простонал старик ему в ответ...

- Да вы, может быть, ошибаетесь, помилуйте, Михаил Николаич.

- Нет! Какое ошибается! - заговорила слезливым голосом женщина, лежавшая на траве, горничная Марьи Павловны,- сама я, окаянная, слышала, как она, голубушка моя, в воду бросилась, как билась в воде, как закричала: спасите, а там еще разочек: спасите!

- Как же ты не помешала ей, помилуй!

- Да как, батюшка, сударик мой, помешать? Ведь я когда ее хватилась, то уж ее в комнате не было, а мое сердечко, знать, чуяло, последние-то денечки она все так тосковала и не говорила ничего; да уж я знала, я прямо так в сад и побежала, словно надоумил меня кто, слышу, вдруг бултых что-то в воду: спасите, слышу, кричит... спасите... Ох, голубчики мои! Ох, светики мои!

- Да тебе, может быть, так почудилось?

- Какое почудилось! Да и где она? куда девалась? "Так вот что мне показалось белое в темноте",- подумал Владимир Сергеич...

Между тем прибежали люди с баграми, притащили невод, стали расстилать его по траве, народу набралось пропасть, суета поднялась, толкотня... кучер схватил багор, староста другой, оба вскочили в лодку, отчалили и принялись искать баграми в воде; с берега светили им. Странны и страшны казались движения их и их теней во мгле над взволнованным прудом, при неверном и смутном блеске фонарей.

- Во... вот зацепил,- закричал вдруг кучер. Все так и замерли на месте.

Кучер потянул к себе багор, нагнулся... Что-то рогатое, черное медленно всплыло...

- Коряга,- проговорил кучер и отдернул багор.

- Да вернись, вернись,- закричали с берега,- баграми ничего не сделаешь, надо неводом.

- Да, да, неводом,- подхватили другие.

- Стойте, - промолвил староста, - и я зацепил... что-то, кажись, мягкое,- прибавил он погодя немного. Белое пятно показалось возле лодки...

- Барышня! - вдруг крикнул староста.- Она!

Он не ошибся... Багор зацепил Марью Павловну за рукав ее платья. Кучер ее тотчас подхватил, вытащил из воды... в два сильных толчка лодка очутилась у берега... Ипатов, Иван Ильич, Владимир Сергеич - все бросились к Марье Павловне, подняли ее, понесли на руках домой, тотчас раздели ее, начали ее откачивать, согревать... Но все их усилия, их старания остались тщетными... Марья Павловна не пришла в себя... Жизнь уже ее покинула.

Владимир Сергеич, на другой день рано, оставил Ипатовку; перед отъездом он пошел проститься с покойницей. Она лежала на столе в гостиной, в белом платье... Густые ее волосы еще не совсем высохли, какое-то скорбное недоумение выражалось на ее бледном лице, не успевшем исказиться; раскрытые губы, казалось, силились заговорить и спросить что-то... стиснутые крест-накрест руки как бы с тоской прижимались к груди... Но с какой бы горестною мыслью ни погибла бедная утопленница, смерть наложила на нее печать своего вечного безмолвия и смирения... и кто поймет, что выражает мертвое лицо в те немногие мгновения, когда оно в последний раз встречает взгляд живых перед тем, чтобы навсегда исчезнуть и разрушиться в могиле?

Владимир Сергеич постоял с приличной задумчивостью перед телом Марьи Павловны, перекрестился три раза и вышел, не заметив Ивана Ильича, тихо плакавшего в уголке... И не один он плакал в тот день, вся прислуга в доме плакала горько:

Марья Павловна оставила по себе добрую память.

Через неделю, вот что писал старик Ипатов в ответ на пришедшее наконец письмо от Надежды Алексеевны:

"За неделю перед сим, милостивая государыня Надежда Алексеевна, несчастная свояченица моя, ваша знакомая, Марья Павловна, самовольно кончила жизнь свою, бросившись ночью в пруд, и мы уже предали земле ее тело. Она решилась на сей горестный и ужасный поступок, не простившись со мною, не оставив даже письмо или хотя бы записочки для изъявления своей последней воли... Но вам лучше всех известно, Надежда Алексеевна, на чью душу должен пасть этот великий и смертный грех! Суди господь бог вашего братца, а моя свояченица не могла ни разлюбить, ни пережить разлуку..."

Надежда Алексеевна получила это письмо уже в Италии, куда она уехала с своим мужем, графом де Стельчинским, как его величали во всех гостиницах. Впрочем, он посещал не одни гостиницы; его часто видали в

123

игорных домах, в курзалах на водах... Он сперва проигрывал много денег, потом перестал проигрывать, и лицо его приняло особое выражение, не то подозрительное, не то дерзкое, какое бывает у человека, с которым совершенно неожиданным образом случаются истории... С женой он виделся редко. Впрочем, Надежда Алексеевна не скучала в его отсутствие. В ней проявилась страсть к искусствам и художествам. Она все больше зналась с артистами и любила рассуждать о прекрасном с молодыми людьми. Письмо Ипатова огорчило ее чрезвычайно, но не помешало ей в тот же день поехать в "Собачью пещеру" посмотреть, как задыхаются бедные животные, погруженные в серные пары.

Она поехала не одна. Ее сопровождали разные кавалеры. В числе их самым любезным считался некто г. Попелен, неудавшийся живописец из французов, с бородкой и в клетчатой куртке. Он пел жиденьким тенором новейшие романсы, острил весьма развязно, и хотя сложенья был худощавого, однако кушал весьма много.

Был солнечный морозный январский день: на Невском гуляло множество народа. Часы на башне Думы показывали три часа. По широким плитам, усеянным желтым песочком, шел между прочими старинный наш знакомый, Владимир Сергеич Астахов. Он очень возмужал с тех пор, как мы расстались с ним, обложился бакенбардами и пополнел во всем корпусе, но не постарел. Он подвигался за толпой, не торопясь и изредка посматривая кругом: он ожидал жену свою; она вместе с своею матерью хотела подъехать в карете. Владимир Сергеич уже лет пять как женился, именно так, как всегда желал: жена его была богата и с самыми лучшими связями. Приветливо приподнимая превосходно вычищенную шляпу при встрече с многочисленными знакомыми, Владимир Сергеич продолжал выступать свободною поступью довольного судьбою человека, как вдруг, около самого Пассажа, на него чуть не наткнулся какой-то господин, в испанском плаще и фуражке, с лицом, уже порядком изношенным, крашеными усами и большими, слегка заплывшими глазами. Владимир Сергеич с достоинством посторонился, но господин в фуражке посмотрел на него и вдруг воскликнул:

- А! господин Астахов, здравствуйте!

Владимир Сергеич ничего не отвечал и остановился в изумлении. Он не мог понять, каким образом господин, решившийся идти по Невскому в фуражке, знал его фамилию.

- Вы меня не узнаете? - продолжал господин в фуражке.- Я видел вас лет восемь тому назад, в деревне, в Т-ской губернии, у Ипатовых. Меня зовут Веретьевым.

- Ах! боже мой! извините меня!- воскликнул Владимир Сергеич,- но как вы изменились с тех пор...

- Да, я постарел,- возразил Петр Алексеич и провел по лицу рукою, на которой не было перчатки,- а вот вы не изменились.

Веретьев не столько постарел, сколько осунулся и опустился. Мелкие, тонкие морщины покрыли его лицо, и когда он говорил, его губы и щеки слегка подергивало. По всему заметно было, что сильно пожил человек.

- Где вы все это время пропадали, что вас не было видно?- спросил его Владимир Сергеич.

- Скитался кой-где. А вы все в Петербурге находились?

- Большей частью в Петербурге.

- Женаты?

- Женат.

И Владимир Сергеич принял несколько строгий вид, как бы желая сказать Веретьеву: "Ты, братец, не вздумай просить меня, чтобы я представил тебя моей жене".

Веретьев, казалось, понял его. Равнодушная усмешка чуть тронула его губы.

- А что ваша сестрица? - спросил Владимир Сергеич.- Где она?

- Не могу вам сказать наверное. Должно быть, в Москве. Я давно от нее писем не получал.

- Супруг ее жив?

- Жив.

- А сам господин Ипатов?

- Не знаю; вероятно, тоже жив, а может, и умер.

- А тот господин, как бишь его, Бодряков, что ли?

- Тот-то, кого вы в секунданты себе просили, помните, когда вы так струсили? А черт его знает!

Владимир Сергеич помолчал с важностью на лице.

- Я всегда с удовольствием вспоминал те вечера,- продолжал он,- когда я имел случай (он чуть было не сказал: честь) познакомиться с вашей сестрицей и с вами. Она очень любезная особа. Что, вы все так же приятно поете?

- Нет, голос пропал... Да, хорошее тогда было время!

- Я еще раз посетил потом Ипатовку,- прибавил Владимир Сергеич, приподняв печально брови,- ведь так, кажется, звали ту деревню,- в самый день одного страшного события...

-Да, да, это ужасно, это ужасно,- торопливо перебил его Веретьев.- Да, да. А помните, как вы чуть было не подрались с моим теперешним зятем?

- Гм! помню! - возразил с расстановкой Владимир Сергеич.- Впрочем, я должен вам признаться, столько времени с тех пор прошло, мне иногда все это представляется как сон какой-то...

- Как сон,- повторил Веретьев, и его бледные щеки покраснели,- как сон... нет, это не был сон, по крайней мере для меня. Это было время молодости, веселости и счастья, время бесконечных надежд и сил неодолимых, и если это был сон, так сон прекрасный. А вот что мы теперь с вами постарели, поглупели, да усы красим, да шляемся по Невскому, да ни на что не стали годны, как разбитые клячи, повыдохлись, повытерлись, не то важничаем и ломаемся, не то бьем баклуши, да, чего доброго, горе вином запиваем,- вот это скорее сон, и сон самый безобразный. Жизнь прожита, и даром, нелепо, пошло прожита - вот что горько! Вот это бы стряхнуть как сон, вот от этого бы очнуться... И потом везде, всюду одно ужасное воспоминание, один призрак... А впрочем, прощайте.

Веретьев быстро удалился, но, поравнявшись с дверьми одной из главных кондитерских Невского проспекта, остановился, вошел в нее и, выпив у буфета рюмку померанцевой водки, отправился через биллиардную, всю туманную и тусклую от табачного дыма, в заднюю комнату. Там он нашел несколько знакомых, прежних товарищей: Петю Лазурина, Костю Ковровского, князя Сердюкова и еще двух господ, которых звали просто Васюком и Филатом. Все они были люди уже не молодые, хотя и холостые; у иных волосы повылезли, а у других седина пробилась, лица их покрылись морщинами, подбородки сдвоились - словом,- господа эти все уже давно, как говорится, перешли период растения. Все они, однако, продолжали считать Веретьева человеком необыкновенным, предназначенным удивить вселенную, и он только потому и был умнее их, что сам очень хорошо сознавал свою совершенную и коренную бесполезность. И вне его кружка находились люди, которые думали о нем, что, не погуби он себя, из него черт знает что бы вышло... Эти люди ошибались: из Веретьевых никогда ничего не выходит.

Приятели Петра Алексеича встретили его с обычными приветствиями. Он сначала озадачил их своим мрачным видом и желчными речами, но вскоре успокоился, развеселился, и дело пошло своим обычным порядком.

А Владимир Сергеич, как только ушел от него Веретьев, нахмурился и выпрямил стан. Неожиданная выходка Петра Алексеича чрезвычайно озадачила, даже оскорбила его.

"Поглупели, вино пьем, усы красим... parlez pour vous, mon cher" {Отнесите это на свои счет, мой дорогой (франц.).}, - сказал он наконец почти вслух и, фыркнув раза два от прилива невольного негодования, собрался было продолжать свою прогулку.

- Кто это с вами говорил? - раздался громкий и самоуверенный голос за его спиною.

Владимир Сергеич обернулся и увидел одного из своих хороших знакомых, некоего г. Помпонского. Этот г. Помпонский, человек высокого

126

роста и толстый, занимал довольно важное место и ни разу с самой ранней юности не усомнился в себе.

- Так, чудак какой-то,- проговорил Владимир Сергеич, взявши г. Помпонского под руку.

- Помилуйте, Владимир Сергеич, разве позволительно порядочному человеку разговаривать на улице с индивидуем, у которого на голове фуражка? Это неприлично! Я удивляюсь! Где вы могли познакомиться с таким субъектом?

- В деревне.

- В деревне... С деревенскими соседями в городе не кланяются... се n'est pas comme il taut[69]. Джентльмен должен всегда держать себя джентльменом, если хочет, чтобы...

- Вот моя жена,- поспешил перебить его Владимир Сергеич.- Пойдемте к ней.

И оба джентльмена направились к низенькой щегольской каретке, из окна которой выглядывало бледное, усталое и раздражительно-надменное личико женщины еще молодой, но уже отцветшей.

Из-за нее виднелась другая дама, тоже словно рассерженная, ее мать. Владимир Сергеич отворил дверцы кареты, предложил жене руку. Помпонский пошел с его тещей, и обе четы отправились по Невскому в сопровождении невысокого черноволосого лакея в гороховых штиблетах и с большой кокардой на шляпе.

---

[69] Это - неприлично (франц.)

СТЕПНОЙ КОРОЛЬ ЛИР

Нас было человек шесть, собравшихся в один зимний вечер у старинного университетского товарища. Беседа зашла о Шекспире, об его типах, о том, как они глубоко и верно выхвачены из самых недр человеческой "сути". Мы особенно удивлялись их жизненной правде, их вседневности; каждый из нас называл тех Гамлетов, тех Отелло, тех Фальстафов, даже тех Ричардов Третьих и Макбетов (этих последних, правда, только в возможности), с которыми ему пришлось сталкиваться.

- А я, господа, - воскликнул наш хозяин, человек уже пожилой, - знавал одного короля Лира!

- Как так? - опросили мы его.

- Да так же. Хотите, я расскажу вам?

- Сделайте одолжение.

И наш приятель немедленно приступил к повествованию.

I

"Все мое детство, - начал он, - и первую молодость до пятнадцатилетнего возраста я провел в деревне, в имении моей матушки, богатой помещицы ...й губернии. Едва ли не самым резким впечатлением того уже далекого времени осталась в моей памяти фигура нашего ближайшего соседа, некоего Мартына Петровича Харлова. Да и трудно было бы изгладиться тому впечатлению: ничего, подобного Харлову, я уже в жизни потом не встречал. Представьте себе человека росту исполинского! На громадном туловище сидела, несколько искоса, без всякого признака шеи, чудовищная голова; целая копна спутанных желто-седых волос вздымалась над нею, зачинаясь чуть не от самых взъерошенных бровей. На обширной площади сизого, как бы облупленного, лица торчал здоровенный шишковатый нос, надменно топорщились крошечные голубые глазки и раскрывался рот, тоже крошечный, но кривой, растресканный, одного цвета с остальным лицом. Голос из этого рта выходил хотя сиплый, но чрезвычайно крепкий и зычный... Звук его напоминал лязг железных полос, везомых в телеге по дурной мостовой - и говорил Харлов, точно кричал кому-то в сильный ветер через широкий овраг. Трудно было сказать, что именно выражало лицо Харлова, так оно было пространно... Одним взглядом его, бывало, и не окинешь! Но неприятно оно не было - некоторая даже величавость замечалась в нем, только уж очень оно было дивно и необычно. И что у него были за руки - те же подушки! Что за пальцы, что за ноги! Помнится, я без некоторого почтительного ужаса не мог взирать на двухаршинную спину Мартына Петровича, на его плечи, подобные мельничным жерновам. Но особенно поражали меня его уши! Совершенные калачи - с завертками и выгибами; щеки так и приподнимали их с обеих сторон. Носил Мартын Петрович - и зиму и лето - казакин из зеленого сукна, подпоясанный черкесским ремешком, и смазные сапоги; галстуха я никогда на нем не видал, да и вокруг чего подвязал бы он галстух? Дышал он протяжно и тяжко, как бык, но ходил без шума. Можно было подумать, что, попавши в комнату, он постоянно боялся все перебить и опрокинуть, и потому передвигался с места на место осторожно, все больше боком, словно крадучись. Силой он обладал истинно геркулесовской и вследствие этого пользовался большим почетом в околотке: народ наш до сих пор благоговеет перед богатырями. Про него даже сложились легенды: рассказывали, что он однажды в лесу встретился с медведем и чуть не поборол его; что, застав у себя на пасеке чужого мужика-вора, он его вместе с телегой и лошадью перебросил через плетень, и тому подобное. Сам Харлов никогда не хвастался своей силой. "Коли десница у меня благословенная, - говаривал он, - так на то была воля божия!" он был горд;. только не силою своею он гордился, а своим званием, происхождением, своим умом-разумом.

- Наш род от вшеда (он так выговаривал слово швед); от вшеда Харлуса ведется, - уверял от, - в княжение Ивана Васильевича Темного (вон оно когда!) приехал в Россию; и не пожелал тот вшед Харлус быть чухонским графом - а пожелал быть российским дворянином и в золотую книгу записался. Вот мы, Харловы, откуда взялись!.. И по той самой причине мы все, Харловы, урождаемся белокурые, очами светлые и чистые лицом! потому снеговики!

- Да, Мартын Петрович, - попытался я было возразить ему, - Ивана Васильевича Темного не было вовсе, а был Иван Васильевич Грозный. Темным прозывался великий князь Василий Васильевич.

- Ври еще! - спокойно ответил мне Харлов, - коли я говорю, стало оно так!

Однажды матушка вздумала похвалить его в глаза за его действительно замечательное бескорыстие.

- Эх, Наталья Николаевна! - промолвил он почти с досадой, - нашли, за что хвалить! Нам, господам, нельзя инако; чтоб никакой смерд, земец, подвластный человек и думать о нас худого не дерзнул! Я - Харлов, фамилию свою вон откуда веду... (тут он показал пальцем куда-то очень высоко над собою в потолок) и чести чтоб во мне не было?! Да как это возможно?

В другой раз вздумалось гостившему у моей матушки заезжему сановнику подтрунить над Мартыном Петровичем. Тот опять заговорил о вшеде Харлусе, который выехал в Россию...

- При царе Горохе? - перебил сановник.

- Нет, не при царе Горохе, а при великом князе Иване Васильевиче Темном.

- А я так полагаю, - продолжал сановник, - что род ваш гораздо древнее и восходит даже до времен допотопных, когда водились еще мастодонты и мегалотерии...

Эти ученые термины были совершенно неизвестны Мартыну Петровичу; но он понял, что сановник трунит над ним.

- Может быть, - брякнул он, - наш род точно оченно древний; в то время, как мой пращур в Москву прибыл, сказывают, жил в ней дурак не хуже вашего превосходительства, а такие дураки нарождаются только раз в тысячу лет.

Сановник взбеленился, а Харлов качнул головой назад, выставил подбородок, фыркнул да и был таков. Дня два спустя он снова явился. Матушка начала упрекать его. "Урок ему, сударыня, - перебил Харлов, - не наскакивай зря, спросись прежде, с кем дело имеешь. Млад еще больно, учить его надо". Сановник был почти одних лет с Харловым; но этот исполин привык всех людей считать недорослями. Очень уж он на себя надеялся и решительно никого не боялся. "Разве мне могут что сделать? Где такой человек на свете есть?" - спрашивал он и вдруг принимался хохотать коротким, но оглушительным хохотом.

II

Матушка моя была очень разборчива на знакомства, но Харлова принимала с особенным радушием и многое ему слушала: он, лет двадцать пять тому назад, спас ей жизнь, удержав ее карету на краю глубокого оврага, куда лошади уже свалились. Постромки и шлеи порвались, а Мартын Петрович так и не выпустил из рук схваченного им колеса - хотя кровь брызнула у него из-под ногтей. Матушка моя и женила его: она выдала за него семнадцатилетнюю сироту, воспитанную у ней в доме; ему тогда минуло сорок лет. Жена Мартына Петровича была собой тщедушна, он, говорят, на ладони внес ее к себе в дом, и пожила она с ним недолго; однако родила ему двух дочерей. Матушка моя и после ее смерти продолжала оказывать покровительство Мартыну Петровичу; она поместила старшую дочь его в губернский пансион, потом сыскала ей мужа - и уже имела другого на примете для второй.

Харлов был хозяин порядочный, землицы за ним водилось десятин с триста, и обстроился он помаленьку, а уж как крестьяне ему повиновались - об этом я толковать нечего! По тучности своей Харлов почти никуда не ходил пешком: земля его не носила. Он всюду разъезжал на низеньких беговых дрожках и сам правил лошадью, чахлой, тридцатилетней кобылой, со шрамом от раны на плече: эту рану она получила в бородинском сражении под вахмистром кавалергардского полка. Лошадь эта постоянно хромала как-то на все четыре ноги разом; идти шагом она не могла, а только перетрусывала рысцой, вприпрыжку; ела она чернобыльник и полынь по межам, чего я ни за какой другой лошадью не замечал. Помнится, я всегда недоумевал, как могла эта полуживая кляча возить такую страшную тяжесть. Я не смею повторить, сколько в нашем соседе насчитывали пудов. За спиной Мартына Петровича помещался на беговых дрожках его черномазый казачок Максимка. Прижавшись всем телом и лицом к своему барину и упираясь босыми ногами в заднюю ось дрожек, он казался листиком или червяком, случайно приставшим к воздвигавшейся перед ним исполинской туше. Тот же казачок раз в неделю брил Мартына Петровича. Для исполнения этой операции он, говорят, становился на стол; иные шутники уверяли, что он принужден был бегать вокруг подбородка своего барина. Харлов не любил подолгу сидеть дома, и потому его частенько можно было видеть разъезжающим в своем неизменном экипаже, с вожжами в одной руке (другою он хватски, с вывертом локтя, опирался на колено), с крошечным старым картузом на самом верху головы. Он бодро посматривал кругом своими медвежьими глазенками, окликал громовым голосом всех встречных мужиков, мещан, купцов; попам, которых очень не любил, посылал крепкие посулы и однажды, поравнявшись со мною (я вышел прогуляться с ружьем), так заатукал на лежавшего возле дороги зайца, что стон и звон стояли у меня в ушах до самого вечера.

III

Матушка моя, как я уже сказал, радушно принимала Мартына Петровича; она знала, какое глубокое уважение он питал к ее особе. "Барыня! госпожа! Нашего поля ягодка", - так отзывался он о ней. Он

131

величал ее благодетельницей, а она видела в нем преданного великана, который не усомнился бы пойти за нее один на целую ватагу мужиков; и хотя не предвиделось даже возможности подобного столкновения, однако, по понятиям матушки, при отсутствии мужа (она рано овдовела) таким защитником, как Мартын Петрович, брезгать не следовало. Притом же человек он был прямой, ни в ком не заискивал, денег не занимал, вина не пил - и глуп тоже не был, хотя образования не получил никакого. Матушка доверяла Мартыну Петровичу. Когда ей вздумалось составить духовное завещание, она потребовала его в свидетели, и он нарочно ездил домой за железными круглыми очками, без которых писать не мог; и с очками-то на носу он едва-едва, в течение четверти часа, пыхтя и отдуваясь, успел начертать свой чин, имя, отчество и фамилию, причем буквы ставил огромные, четырехугольные, с титлами и хвостами, а совершив свой труд, объявил, что устал и что ему - что писать, что блох ловить - все едино. Да, матушка его уважала... Однако дальше столовой его у нас не пускали. Уж очень сильный шел от него дух: землей отдавало от него, лесным дромом, тиной болотной. "Как есть леший!" - уверяла моя старая няня. К обеду Мартыну Петровичу ставили в углу особый стол, и он этим не обижался - он знал, что другим неловко было сидеть с ним рядом, да и ему было привольнее есть; а ел он так, как, я полагаю, не едал никто со времен Полифэма. Для него всегда в самом начале обеда припасали, в видах предосторожности, горшок каши фунтов в шесть: "А то ведь ты меня объешь!" - говаривала матушка. "И то, сударыня, объем!" - отвечал, ухмыляясь, Мартын Петрович.

Матушка любила слушать его рассуждения о каком-нибудь хозяйственном предмете; но долго не могла выдерживать его голос.

- Что это, мой батюшка! - восклицала она, - ты бы от этого хоть долечился, что ли! Совсем оглушил меня. Этакая труба!

- Наталья Николаевна! Благодетельница! - отвечал обыкновенно Мартын Петрович. - Я в своей гортани не волен. Да и какое лекарство меня пронять может - извольте посудить? Я вот лучше помолчу маленечко.

Действительно, я полагаю, никакое лекарство не могло бы пронять Мартына Петровича. Он же никогда и болен не бывал.

Рассказывать он не умел и не любил. "От долгих речей одышка бывает", - замечал он с укоризной. Только когда его наводили на двенадцатый год (он служил в ополчении и получил бронзовую медаль, которую по праздникам носил на владимирской ленточке), когда его расспрашивали про французов, он сообщал кой-какие анекдоты, хотя постоянно уверял притом, что никаких французов, настоящих, в Россию не приходило, а так, мародеришки с голодухи набежали, и. что он много этой швали по лесам колачивал.

IV

А между тем и на этого несокрушимого, самоуверенного исполина находили минуты меланхолии и раздумья. Без всякой видимой причины он вдруг начинал скучать; запирался один к себе в комнату и гудел - именно гудел, как целый пчелиный рой; либо призывал казачка Максимку и приказывал ему или читать вслух из единственной, забредшей к нему в дом книги, разрозненного тома новиковского "Покоящегося трудолюбца", или петь. И Максимка, который, по странной игре случая, умел читать по складам, принимался, с обычным перерубанием слов и переставлением ударений, выкрикивать фразы, вроде следующей: "Но че-ловек страстный выводит из сего пустого места, кото-рое он находит в тварях, совсем противные следствия. Каждая тварь особо, ска-зывает он, не сильна сделать меня счас-тливым!"[70] и т. д. - или затягивал тончайшим голоском заунывную песенку, в которой только можно было разобрать, что: "И... и... э... и... э... и... Ааа... ска!.. О... у... у... би... и... и... и... ла!" А Мартын Петрович качал головою, упоминал о бренности, о том, что все пойдет прахом, увянет, яко былие; прейдет - и не будет! Попалась ему как-то картинка, изображавшая горящую свечу, в которую со всех сторон, напрягши щеки, дуют ветры; внизу стояла подпись:

"Такова жизнь человеческая!" Очень понравилась ему эта картинка; он повесил ее у себя в кабинете; но в обыкновенное, не меланхолическое время перевертывал ее лицом к стене, чтобы не смущала. Харлов, этот колосс, боялся смерти! К помощи религии, к молитве он, впрочем, и в припадке меланхолии прибегал редко; он и тут больше надеялся на свой собственный ум. Набожности в нем особенной не было; его в церкви не часто видали; правда, он говорил, что не ходит туда по той будто причине, что по размеру тела своего боятся выдавить всех вон. Припадок обыкновенно кончался тем, что Мартын Петрович начнет посвистывать - и вдруг громогласным голосом прикажет заложить себе дрожки и покатит куда-нибудь по соседству, не без удали потрясая свободной рукою над козырьком картуза, как бы желая сказать, что нам, мол, теперь все - трын-трава! Русский был человек.

---

[70] {"Покоящийся трудолюбец", периодическое издание и т. д., Москва, 1785 г. Часть 3-я. Стран. 23, строка 11 сверху.}

V

Силачи, подобные Мартыну Петровичу, бывают большей частью нрава флегматического; он, напротив того, довольно легко раздражался. Особенно выводил его из терпения приютившийся в нашем доме, в качестве не то шута, не то нахлебника, брат его покойной жены - некто Бычков, с младых ногтей прозванный Сувениром и так уже оставшийся Сувениром для всех, даже для слуг, которые, правда, величали его Сувениром Тимофеичем. Настоящего своего имени он, кажется, и сам не знал. Это был человек мизерный, всеми презираемый: приживальщик, одним словом. С одной стороны рта у него недоставало всех зубов, отчего его маленькое морщинистое лицо казалось искривленным. Он вечно суетился, егозил: в девичью заберется или в контору, на слободку к попам, а не то к старосте в избу; отовсюду его гонят, а он только пожимается, да щурит свои косые глазки, да смеется дрянно, жидко, точно бутылку полощет. Мне всегда казалось, что, будь у Сувенира деньги, самый бы скверный человек из него вышел, безнравственный, злой, даже жестокий. Бедность поневоле его "сократила". Пить позволялось ему только в праздники. Одевали его прилично, по приказанию матушки, так как он по вечерам составлял ее партию в пикет или бостон. Сувенир то и дело твердил: "Я вот, позвольте, я чичас, чичас". - "Да что чичас?" - с досадой спросит его матушка. Он мгновенно откинет руки назад, струсит и лепечет: "Как прикажете-с!" Под дверями послушать, посплетничать, а главное "шпынять", дразнить - другой у него заботы не было - и "шпынял" он так, как будто имел на то право, как будто мстил за что-то. Мартына Петровича он звал братцем и надоедал ему пуще горькой редьки. "Вы сестрицу Маргариту Тимофеевну за что уморили?" - приставал он к нему, вертясь перед ним и хихикая. Однажды Мартын Петрович сидел в биллиардной, прохладной комнате, в которой никто никогда ни одной мухи не видал и которую сосед наш, враг жары и солнца, - оттого очень жаловал. Сидел он между стеной и биллиардом. Сувенир шмыгал мимо его "чрева", дразнил его, кривлялся... Мартын Петрович хотел оттолкнуть его - и двинул обеими руками вперед. К счастью Сувенира, он успел увернуться - ладони его братца пришлись в упор о край биллиарда, и со всех шести винтов слетел тяжелый деревенский биллиард... В какую лепешку превратился бы Сувенир, если б попал под эти мощные руки!

VI

Я давно любопытствовал посмотреть, как устроил свое жилище Мартын Петрович, что у него за дом. Однажды я вызвался проводить его верхом до Еськова (так называлось его имение). "Вишь ты! Хочешь посмотреть мою державу, - промолвил Мартын Петрович. - Изволь! И сад покажу, и дом, и гумно - и все. У меня всякого добра много!" Мы отправились. От нашего села до Еськова считалось всего версты три. "Вот она, моя держава! - загремел вдруг Мартын Петрович, силясь обернуть свою неподвижную голову и разводя рукой направо и налево. - Все мое!" Усадьба Харлова находилась на вершине пологого холма; внизу к небольшому пруду лепилось несколько плохих мужичьих избенок. У пруда, на плоту, старая баба в клетчатой паневе колотила вальком скрученное белье.

- Аксинья! - гаркнул Мартын Петрович, да так, что грачи стаей взвились из соседнего овсяного поля... - Мужу портки моешь?

Баба разом обернулась и поклонилась в пояс.

- Портки, батюшка, - послышался ее слабый голос.

- То-то! Вот посмотри, - продолжал Мартын Петрович, пробираясь рысцой вдоль полусгнившего плетня, - это моя конопля; а та вон - крестьянская; разницу видишь? А вот это мой сад; яблони я понасажал, и ракиты - тоже я. А то тут и древа никакого не было. Вот так-то - учись.

Мы завернули на двор, огороженный тыном; прямо против ворот возвышался ветхий-ветхий флигелек с со- м доменной крышей и крылечком на столбиках; в стороне стоял другой, поновей и с крохотным мезонином - по тоже на курьих ножках. "Вот ты опять учись, - промолвил Харлов: - вишь, отцы-то наши в какой хороминке жили; а теперь я вона какие палаты себе соорудил". Палаты эти походили на карточный домик. Собак пять-шесть, одна другой лохматей и безобразней, приветствовали нас лаем. - "Овчары! - заметил Мартын Петрович. - Настоящие крымские! Цыц, оглашенные! Вот возьму да всех перевешаю". На крыльце нового флигелька показался молодой человек в длинном нанковом балахоне, муж старшей дочери Мартына Петровича. Проворно подскочив к дрожкам, он почтительно поддержал под локоть слезавшего тестя - и даже одной рукой сделал пример, будто подхватывает исполинскую ногу, которую тот, наклонясь вперед туловищем, заносил с размаху через сидение; лотом он помог мне сойти с лошади.

- Анна! - воскликнул Харлов, - Натальи Николавнин сынок к нам пожаловал; попоштовать его надо. Да где Евлампиюшка? (Анной звали старшую дочь, Евлампией - меньшую.)

- Дома нет; в поле за васильками пошла, - отозвалась Анна, показавшись в окошке возле двери.

- Творог есть? - спросил Харлов.

- Есть.

- И сливки есть?

- Есть.

- Ну, тащи на стол, а я им пока кабинет свой покажу. Пожалуйте сюда, сюда, - прибавил он, обратись ко мне и зазывая меня указательным пальцем. У себя в доме он меня не "тыкал": надо ж хозяину быть вежливым. Он повел меня по коридору. - Вот где я пробываю, - промолвил он, шагнув боком через порог широкой двери, - а вот и мой кабинет. Милости просим!

Кабинет этот оказался большой комнатой, неоштукатуренной и почти пустой; по стенам, на неровно вбитых гвоздях, висели две нагайки, трехугольная порыжелая шляпа, одноствольное ружье, сабля, какой-то странный хомут с бляхами и картина, изображающая горящую свечу под ветрами; в одном углу стоял деревянный диван, покрытый пестрым ковром. Сотни мух густо жужжали под потолком; впрочем, в комнате было прохладно; только очень сильно разило тем особенным лесным запахом, который всюду сопровождал Мартына Петровича.

- Что ж, хорош кабинет? - спросил меня Харлов.

- Очень хорош.

- Ты посмотри, вон у меня голландский хомут висит, - продолжал Харлов, снова впадая в "тыкание". - Чудесный хомут! У жида выменял. Ты погляди-ка!

- Хомут хороший.

- Самый хозяйственный! Да ты понюхай... какова кожа!

Я понюхал хомут. От него несло прелой ворванью - и больше ничего.

- Ну, присядьте - вон там на стульчике, будьте гости, - промолвил Харлов, а сам опустился на диван и словно задремал, закрыл глаза, засопел даже. Я молча глядел на него и не мог довольно надивиться: гора - да и полно! Он вдруг встрепенулся.

- Анна! - закричал он, и при этом его громадный живот приподнялся и опал, как волна на море, - что ж ты? Поворачивайся! Аль не слыхала?

- Все готово, батюшка, пожалуйте, - раздался голос его дочери.

Я внутренне подивился быстроте, с которой исполнялись повеления Мартына Петровича, и отправился за ним в гостиную, где на столе, покрытом красной скатертью с белыми разводами, уже была приготовлена закуска: творог, сливки, пшеничный хлеб, даже толченый сахар с имбирем. Пока я управлялся с творогом, Мартын Петрович, ласково пробурчав: "Кушай, дружок, кушай, голубчик, не брезгай нашей

136

деревенской снедью", - опять присел в углу и опять словно задремал. Предо мной, неподвижно, с опущенными глазами, стояла Анна Мартыновна, а в окно я мог видеть, как ее муж проваживал по двору моего клеппера, собственными руками перетирая цепочку трензеля.

VII

Матушка моя не жаловала старшей дочери Харлова; она называла ее гордячкой. Анна Мартыновна почти никогда не являлась к нам на поклон и в присутствии матушки держалась чинно и холодно, хотя по ее милости и в пансионе обучалась, и замуж вышла, и в день свадьбы получила от нее тысячу рублей ассигнациями да желтую турецкую шаль, правда, несколько поношенную. Это была женщина росту среднего, сухощавая, очень живая и проворная в своих движениях, с русыми густыми волосами, с красивым смуглым лицом, на котором несколько странно, но приятно выдавались бледно-голубые узкие глаза; нос она имела прямой и тонкий, губы тоже тонкие и подбородок "шпилькой". Всякий, взглянув на нее, наверное, подумал бы:

"Ну, какая же ты умница - и злюка!" И со всем тем в ней было что-то привлекательное; даже темные родинки, рассыпанные "гречишкой" по ее лицу, шли к ней и усиливали чувство, которое она возбуждала. Подсунув под косынку руки, она украдкой - сверху вниз (я сидел, она стояла) - посматривала на меня; недобрая улыбочка бродила по ее губам, по щекам, в тени длинных ресниц. "Ох ты, балованный барчонок!" - словно говорила эта улыбка. Всякий раз, когда она дышала, у ней ноздри слегка расширялись - это тоже было несколько странно; но все-таки мне казалось, что полюби меня Анна Мартыновна или только захоти поцеловать меня своими тонкими жесткими губами, - я бы от восторга до потолка подпрыгнул. Я знал, что она была очень строга и взыскательна, что бабы и девки боялись ее как огня, - но что за дело! Анна Мартыновна тайно волновала мое воображение... Впрочем, мне тогда только минуло пятнадцать лет, а в эти годы!..

Мартын Петрович опять встрепенулся.

- Анна! - крикнул он, - ты бы на фортепьянах побренчала... Молодые господа это любят.

Я оглянулся: в комнате стояло какое-то жалкое подобие фортепьян.

- Слушаю, батюшка, - ответила Анна Мартыновна. - Только что же я им буду играть? Им это не будет интересно.

- Так чему ж тебя обучали в пинсионе?

- Я все перезабыла... да и струны полопались. Голосок у Анны Мартыновны был очень приятный, звонкий и словно жалобный... вроде того, какой бывает у хищных птиц.

- Ну, - проговорил Мартын Петрович и задумался. - Ну, - начал он опять, - так не хотите ли гумно посмотреть, полюбопытствовать? Вас Володька проводит. - Эй, Володька! - крикнул он своему зятю, который все еще расхаживал по двору с моею лошадью, - проводи вот их на гумно... та вообще... покажь мое хозяйство. А мне соснуть надо! Так-то! Счастливо оставаться!

Он вышел вон, и я за ним. Анна Мартыновна тотчас стала проворно и как бы с досадой убирать со стола. На пороге двери я обернулся и поклонился ей; но она словно не заметила моего поклона, только опять улыбнулась, да еще злее прежнего.

Я взял у харловского зятя мою лошадь и повел ее в поводу. Мы вместе с ним пошли на гумно, - но так как ничего в нем особенно любопытного не открыли, притом же он во мне, как в молодом мальчике, не мог предполагать отменную любовь к хозяйству, то мы и вернулись через сад на дорогу.

VIII

Я хорошо знал харловского зятя: звали его Слеткиным, Владимиром Васильевичем; он был сирота, сын мелкого чиновника, поверенного по делам у матушки, и ее воспитанник. Сперва поместили его в уездное училище, потом он поступил в "вотчинную контору", потом записали его на службу по казенным магазинам и, наконец, женили на дочери Мартына Петровича. Матушка называла его жиденком, и он действительно своими курчавыми волосиками, своими черными и вечно мокрыми, как вареный чернослив, глазами, своим ястребиным носом и широким красным ртом напоминал еврейский тип; только цвет кожи он имел белый и был вообще весьма недурен собою. Нрава он был услужливого, лишь бы дело не касалось его личной выгоды. Тут он тотчас терялся от жадности, до слез даже доходил; из-за тряпки готов каничить целый день, сто раз напомнит о данном обещании, и обижается и пищит, если оно не тотчас исполняется. Он любил таскаться по полям с ружьем; и когда случалось ему залучить зайца или утку, с особенным чувством клал свою добычу в ягдташ, приговаривая: "Ну, теперь шалишь, не уйдешь! Теперь мне послужишь!"

- Добрый конек у вас, - заговорил он своим шепелявым голосом, помогая мне взобраться на седло, - вот бы мне такую лошадку! Да где! Счастье мое не такое. Хоть бы вы матушку вашу попросили... напомнили.

- А она вам обещала?

- Кабы обещала! Нет; но я полагал, что по великому ее благодушеству...

- Вы бы к Мартыну Петровичу обратились.

- К Мартыну Петровичу! - повторил протяжно Слеткин. - Для него - что я, что какой-нибудь ничтожный казачок Максимка - все едино. Как есть в черном теле нас содержит, и никакой от него награды не видать за все пруды.

- Неужели?

- Да, ей-богу же. Как скажет: "Мое слово свято!" - ну, вот точно топором отрубит. Проси, не проси - все едино. Да и Анна Мартыновна, супруга моя, такого авантажа перед ним не имеет, как Евлампия Мартыновна.

- Ах, господи боже мой, батюшка! - перебил он вдруг самого себя и с отчаянием всплеснул руками. - Посмотрите: что это? Целый полуосьминник овса, нашего овса, какой-то злодей выкосил. Каков?! Вот тут и живи! Разбойники, разбойники! Вот уж точно правду говорят, что не верь Еськову, Беськову, Ерину, Белину (так назывались четыре окрестные деревни). Ах, ах, что это! Рубля, почитай, на полтора, а то и на два - убытку!

В голосе Слеткина слышались чуть не рыданья. Я толкнул лошадь под бока и поехал от него прочь. Восклицания Слеткина еще долетали до моего слуха, как вдруг, на повороте дороги, попалась мне та самая вторая дочь Харлова, Евлампия, которая, по словам Анны Мартыновны, ушла в поле за васильками.

Густой венок из этих цветов обвивал ее голову. Мы обменялись поклонами молча. Евлампия была тоже очень недурна собой, не хуже сестры, но только в другом роде. Росту она была высокого, сложения дородного; все в ней было велико: и голова, и ноги, и руки, и белые как снег зубы, и особенно глаза, выпуклые, с поволокой, темно-синие, как стеклярус; все в ней было даже монументально (недаром она доводилась Мартыну Петровичу дочкой), но красиво. Белокурую густую косу она, видимо, не знала куда деть и раза при обматывала ее вокруг темени. Рот у ней был прелестный, свежий, как розан, малинового цвета, и когда она говорила, середина верхней губы очень мило приподнималась. Но во взгляде ее огромных глаз было что-то дикое и почти суровое. "Вольница, казачья кровь", - так отзывался о ней Мартын Петрович. Я побаивался ее... Мне эта осанистая красавица напоминала своего батюшку.

Я отъехал еще немного дальше и услышал, что она запела ровным, сильным, несколько резким, прямо крестьянским голосом, потом она вдруг умолкла. Я оглянулся и с вершины холма увидал ее, стоявшую возле харловского зятя перед окошенным осьминником овса. Тот размахивал и указывал руками, а она не шевелилась. Солнце освещало ее высокую фигуру, и ярко голубел васильковый венок на ее голове.

IX

Я уже, кажется, сказывал вам, господа, что и для этой второй дочери Харлова матушка моя припасла жениха. То был один из самых бедных наших соседей, отставной армейский майор Житков, Гаврило Федулыч, человек уже немолодой и - как он сам выражался, не без самодовольства, впрочем, и словно рекомендуя себя - "битый да ломаный". Он едва разумел грамоте и очень был глуп, но втайне надеялся попасть к моей матушке в управляющие, ибо чувствовал себя "исполнителем". "Что другое-с, а зубье считать у мужичья - это я до тонкости понимаю, - говаривал он, чуть не скрипя собственными зубами, - потому - привык, - пояснял он, - в прежней моей, значит, должности". Будь Житков меньше глуп, он бы понял, что именно в управляющие к матушке попасть не предстояло ему никаких шансов, так как для этого нужно было сместить настоящего управляющего, некоего Квицинского, весьма характерного и дельного поляка, которому матушка вполне доверяла. Лицо у Житкова было длинное, лошадиное; оно все обросло пыльно-белокурыми волосами, даже щеки под глазами все заросли; в самые сильные морозы оно было покрыто обильным потом, словно росинками. При виде матушки он немедленно вытягивался в струнку, голова его начинала дрожать от усердия, огромные руки слегка похлопывали по ляжкам, и вся фигура, казалось, так и взывала: "Повели!.. и я устремлюсь!" Матушка не обманывалась насчет его способностей, что не мешало ей, однако, заботиться об его свадьбе с Евлампией.

- Только сладишь ли ты с ней, отец мой? - спросила она его однажды.

Житков самодовольно улыбнулся.

- Помилуйте, Наталья Николаевна! Целую роту в порядке содержал, по струнке ходили, а это что же с? Плевое дело.

- То рота, отец мой, а то девушка благородная, жена, - заметила матушка с неудовольствием.

- Помилуйте-с! Наталья Николаевна! - снова воскликнул Житков. - Это мы все очень понять можем. Одно слово: барышня, особа нежная!

- Ну, - решила наконец матушка, - Евлампия себя в обиду не даст.

X

Однажды - дело было в июне месяце и день склонялся к вечеру - человек доложил о приезде Мартына Петровича. Матушка удивилась: мы его более недели не видали, но он никогда так поздно не посещал нас. "Что-нибудь случилось!" - воскликнула она вполголоса. Лицо Мартына Петровича, когда он ввалился в комнату и тотчас же опустился на стул возле двери, имело такое необычайное выражение, оно так было задумчиво и даже бледно, что матушка моя невольно и громко повторила свое восклицание. Мартын Петрович уставил на нее свои маленькие глаза, помолчал, вздохнул тяжело, помолчал опять и объявил наконец, что приехал по одному делу... которое... такого рода, что по причине...

Пробормотав эти несвязные слова, он вдруг поднялся и вышел.

Матушка позвонила, велела вошедшему лакею тотчас догнать и непременно воротить Мартына Петровича, но тот уже успел сесть на свои дрожки и убраться.

На следующее утро матушка, которую странный поступок Мартына Петровича и необычайное выражение его лица одинаково изумили и даже смутили, собиралась было послать к нему нарочного, как он сам опять появился перед нею. На этот раз он казался спокойнее.

- Сказывай, батюшка, сказывай, - воскликнула матушка, как только увидела его, - что это с тобою поделалось? Я, право, вчера подумала: господи! - подумала я, - уж не рехнулся ли старик наш в рассудке своем?

- Не рехнулся я, сударыня, в рассудке своем, - отвечал Мартын Петрович, - не таковский я человек. Но мне нужно с вами посоветоваться.

- О чем?

- Только сомневаюсь я, будет ли вам сие приятно...

- Говори, говори, отец, да попроще. Не волнуй ты меня! К чему тут сие? Говори проще. Али опять меланхолия на тебя нашла?

Харлов нахмурился.

- Нет, не меланхолия - она у меня к новолунию бывает; а позвольте вас спросить, сударыня, вы о смерти как полагаете?

Матушка всполохнулась.

- О чем?

- О смерти. Может ли смерть кого ни на есть на сем свете пощадить?

- Это ты еще что вздумал, отец мой? Кто из нас бессмертный? Уж на что ты великан уродился - а и тебе колец будет.

- Будет! ох, будет! - подхватил Харлов и потупился. - Случилось со мною сонное мечтание... - протянул он наконец.

- Что ты говоришь? - перебила его матушка.

- Сонное мечтание, - повторял он. - Я ведь сновидец!

141

- Ты?

- Я! А вы не знали? - Харлов вздохнул. - Ну, вот... Прилег я как-то, сударыня, неделю тому назад с лишком, под самые заговены к Петрову посту; прилег я после обеда отдохнуть маленько, ну и заснул! И вижу, будто в комнату ко мне вбег вороной жеребенок. И стал тот жеребенок играть и зубы скалить. Как жук вороной жеребенок.

Харлов умолк.

- Ну? - промолвила матушка. - И как обернется вдруг этот самый жеребенок, да как лягнет меня в левый локоть, в самый как есть поджилок! Я проснулся - ан рука не действует и нота левая тоже. Ну, думаю, паралич; однако поразмялся и снова вошел в действие; только мурашки долго по суставцам бегали и теперь еще бегают. Как разожму ладонь, так и забегают.

- Да ты, Мартын Петрович, как-нибудь руку перележал.

- Нет, сударыня; не то вы изволите говорить! Это мне предостережение... К смерти моей, значит.

- Ну вот еще! - начала было матушка.

- Предостережение! Готовься, мол, человече! И потому я, сударыня, вот что имею доложить вам, нимало не медля. Не желая, - закричал вдруг Харлов, - чтоб та самая смерть меня, раба божия, врасплох застала, положил я так-то в уме своем: разделить мне теперь же, при жизни, имение мое между двумя моими дочерьми, Анной и Евлампией, как мне господь бог на душу пошлет. - Мартын Петрович остановился, охнул и прибавил: - Нимало не медля.

- Что ж? Это дело хорошее, - заметила матушка, - только, я думаю, ты напрасно спешишь.

- И так как я желаю в сем деле, - продолжал, еще более возвысив голос, Харлов, - должный порядок и законность соблюсти, то покорнейше прошу вашего сыночка, Дмитрия Семеновича, - вас я, сударыня, обеспокоивать не осмеливаюсь, - прошу оного сыночка, Дмитрия Семеновича, родственнику же моему Бычкову в прямой долг вменяю - при совершении формального акта и ввода во владение моих двух дочерей, Анны замужней и Евлампии девицы, присутствовать; который акт имеет быть в действие введен послезавтра, в двенадцатом часу дня, в собственном моем имении Еськове, Козюлькине тож, при участии предержащих властей и чинов, кои уже суть приглашены.

Мартын Петрович едва окончил эту явно им наизусть затверженную и частыми вздохами прерванную речь... У него словно воздуха а груди недоставало: его побледневшее лицо слова побагровело, и он несколько раз утер с него пот.

- И ты уже составил раздельный акт? - спросила матушка. - Когда это ты успел?

- Успел... ох! Не пимши, не емши...

- Сам писал?

- Володька... ох! помогал.

- И прошение подал?

- Подал, я палата утвердила, и уездному суду предписано, и временное отделение земского суда... ох!.. к прибытию назначено.

Матушка усмехнулась.

- Ты, я вижу, Мартын Петрович, уже совсем, как следует, распорядился, и как скоро! Знать, денег не жалел?

- Не жалел, сударыня!

- То-то! А говоришь, что со мной посоветоваться желаешь. Что ж, пускай Митенька едет; я и Сувенира с ним отпущу, и Квицинскому скажу... А Гаврилу Федулыча ты не приглашал?

- Гаврила Федулыч... господин Житков... от меня такожде... извещен. Ему как жениху следует!

Мартын Петрович, видимо, истощил весь запас своего красноречия. Притом мне всегда казалось, что он: как будто не совсем благоволил к жениху, приисканному моей матушкой; быть мажет, он ожидал более выгодной партии для своей Евлампиюшки.

Он поднялся со стула и шаркнул ногою.

- За согласие благодарен!

- Куда же ты? - спросила матушка. - Посиди; я велю закуску подать.

- Много довольны, - отвечал Харлов. - Но не могу... Ох! нужно домой.

Он попятился и полез было, по своему обыкновению, боком в дверь.

- Постой, постой, - продолжала матушка, - неужто ты все свое именье без остатку дочерям предоставляешь?

- Вестимо, без остатку.

- Ну, а ты сам... где будешь жить? Харлов даже руками замахал.

- Как где? У себя в доме, как жил доселючи... так и впредь. Какая же может быть перемена?

- И ты в дочерях своих и в зяте так уверен?

- Это вы про Володьку-то говорить изволите? Про тряпку про эту? Да я его куда хочу пихну, и туда, л сюда... Какая его власть? А они меня, дочери то есть, по гроб кормить, поить, одевать, обувать... Помилуйте! первая их обязанность! Я ж им недолго глаза мозолить буду. Не за горами смерть-то - за плечами.

- В смерти господь бог волен, - заметила матушка, - а обязанность это их, точно. Только ты меня извини, Мартыя Петрович; старшая у тебя, Анна, гордячка известная, ну, да и вторая волком смотрит...

- Наталья Николаевна! - перебил Харлов, - что вы это?.. Да чтоб они... Мои дочери... Да чтоб я... Из повиновенья-то выйти? Да им и во сне...

143

Противиться? Кому? Родителю?.. Сметь? А проклясть-то их разве долго? В трепете да в покорности век свой прожили - и вдруг... господи!

Харлов раскашлялся, захрипел.

- Ну, хорошо, хорошо, - поспешила успокоить его матушка, - только я все-таки не понимаю, зачем ты теперь делить их вздумал? Все равно после тебя им же достанется. Всему этому, я полагаю, твоя меланхолия причиной.

- Э, матушка! - не без досады возразил Харлов, - зарядили вы свою меланхолию! Тут, быть может, свыше сила действует, а вы: меланхолия! Потому, сударыня, вздумал я сие, что я самолично, еще "жимши", при себе хочу решить, кому чем владеть, и кого я чем награжу, тот тем и владей, и благодарность чувствуй, и исполняй, и на чем отец и благодетель положил, то за великую милость...

Голос Харлоаа опять перервался.

- Ну полно же, полно, отец мой, - перебила его матушка, - а то я впрямь вороной жеребенок появится.

- Ох, Наталья Николаевна, не говорите мне о нем! - простонал Харлов. - Это смерть моя за мной приходила. Прощенья просим. А вас, сударик мой, к послезавтрашнему дню ожидать буду честь иметь!

Мартын Петрович вышел; матушка посмотрела ему м вслед и значительно покачала головою.

- Не к добру это, - прошептала она, - не к добру. Ты заметил, - обратилась она ко мне, - он говорит, а сам будто от солнца все щурится; знай: это примета дурная. У такого человека тяжело на сердце бывает и несчастье ему грозит. Поезжай послезавтра с Викентием Осиповичем и с Сувениром.

XI

В назначенный день большая наша фамильная четвероместная карета, запряженная шестериком караковых лошадей, с главным "лейб-кучером", седобородым и тучным Алексеичем на козлах, плавно подкатилась к крыльцу нашего дома. Важность акта, к которому намеревался приступить Харлов, торжественность, с которой он пригласил нас, подействовали на мою матушку. Она сама отдала приказ заложить именно этот экстраординарный экипаж и велела Сувениру и мне одеться по-праздничному: она, видимо, желала почтить своего "протеже". Квипинский - тот всегда ходил во фраке и в белом галстухе. Во всю дорогу Сувенир трещал как сорока, хихикал, рассуждал о том, предоставит ли ему

144

братец что-нибудь, и тут же обзывал его идолом и кикиморой. Квицинский, человек угрюмый, желчный, не выдержал наконец. "И охота вам, - заговорил он со своим польским отчетливым акцентом, - такое все несообразное болтать? И неужели невозможно сидеть смирно, без этих "никому не нужных" (любимое его слово) пустяков?" - "Ну, чичас", - пробормотал Сувенир с неудовольствием и уставил свои косые глаза в окошко. Четверти часа не прошло, ровно бежавшие лошади едва начинали потеть под тонкими ремнями новых сбруй - как уже показалась харловская усадьба. Сквозь настежь растворенные ворота вкатилась наша карета на двор; крошечный форейтор, едва достававший ногами до половины лошадиного корпуса, в последний раз с младенческим воплем подскочил на мягком седле, локти старика Алексеича одновременно оттопырились и приподнялись - послышалось легкое тпрукание, и мы остановились. Собаки не встретили нас лаем, дворовые мальчишки в длинных, слегка на больших животах раскрытых рубахах - и те куда-то исчезли. Зять Харлова ожидал нас на пороге двери. Помню - меня особенно поразили березки, натыканные по обеим сторонам крыльца, словно в троицын день. "Торжество из торжеств!" - пропел в нос Сувенир, вылезая первый из кареты. И точно, торжественность замечалась во всем. На харловском зяте был плисовый галстук с атласным бантом и необыкновенно узкий черный фрак; а у вынырнувшего из-за его спины Максимки волосы до того были омочены квасом, что даже капало с них. Мы вошли в гостиную и увидали Мартына Петровича, неподвижно возвышавшегося - именно возвышавшегося - посредине комнаты. Не знаю, что почувствовали Сувенир и Квицинский при виде его колоссальной фигуры, но я ощутил нечто похожее на благоговение. Мартын Петрович облекся в серый, должно быть, ополченский, 12-го года, казакин с черным стоячим воротником, бронзовая медаль виднелась на его груди, сабля висела у бока; левую руку он положил на рукоятку, правой опирался на стол, покрытый красным сукном. Два исписанных листа бумаги лежало на этом столе. Харлов не шевелился, даже не пыхтел; и какая важность сказывалась в его осанке, какая уверенность в себе, в своей неограниченной и несомненной власти! Он едва приветствовал нас кивком и, хрипло промолвив: "Прошу!", повел указательным пальцем левой руки в направлении поставленных рядышком стульев. У правой стены гостиной стояли обе дочери Хардова, разодетые по-воскресному: Анна в зелено-лиловом, двуличневом платье с желтым шелковым поясом; Евлампия - в розовом, с пунцовыми лентами. Возле них торчал Житков в новом мундире, с обычным выражением тупого и жадного ожидания в глазах и с большим против обычного количеством испарины на волосатом лице. У левой стены гостиной сидел священник в изношенной рясе

145

табачного цвета, старый человек с жесткими бурыми волосами. Эти волосы и унылые, тусклые глаза и большие заскорузлые руки, которые словно его самого бременили и лежали, как груды, на коленях, и выглядывавшие из-под рясы смазные сапоги - все свидетельствовало о трудовой, нерадостной жизни: приход его был очень беден. Рядом с вита помещался исправник, жирненький, бледненький, неопрятный господинчик, с пухлыми, короткими ручками и ножками, с черными глазами, черными подстриженными усами, с постоянной, хоть и веселой, но дрянной улыбочкой на лице: он слыл за великого взяточника и даже за тирана, как выражались в то время; но не только помещики, даже крестьяне привыкли к нему и любили его. Он весьма развязно и несколько насмешливо поглядывал кругом: видно было, что вся эта "процедура" его забавляла. В сущности его интересовала одна предстоявшая закуска с водочкой. Зато сидевший возле него стряпчий, сухопарый человек с длинным лицом, узкими бакенбардами от уха к носу, как их нашивали при Александре Первом, всей душой принимал участие в распоряжениях Мартына Петровича и не опускал с него своих больших серьезных глаз: от очень усиленного внимания и сочувствия он все двигал и поводил губами, не разжимая их, однако. Сувенир к нему присоседился и шепотом заговорил с ним, объявив мае сперва, что это первый по губернии масон. Временное отделение земского суда состоит, как известно, из исправника, стряпчего и станового; но станового либо вовсе не было, либо он до того стушевался, что я его не заметил; впрочем, он у нас в уезде носил прозвище "несуществующий", как бывают "непомнящие". Я сел подле Сувенира, Квицинский подле меня. На лице практического поляка была написана явная досада на "никому не нужную" поездку, на напрасную трату времени... "Барыня! Барские русские фантазии! - казалось, шептал он про себя... - Уж эти мне русские!"

XII

Когда мы все уселись, Мартын Петрович поднял плечи, крякнул, обвел нас всех своими медвежьими глазками и, шумно вздохнув, начал так:

- Милостивые государи! Я пригласил вас по следующему случаю. Становлюсь я стар, государи мои, немощи одолевают... Уже и предостережение мне было, смертный же час, яко тать в нощи, приближается... Не так ли, батюшка? - обратился он к священнику.

Батюшка встрепенулся.

- Тако, тако, - прошамшил он, потрясая бородкой.

- И потому, - продолжал Мартын Петрович, внезапно возвысив голос, - не желая, чтобы та самая смерть меня врасплох застала, положил я в уме своем... - Мартын Петрович повторил слово в слово фразу, которую он два дня тому назад произнес у матушки. - В силу сего моего решения, - закричал он еще громче, - сей акт (он ударил рукою по лежавшим на столе бумагам) составлен мною, и предержащие власти в свидетели приглашены, и в чем состоит оная моя воля, о том следуют пункты. Поцарствовал, будет с меня!

Мартын Петрович надел на нос свои железные круглые очки, взял со стола один из исписанных листов и начал:

- Раздельный акт имению отставного штык-юнкера и столбового дворянина Мартына Харлова, им самим, в полном и здравом уме и по собственному благоусмотрению составленный, и в коем с точностию определяется, какие угодия его двум дочерям, Анне и Евлампии (кланяйтесь! - они поклонились), предоставляются, и коим образом дворовые люди и прочее имущество и живность меж оными дочерьми поделяется! Рукою властной!

- Это ихняя бумажка, - шепнул, с неизменной своей улыбочкой, исправник Квицинскому, - они ее для красоты слога прочитать желают, а законный акт составлен по форме, безо всех этих цветочков.

Сувенир начал было хихикать...

- Согласно с моею волею! - вмешался Харлов, от которого не ускользнуло замечание исправника.

- Во всех пунктах согласно, - поспешно и весело отвечал тот, - только форму, вы знаете, Мартын Петрович, никак обойти нельзя. И лишние подробности устранены. Ибо в пегих коров и турецких селезней палата никаким образом входить не может.

- Подь сюда ты! - гаркнул Харлов зятю, который вслед за нами вошел в комнату и с подобострастным видом остановился у двери. Он тотчас подскочил к своему тестю.

- На, возьми, читай! А то мне трудно. Только смотри, не лотошн! Чтобы все господа присутствующие вникнуть могли.

Слеткин взял лист в обе руки и стал трепетно, но внятно, со вкусом и чувством, читать раздельный акт. В нем с величайшею аккуратностью было обозначено, что именно отходило к Анне и что к Евлампии и как им следовало делиться. Харлов от времени до времени прерывал чтение словами: "Слышь, это тебе, Анна, за твое усердие!" - или: "Это тебе, Евлампиюшка, жалую!" - и обе сестры кланялись, Анна в пояс, Евламлия одной головой. Харлов с угрюмой важностью посматривал на них. "Усадебный дом (новый флигелек) был отдан им Евлампии, - "яко

147

младшей дочери, по извечному обычаю". Голос чтеца зазвенел и задрожал, произнося эти неприятные для него слова; а Житков облизнулся. Евлампия искоса глянула на него: будь я на месте Житкова, не понравился бы мне этот взгляд. Презрительное выражение лица, свойственное Евлаппи, как всякой истой русской красавице, на этот раз носило особый оттенок. Самому себе Мартын Петрович предоставлял право жить в занимаемых им комнатах и выговаривал себе, под именем "опричного", полное содержание "натуральною провизиею" и десять рублей ассигнациями в месяц на обувь и одежду. Последнюю фразу раздельного акта Харлов пожелал прочесть сам. "И сию мою родительскую волю, - гласила она, - дочерям моим исполнять и наблюдать свято и нерушимо, яко заповедь; ибо я после бога им отец и глава, и никому отчета давать не обязан и не давал; и будут они волю мою исполнять, то будет с ними мое родительское благословение, а не будут волю мою исполнять, чего боже оборони, то постигнет их моя родительская неключимая клятва, ныне и во веки веков, аминь!" Харлов поднял лист высоко над головою, Анна тотчас проворно опустилась на колени и стукнула о пол лбом; за ней кувыркнулся и муж ее. "Ну, а ты что ж?" - обратился Харлов к Евлампии. Та вся вспыхнула и также поклонилась в землю; Житков нагнулся вперед всем корпусом.

- Подпишитесь! - воскликнул Харлов, указывая пальцем на конец листа. - Здесь: Благодарю и принимаю, Анна! Благодарю и принимаю, Евлампия!

Обе дочери встали и подписались одна за другой. Слеткин встал тоже и полез было за пером, но Харлов отстранил его, ткнув его средним перстом в галстух, так что он иокнул. С минуту длилось молчание. Вдруг Мартын Петрович словно всхлипнул и, пробормотав:

"Ну, теперь все ваше!", отодвинулся в сторону. Дочери и зять переглянулись, подошли к нему и стали целовать его выше локтя. В плечо достать они не могли.

XIII

Исправник прочел настоящий, формальный акт, дарственную запись, составленную Мартыном Петровичем. Потом он вместе с стряпчим вышел на крыльцо и объявил собравшимся у ворот соседям, понятым, харловским крестьянам и нескольким дворовым людям о совершившемся событии. Начался ввод во владение новых двух помещиц, которые также появились на крыльце и на которых исправник указывал рукою, когда, слегка наморщив одну бровь и мгновенно придав своему беззаботному лицу вид грозный, он внушал крестьянам о "послушании". Он бы мог обойтись и без этих внушений: более смирных физиономий, чем у харловских крестьян, я полагаю, в природе не существует. Облеченные в худые армяки и прорванные тулупы, но весьма туго подпоясанные, как это всегда водится в торжественных случаях, они стояли неподвижно, как каменные, и, как только исправник испускал междометие вроде: "Слышите, черти! Понимаете, дьяволы!", кланялись вдруг все разом, словно по команде; каждый из "чертей и дьяволов" крепко держал свою шапку обеими руками и не спускал взора с окна, в котором виднелась фигура Мартына Петровича. Немного меньше робели и самые понятые.

- Вам известны какие-либо препятствия, - крикнул на них исправник, - ко введению во владение сих единственных и законных наследниц и дочерей Мартына Петровича Харлова?

Все понятые тотчас словно съежились. - Известны, черти? - крикнул опять исправник.

- Ничего, ваше благородие, нам не известно, - мужественно отвечал один корявый старичок, с остриженной бородой и усами, отставной солдат.

- Ну, да и смельчак же Еремеич! - говорили, расходясь, про него понятые.

Несмотря на просьбы исправника, Харлов не пожелал выйти вместе с дочерьми на крыльцо. "Мои подданные и без того моей воле покорятся!" - отвечал он. На него, по совершении акта, нашло нечто вроде грусти.

Лицо его снова побледнело. Это новое, небывалое выражение грусти так мало шло к пространным и дебелым чертам Мартына Петровича, что я решительно не знал, что подумать! Уж не меланхолия ли на него находит? Крестьяне, очевидно, с своей стороны также ощущали недоумение. И в самом деле: "Барин живехонек - вот он стоит, да еще какой барин: Мартын Петрович! И вдруг он ими владеть не будет... Чудеса!" Не знаю, догадался ли Харлов о том, какие мысли бродили в головах его "подданных", захотел ли он в последний раз покуражиться, только он вдруг открыл форточку, приставил к отверстию голову и закричал громовым голосом: "Повиноваться!" Потом он захлопнул форточку. Недоумение крестьян, конечно, от этого не рассеялось и не уменьшилось. Они еще пуще окаменели и даже как бы перестали глядеть. Группа дворовых (в числе их находились две здоровенные девки, в коротких ситцах и с такими икрами, подобных которым видеть можно разве на "Страшном судилище" Микель-Анжело, да еще один, уже совсем ветхий, от древности даже заиндевевший, полуслепой человек в шершавой фризовой шинели - он, по слухам, был при Потемкине "валторщиком" - казачка Максимку Харлов себе предоставил), группа эта выказывала большее оживление, чем крестьяне; она по крайней мере переминалась на месте. Сами новые помещицы держались очень важно, особенно Анна. Стиснув свои сухие губы, она упорно глядела вниз... Не много доброго обещала дворовым ее строгая фигура. Евлампия тоже не поднимала глаз; только раз она обернулась и, словно с удивлением, медленно окинула взором своего жениха Житкова, который, вслед за Слеткиным, почел нужным также явиться на крыльцо. "Ты здесь с какого права?" - казалось, говорили эти красивые выпуклые глаза. Слеткин - тот изменился больше всех. Во всем существе его проявилась торопливая бодрость, словно аппетит его пронимал; движения головы, ног остались подобострастными по-прежнему, но как весело расправлял он руки, как хлопотливо передвигал лопатками! "Наконец, мол, дорвался!" Окончив "процедуру" ввода во владение, исправник, у которого от приближения закуски даже вода подтекла под щеками, потер себе руки тем особенным манером, который обыкновенно предшествует! "вонзанию в себя первой рюмочки"; но оказалось, что Мартын Петрович желал сперва отслужить молебен: с водосвятием. Священник облачился в старую, еле живую ризу; еле живой дьячок вышел из кухни, с трудом раздувая ладан в старом медном паникадиле. Молебен начался. Харлов то и дело вздыхал; класть земные поклоны он по тучности не мог, но, крестясь правой рукою и наклоняя голову, указывал перстом левой руки на пол. Слеткин так и сиял я даже прослезился; Житков благородно, по-военному, чуть-чуть помахивал пальцами между третьей и четвертой пуговицей мундира; Квицинокий, как католик, остался в соседней комнате; зато стряпчий так усердно молился, так сочувственно вздыхал вслед за Мартыном Петровичем и так истово шептал и жевал губами, возводя взоры горе, что, глядя на него, я ощутил умиление и начал тоже горячо молиться. По окончании молебна и водосвятия, причем все присутствующие, даже слепой потемкинский "валторщик", даже Квицинекий, помочили себе глаза святой водой, Анна и Евлампия еще раз, по приказанию Мартына Петровича, благодарили его земно; и тут, наконец, наступил момент завтрака! Кушаний было много, и все превкусные; мы все наелись страшно. Появилась неизбежная бутылка донского. Исправник, как человек, больше всех нас знакомый со светскими обычаями, ну, да и как представитель власти, первый провозгласил тост за здоровье "прекрасных владелиц!". Потом он же предложил нам выпить за здравие наипочтеннейшего и наивеликодушнейшего Мартына Петровича! При слове: "великодушнейший", Слеткин взвизгнул и бросился целовать своего благодетеля... "Ну, хорошо, хорошо, не надо", - бормотал Харлов как бы с досадой, отстраняя его локтем... Но тут произошел не совсем приятный, как говорится, пассаж.

150

XIV

А именно: Сувенир, который с самого начала завтрака пил безостановочно, внезапно поднялся, весь красный, как бурак, со стула и, указывая пальцем на Мартына Петровича, залился своим дряблым, дрянным смехом.

- Великодушный! Великодушный! - затрещал он, - а вот мы посмотрим, по вкусу ли ему самому придется это великодушие, когда его, раба божия, голой спиной... да на снег!

- Что ты врешь? Дурак! - презрительно промолвил Харлов.

- Дурак, дурак! - повторил Сувенир. - Единому всевышнему богу известно, кто из нас обоих заправский-то дурак. А вот вы, братец, сестрицу мою, супругу вашу, уморили - за то теперь и самих себя похерили... ха-ха-ха!

- Как вы смеете нашего почтенного благодетеля обижать? - запищал Слеткин и, оторвавшись от обхваченного им плеча Мартына Петровича, ринулся на Сувенира. - Да знаете ли, что если наш благодетель того пожелает, то мы и самый акт сию минуту уничтожить можем?..

- А вы все-таки его голой спиной - на снег... - ввернул Сувенир, стушевавшись за Квицинского.

- Молчать! - загремел Харлов. - Прихлопну тебя, так только мокро будет на том месте, где ты находился. Да и ты молчи, щенок! - обратился он к Слеткину, - не суйся, куда не велят! Коли я, Мартын Петров Харлов, порешил оный раздельный акт составить, то кто же может его уничтожить? Против моей воли пойти? Да в свете власти такой нет...

- Мартын Петрович! - заговорил вдруг сочным басом стряпчий; он тоже выпил много, но от этого в нем только важности прибавилось. - Ну, а как господин помещик правду сказать изволил! Дело вы совершили великое, ну, а как, сохрани бог, действительно... вместо должной благодарности, да выйдет какой афронт?

Я глянул украдкой на обеих дочерей Мартына Петровича. Анна так и впилась глазами в говорившего, и уж, конечно, более злого, змеиного и в самой злобе более красивого лица я не видывал! Евлампия отворотилась и руки скрестила; презрительная усмешка более чем когда-нибудь скрутила ее полные розовые губы.

Харлов поднялся со стула, разинул рот, но, видно, язык изменил ему... Он вдруг ударил кулаком по столу, так что все в комнате подпрыгнуло и задребезжало.

- Батюшка, - поспешно промолвила Анна, - они нас не знают и потому так о нас понимают; а вы себе не извольте повредить. Напрасно вы гневаться изволите; вот у вас личико словно перекосилось.

Харлов поглядел на Евлампию; она не шевелилась, хотя сидевший подле нее Житков и толкал ее под бок.

- Спасибо тебе, дочь моя Анна, - глухо заговорил Харлов, - ты у меня разумница; я на тебя надеюсь и на мужа твоего тоже. - Слеткин опять взвизгнул; Житков выставил было грудь и ногой слегка топнул; но Харлов не заметил его старания. - Этот шалопай, - продолжал он, указав подбородком на Сувенира, - рад дразнить меня; но вам, милостивый государь мой, - обратился он к стряпчему, - вам о Мартыне Харлове судить не приходится, понятием еще не вышли. И чиновный вы человек, а слова ваши самые вздорные. А впрочем, дело сделано, решению моему отмены не будет... Ну, и счастливо оставаться! Я уйду. Я здесь больше не хозяин, я гость. Анна, хлопочи ты, как знаешь; а я к себе в кабинет уйду. Довольно!

Мартын Петрович повернулся к нам спиною, и не прибавив больше ни слова, медленно вышел из комнаты.

Внезапное удаление хозяина не могло не расстроить нашей компании, тем более, что и обе хозяйки тоже вскорости исчезли. Слеткин напрасно старался удержать нас. Исправник не преминул упрекнуть стряпчего в неуместной его откровенности.

- Нельзя! - отвечал тот. - Совесть заговорила!

- Вот и видно, что масон, - шепнул мне Сувенир.

- Совесть! - возразил исправник. - Знаем мы вашу совесть! Так же небось и у вас в кармане сидит, как и у нас грешных!

Священник между тем, уже стоя на ногах, но предчувствуя скорый конец трапезы, беспрестанно посылал в рот кусок за куском.

- А у вас, я вижу, аппетит сильный, - резко заметил ему Слеткин.

- Про запас, - отвечал священник со смиренной ужимкой; застарелый голод слышался в этом ответе. Застучали экипажи... и мы разъехались. На возвратом пути никто не мешал Сувениру кривляться и болтать, так как Квицинский объявил, что ему надоели все эти "никому не нужные" безобразия, и прежде нас отправился домой пешком. На его место к нам в карету сел Житков; отставной майор имел весьма недовольный вид и то и дело, как таракан, поводил усами

- Что, ваше высокоблагородие, - лепетал Сувенир, - субординация, знать, подорвана? Погодите, то ли будет! Зададут феферу и вам! Ах вы, женишок, женишок, горе-женишок!

Сувенира так и разбирало; а бедный Житков только шевелил усами.

Вернувшись домой, я рассказал все виденное мною матушке. Она выслушала меня до конца и несколько раз покачала головою.

- Не к добру, - промолвила она, - не нравятся мне все эти новизны!

152

XV

На следующий день Мартын Петрович приехал к обеду. Матушка поздравила его с благополучным окончанием затеянного им дела.

- Ты теперь свободный человек, - сказала она, - и должен себя легче чувствовать.

- Легче-то легче, сударыня, - отвечал Мартын Петрович, нисколько, однако, не показывая выраженьем своего лица, что ему действительно легче стало. - Можно теперь и о душе помыслить и к смертному часу как следует приготовиться.

- А что, - спросила матушка, - мурашки у тебя по руке все бегают? Харлов раза два сжал и разжал ладонь левой руки.

- Бегают, сударыня; и что я вам еще доложу: как начну я засыпать, кричит кто-то у меня в голове: "Берегись! берегись!"

- Это... нервы, - заметила матушка и заговорила о вчерашнем дне, намекнула на некоторые обстоятельства, сопровождавшие совершение раздельного акта...

- Ну да, да, - перебил ее Харлов, - было там кое-что... неважное. Только вот что доложу вам, - прибавил он с расстановкой. - Не смутили меня вчерась пустые Сувенировы слова; даже сам господин стряпчий, хоть и обстоятельный он человек, - и тот не смутил меня; а смутила меня... - Тут Харлов запнулся.

- Кто? - опросила матушка. Харлов вскинул на нее глазами.

- Евлампия!

- Евлампия? Дочь твоя? Это каким образом?

- Помилуйте, сударыня, - точно каменная! истукан истуканом! Неужто же она не чувствует? Сестра ее, Анна, - ну, та все как следует. Та - тонкая! А Евлампия, - ведь я ей - что греха таить! - много предпочтения оказывал! Неужто же ей не жаль меня? Стало быть, мне плохо приходится, стало быть, чую я, что не жилец я на сей земле, коли все им отказываю; и точно каменная! хоть бы гукнула! Кланяться - кланяется, а благодарности не видать.

- Вот постой, - заметила матушка, - выдадим мы ее за Гаврилу Федулыча... у него она помягчеет.

Мартын Петрович опять исподлобья глянул на матушку.

- Ну разве вот Гаврила Федулыч! Вы, знать, сударыня, на него надеетесь.

- Надеюсь.

- Так-с; ну, вам лучше знать. А у Евлампии, доложу вам, - что у меня, что у ней: драв все едино. Казацкая кровь - а сердце, как уголь горячий!

- Да разве у тебя такое сердце, отец мой? Харлов не отвечал. Наступило небольшое молчание.

- Что же ты, Мартын Петрович, - начала матушка, - каким образом намерен теперь душу свою спасать? К Митрофанию съездишь или в Киев? Или, может быть, в Оптину пустынь отправишься, так как она по соседству? Там, говорят, такой святой проявился инок... отцом Макарием его зовут, никто такого и не запомнит! Все грехи насквозь видит.

- Если она точно неблагодарной дочерью окажется, - промолвил хриплым голосом Харлов, - так мне, кажется, легче будет ее из собственных рук убить!

- Что ты! Что ты! Господь с тобою! Опомнись! - воскликнула матушка. - Какие ты это речи говоришь? Вот то-то вот и есть! Послушался бы меня намедни, как советоваться приезжал! А теперь вот ты себя мучить будешь - вместо того, чтобы о душе помышлять! Мучить ты себя будешь - а локтя все-таки не укусишь! Да! Теперь вот ты жалуешься, трусишь...

Этот упрек, казалось, в самое сердце кольнул Харлова. Вся прежняя его гордыня так волной и прилила к нему. Он встряхнулся и подбородком двинул вперед.

- Не таковский я человек, сударыня Наталья Николаевна, чтобы жаловаться или трусить, - угрюмо заговорил он. - Я вам только как благодетельнице моей и уважаемой особе чувства мои изложить пожелал. Но господь бог ведает (тут он поднял руку над головою), что скорее шар земной в раздробление придет, чем мне от своего слова отступиться, или... (тут он даже фыркнул) или трусить, или раскаиваться в том, что я сделал! Значит, были причины! А дочери май из повиновения не выдут, во веки веков, аминь!

Матушка зажала уши.

- Что это, отец, как труба трубишь! Коли ты в самом деле в домочадцах своих так уверен, ну и слава тебе, господи! Голову ты мне совсем размозжил!

Мартын Петрович извинился, вздохнул раза два и умолк. Матушка опять упомянула о Киеве, об Оптиной пустыни, об отце Макарии... Харлов поддакивал, говорил, что "нужно, нужно... надо будет... о душе..." и только. До самого отъезда он не развеселился; от времени до времени сжимал и разжимал руку, глядел себе на ладонь, говорил, что ему страшнее всего умереть без покаяния, от удара, и что он зарок себе дал: не сердиться, так как от сердца кровь портится и к голове приливает... Притом же он теперь от всего отстранился; с какой стати он сердиться будет? Пусть другие теперь трудятся и кровь себе портят!

Прощаясь с матушкой, он страстным образом поглядывал на нее: задумчиво и вопросительно... и вдруг, быстрым движением выхватив из кармана том "Покоящегося трудолюбца", сунул его матушке в руки.

154

- Что такое? - спросила она.

- Прочтите... вот тут, - торопливо промолвил он, - где уголок загнут, о смерти. Сдается мне, что больно хорошо сказано, а понять никак не могу. Не растолкуете ли вы мне, благодетельница? Я вот вернусь, а вы мне растолкуете.

С этими словами Мартын Петрович вышел.

- Неладно! эх, неладно! - заметила матушка, как только он скрылся за дверью, и принялась за "Трудолюбца".

На странице, отмеченной Харловым, стояли следующие слова:

"Смерть есть важная и великая работа натуры. Она не что иное, как то, что дух, понеже есть легче, тоньше и гораздо проницательнее тех стихий, коим отдан был под власть, но и самой электрической силы, то он химическим образом чистится и стремится до тех пор, пока не ощутит равно духовного себе места..."[71] и т. д.

Матушка прочла этот пассажик раза два, воскликнула: "Тьфу" - и бросила книгу в сторону.

Дня три спустя она получила известие, что муж ее сестры скончался, и, взяв меня с собою, отправилась к ней в деревню. Матушка располагала провесть у ней месяц, но осталась до поздней осени - и мы только в конце сентября вернулись в нашу деревню.

XVI

Первое известие, которым встретил меня мой камердинер Прокофий (он же считался господским егерем), было то, что вальдшнепов налетело видимо-невидимо и что особенно в березовой роще возле Еськова (харловского имения) они так и кишат. До обеда оставалось еще часа три; я тотчас схватил ружье, ягдташ и вместе с Прокофием и легавой собакой побежал в Еськовскую рощу. Вальдшнепов в ней мы нашли действительно много - и, выпустивши около тридцати зарядов, убили штук пять. Спеша с добычей домой, я увидел возле дороги пахавшего мужика. Лошадь его остановилась, и он, слезливо и злобно ругаясь, нещадно дергал веревочной вожжою ее набок загнутую голову. Я вгляделся в несчастную клячу, у которой ребра чуть не прорывались наружу и облитые потом бока судорожно и неровно вздымались, как худые кузнечные меха, - и тотчас признал в ней старую чахлую кобылу со шрамом на плече, столько лет служившую Мартыну Петровичу.

---

[71]{См. "Покоящийся трудолюбец", 1785, III ч. Москва.}

- Господин Харлов жив? - спросил я Прокофия. Охота нас обоих так "всецело" поглотила, что мы до того мгновенья ни о чем другом не разговаривали.

- Жив-с. А что-с?

- Да ведь это его лошадь? Разве он продал ее?

- Лошадь точно ихняя-с; только продавать они ее не продавали; а взяли ее у них - да тому мужичку и отдали.

- Как так взяли? И он согласился?

- Согласия ихнего не спрашивали-с. Тут без вас порядки пошли, - промолвил с легкой усмешкой Прокофий в ответ на мой удивленный взгляд, - беда! Боже ты мой! Теперь у них Слеткин господин всем орудует.

- А Мартын Петрович?

- А Мартын Петрович самым, как есть последним человеком стал. На сухояденье сидит - чего больше? Порешили его совсем. Того и смотри, со двора сгонят.

Мысль, что можно такого великана согнать, никак не укладывалась мне в голову.

- А Житков-то чего смотрит? - спросил я наконец. - Ведь он женился на второй дочери?

- Женился? - повторил Прокофий и на этот раз усмехнулся во весь рот. - Его и в дом-то не пускают. Не надо, мол; поверни, мол, оглобли назад. Сказанное дело: Слеткин всем заправляет.

- А невеста-то что?

- Евлампия-то Мартыновна? Эх, барин, сказал бы я вам... да млады вы суть - вот что. Дела тут подошли такие, что и... и... и! Э! да Дианка-то, кажись, стоят! Действительно, собака моя остановилась как вкопанная перед широким дубовым кустом, которым заканчивался узкий овраг, выползавший на дорогу. Мы с Прокофием подбежали к собаке: из куста поднялся вальдшнеп. Мы оба выстрелили по нем и промахнулись; вальдшнеп переместился; мы отправились за ним.

Суп уже был на столе, когда я вернулся. Матушка побранила меня. "Что это? - сказала она с неудовольствием, - в первый же день - да к обеду ждать себя заставил". Я поднес ей убитых вальдшнепов: она и не посмотрела на них. Кроме ее, в комнате находились Сувенир, Квицинский и Житков. Отставной майор забился в угол, - ни дать ни взять провинившийся школьник; выражение его лица являло смесь смущения и досады; глаза его покраснели... Можно было даже подумать, что он незадолго перед тем всплакнул. Матушка продолжала быть не в духе; мне не стоило большого труда догадаться, что поздний мой приход был тут ни при чем. Во время обеда она почти не разговаривала; майор изредка возводил на нее жалостные взгляды, кушал, однако, исправно; Сувенир трепетал;

Квицинский сохранял обычную уверенность осанки.

- Викентий Осипыч, - обратилась к нему матушка, - прошу вас послать завтра за Мартыном Петровичем экипаж, так как я известилась, что у него своего не стало; и велите ему сказать, чтобы он непременно приехал, что я желаю его видеть.

Квицинский хотел было что-то возразить, но удержался.

- И Слеткину дайте знать, - продолжала матушка, - что я ему приказываю ко мне явиться... Слышите? При...ка...зываю!

- Вот уже именно... этого негодяя следует... - начал вполголоса Житков; но матушка так презрительно на него посмотрела, что он тотчас отворотился и умолк.

- Слышите? Я приказываю! - повторила матушка.

- Слушаю-с, - покорно, но с достоинством промолвил Квицинский.

- Не приедет Мартын Петрович! - шепнул мне Сувенир, выходя вместе со мною после обеда из столовой. - Вы посмотрите, что с ним сталось! Уму непостижимо! Я полагаю, он, что и говорят-то ему - ничего не понимает. Да! Прижали ужа вилами!

И Сувенир залился своим дряблым смехом.

XVII

Предсказание Сувенира оказалось справедливым. Мартын Петрович не захотел поехать к матушке. Она этим не удовольствовалась и отправила к нему письмо; он прислал ей четвертушку бумаги, на которой крупными буквами были написаны следующие слова: "Ейже-ей, не могу. Стыд убьет. Пущай так пропадаю. Спасибо. Не мучьте. Харлов Мартынко". Слеткин приехал, но не в тот день, когда матушка "приказывала" ему явиться, а целыми сутками позже. Матушка велела провести его к себе в кабинет... Бог ведает, о чем у них велась беседа, но продолжалась она недолго: с четверть часа, не более. Слеткин вышел от матушки весь красный и с таким ядовито-злым и дерзостным выражением лица, что, встретившись с ним в гостиной, я просто остолбенел, а тут же вертевшийся Сувенир не окончил начатого смеха. Матушка вышла из кабинета тоже вся красная в лице и объявила во всеуслышание, чтоб господина Слеткина ни под каким видом к ней вперед не допускать; а коли Мартына Петровича дочери вздумают явиться - наглости, дескать, на это у них станет, - им также отказывать. За обедом она вдруг воскликнула: "Каков дрянной жиденок! Я ж его за уши из грязи вытащила, я ж его в люди вывела, он всем, всем мне обязан - и он смеет мне говорить, что я напрасно в их дела вмешиваюсь! Что Мартын Петрович блажит - и что ему потакать невозможно. Потакать! каково? Ах, он неблагодарный пащенок! Жиденок мерзкий!" Майор Житков, который также находился в числе обедавших, вообразил, что теперь-то уж сам бог ему велел воспользоваться случаем и ввернуть свое слово... но матушка тотчас его осадила. "Ну уж и ты хорош, мой отец! - промолвила она. - С девкой не умел сладить, а еще офицер! Ротой командовал! Воображаю, как она тебя слушалась! В управляющие метил! Хорош бы вышел управляющий!"

Квицинский, сидевший на конце стола, улыбнулся про себя не без злорадства, а бедный Житков только усами повел да брови поднял и всем своим волосатым лицом уткнулся в салфетку.

После обеда он вышел на крыльцо покурить, по обыкновению, трубочку - и таким он мне показался жалким и сиротливым, что я, хотя его и недолюбливал, однако тут присоседился к нему.

- Как это у вас, Гаврила Федулыч, - начал я без дальних околичностей, - с Евлампиеи Мартыновной дело расстроилось? Я полагал - вы давно женились.

Отставной майор уныло взглянул на меня. - Змей подколодный, - начал он, с горестной старательностью выговаривая каждую букву каждого слога, - жалом своим меня уязвил и все мои надежды в жизни в прах обратил! И рассказал бы я вам, Дмитрий Семенович, все его ехидные поступки, но матушку вашу боюсь прогневить! ("Млады вы еще суть", - мелькнуло у меня в голове выражение Прокофия.) Уж и так...

Житков крякнул.

- Терпеть... терпеть... больше ничего не остается! (Он ударил себя кулаком в грудь.) Терпи, старый служака, терпи! Царю служил верой-правдой... беспорочно... да! Не щадил пота-крови, а теперь вот до чего довертелся! Будь то в полку и дело от меня зависящее, - продолжал он после короткого молчания, судорожно насасывая свой черешневый чубук, - я б его... я б его фухтелями в три перемены... то есть до отвалу...

Житков вынул трубку изо рта и устремил взор в пространство, как бы внутренне любуясь вызванной им картиной.

Сувенир подбежал и начал шпынять майора. Я отошел от них в сторону - и решился во что бы то ни стало собственными глазами увидать Мартына Петровича... Детское мое любопытство было сильно задето.

XVIII

На другой день я опять с ружьем и с собакой, но без Прокофия, отправился в Еськовскую рощу. День выдался чудесный: я думаю, кроме России, в сентябре месяце нигде подобных дней и не бывает. Тишь стояла такая, что можно было за сто шагов слышать, как белка перепрыгивала по сухой листве, как оторвавшийся сучок сперва слабо цеплялся за другие ветки и падал, наконец, в мягкую траву - падал навсегда: он уж не шелохнется, пока не истлеет. Воздух ни теплый, ни свежий, а только пахучий и словно кисленький, чуть-чуть, приятно щипал глаза и щеки; тонкая, как шелковинка, с белым клубочком посередине, длинная паутина плавно налетала и, прильнув к стволу ружья, прямо вытягивалась по воздуху - знак постоянной, теплой погоды! Солнце светило, но так кротко, хоть бы луне. Вальдшнепы попадались довольно часто; но я не обращал на них особенного внимания; я знал, что роща доходила почти до самой усадьбы Харлова, до самого плетня его сада, и пробирался в ту сторону, хоть и не мог себе представить, как я в самую усадьбу проникну, и даже сомневался в том, следовало ли мне стараться проникнуть туда, так как матушка моя гневалась на новых владельцев.

Живые человеческие звуки почудились мне в недальнем расстоянии. Я стал прислушиваться... Кто-то шел по лесу... прямо на меня.

- Так бы ты и сказал, - послышался женский голос.

- Толкуй! - перебил другой голос, голос мужчины. - Нешто можно все разом?

Голоса были мне знакомы. Женское голубое платье мелькнуло сквозь поредевшие ореховые кусты; рядом с ним показался темный кафтан. Еще мгновенье - и на поляну, в пяти шагах от меня, вышли Слеткин и Евлампия.

Они внезапно смутились. Евлампия тотчас отступила назад в кусты. Слеткин подумал - и приблизился ко мне. На лице его уже не замечалось и следа того подобострастного смирения, с которым он, месяца четыре тому назад, расхаживая по двору харловского дома, перетирал трензель моей лошади; но и того дерзкого вызова я на нем прочесть не мог, того вызова, которым это лицо так поразило меня накануне, на пороге матушкина кабинета. Оно осталось по-прежнему белым и пригожим, но казалось солидней и шире.

- Что, много вальдшнепов заполевали? - спросил он меня, приподняв шапку, ухмыляясь и проводя рукою по своим черным кудрям. - Вы в нашей роще охотитесь... Милости просим! Мы не препятствуем... Напротив!

- Сегодня я ничего не убил, - промолвил я, отвечая на первый его вопрос, - а из рощи вашей я сейчас выйду.

Слеткин торопливо надел шапку.

- Помилуйте, зачем же? Мы вас не гоним - и даже очень рады... Вот и

Евлампия Мартыновна то же скажет. Евлампия Мартыновна, пожалуйте сюда! Куда вы забились?

Голова Евлампии показалась из-за кустов; но она не подошла к нам. Она еще похорошела за последнее время - и словно еще выросла и раздобрела.

- Мне, признаться сказать, - продолжал Слеткин, - даже очень приятно, что "встрелся" с вами. Вы хоть еще молоды, но разум уже имеете настоящий. Матушка ваша вчерась на меня прогневаться изволила - никаких от меня резонов принять не хотела, а я как перед богом, так и перед вами доложу: ни в чем я не повинен. С Мартыном Петровичем иначе поступать невозможно: совсем он в младенчество впал. Нельзя же нам исполнять все его капризы, помилуйте. А уважение мы ему оказываем как следует! Спросите хоть Евлампию Мартыновну.

Евлампия не шевелилась; обычная презрительная улыбка бродила по ее губам - и неласково глядели

красивые глаза.

- Но зачем же вы, Владимир Васильевич, Мартын Петровичеву лошадь-то продали? (Меня особенно смущала эта лошадь, находящаяся во владении мужика.)

- Лошадь-то ихнюю зачем продали-с? Да помилосердуйте - куда же она годилась? Только сено даром ела. А у мужика она все-таки пахать может. А Мартыну Петровичу - коли вздумается куда выехать - стоит только у нас попросить. Мы в экипаже ему не отказываем. В нерабочие дни с нашим удовольствием!

- Владимир Васильевич! - глухо проговорила Евлампия, как бы отзывая его и все не сходя с своего места. Она вертела около пальцев несколько стеблей подорожника и отсекала им головки, ударяя их друг о дружку.

- Вот еще насчет казачка Максимки, - продолжал Слеткин, - Мартын Петрович жалуется, зачем, мол, мы его у него отняли да в ученье отдали. Но извольте сами рассудить: ну, что бы он стал у Мартына Петровича делать? Баклуши бить; больше ничего. И служить-то как следует он не может - по причине своей глупости и младых лет. А теперь мы его к шорнику в ученье отдали. Выйдет из него мастер хороший - и себе пользу принесет, и нам будет оброк платить. А в нашем маленьком хозяйстве это вещь важная-с! В нашем маленьком хозяйстве ничего упускать не следует!

"И этого-то человека Мартын Петрович называл тряпкой!" - подумал я. - Но кто же теперь Мартыну Петровичу читает? - спросил я.

- Да что читать-то? Была одна книга - да, благо, запропастилась куда-то... И что за чтение в его лета!

- А бреет его кто? - опять спросил я. Слеткин засмеялся одобрительно, как бы в ответ на забавную шутку.

160

- Да никто. Сперва он себе бороду свечой подпаливал, - а теперь и вовсе запустил ее. И чудесно!

- Владимир Васильевич! - с настойчивостью повторила Евлампия, - а Владимир Васильевич! Слеткин сделал ей знак рукою.

- Обут, одет Мартын Петрович, кушает то же, что и мы; чего ж ему еще? Сам же он уверял, что больше ничего в сем мире не желает, как только о душе своей заботиться. Хоть бы он то сообразил, что теперь все как-никак - а наше. Говорит тоже, что жалованье мы ему не выдаем; да у нас самих деньги не всегда бывают; и на что они ему, когда на всем готовом живет? А мы с ним по-родственному обращаемся; истинно вам говорю. Комнаты, например, в которых он жительство имеет, уж как нам нужны! без них просто повернуться негде; а мы - ничего! - терпим. Даже о том помышляем, как бы ему развлечение доставить. Вот я к Петрову дню а-атличные крючки в городе ему купил - настоящие английские: дорогие крючки! чтобы рыбу удить. У нас в пруду караси водятся. Сидел бы да удил! Часик, другой посидел - ан ушица и готова. Самое для старичков степенное занятие!

- Владимир Васильевич! - в третий раз решительным тоном проговорила Евлампия и отбросила далеко от себя прочь травяные стебли, которые вертела в пальцах. - Я уйду! - Ее глаза встретились с моими. - Я уйду, Владимир Васильевич! - повторила она и скрылась за куст.

- Я сейчас, Евлампия Мартыновна, сейчас! - крикнул Слеткин. - Сам Мартын Петрович теперь нас одобряет, - продолжал он, снова обращаясь ко мне. - Сперва он обижался, точно, и даже роптал, пока, знаете, не вник: человек он был, вы изволите помнить, горячий, крутой - беда! Ну, а ныне совсем тих стал. Потому - пользу свою увидел. Маменька ваша - и боже ты мой! - как опрокинулась на меня... Известно:

барыня властью своею дорожит тоже, не хуже, как, бывало, Мартын Петрович; ну, а вы зайдите сами, посмотрите - да при случае и замолвите словечко. Я Натальи Николаевны благодеянья очень чувствую; однако надо же жить и нам.

- А Житкову как же отказано было? - опросил я.

- Федулычу-то? Талагаю-то этому? - Слеткин плечами пожал. - Да помилуйте, на что же он мог быть нужен? Век свой в солдатах числился - а тут хозяйством заняться вздумал. Я, говорит, могу с крестьянином расправу чинить. Потому - я привык по роже бить. Ничего-с он не может. И по роже бить нужно умеючи. А Евлампия Мартыновна сама ему отказала. Совсем неподходящий человек. Все наше хозяйство с ним бы пропало!

- Ау! - раздался звучный голос Евлампии.

- Сейчас! сейчас! - отозвался Слеткин. Он протянул мне руку; я хоть и неохотно, а пожал ее.

- Прощения просим, Дмитрий Семенович, - проговорил Слеткин, выказывая все свои белые зубы. - Стреляйте себе вальдшнепов на здоровье; птица прилетная, никому не принадлежащая; ну, а коли зайчик вам попадется - вы уж его пощадите: это добыча - наша. Да вот еще! Не будет ли у вас щеночка от вашей сучки? Очень бы одолжили!

- Ау! - раздался снова голос Евлампии.

- Ау! ау! - отозвался Слеткин и бросился в кусты.

XIX

Помнится, когда я остался один, меня занимала мысль: как это Харлов не прихлопнул Слеткина так, "чтобы только мокро было на том месте, где он находился"), и как это Слеткин не страшился подобной участи? Видно, Мартын Петрович точно "тих" стал, подумалось мне - и еще сильнее захотелось пробраться в Еськово и хоть одним глазком посмотреть на того колосса, которого я никак не мог вообразить себе загнанным и смирным. Я достигнул уже опушки, как вдруг из-под самых ног моих, с сильным треском крыл, выскочил крупный вальдшнеп и помчался в глубь рощи. Я прицелился; ружье мое осеклось. Очень мне стало досадно: птица уж больно была хороша, и я решился попытаться, не подниму ли я ее снова? Я пошел в направлении ее полета и, отойдя шагов двести, Увидел на небольшой лужайке, под развесистой березой, не вальдшнепа - а того же господина Слеткина. Он лежал на спине, заложив обе руки под голову, и с довольной улыбкой поглядывал вверх, на небо, слегка покачивая левой ногой, закинутой на правое колено. Он не заметил моего приближения. По лужайке, в нескольких шагах от него, медленно, с опущенными глазами, похаживала Евлампия; казалось, она искала чего-то в траве - грибов, что ли, изредка наклонялась, протягивала руку и напевала вполголоса. Я остановился тотчас и стал прислушиваться. Сперва я не мог понять, что это она такое поет, но потом я хорошо признал следующие известные стихи старинной песни:

> Ты найди-ка, ты найди, туча грозная,
> Ты убей-ка, ты убей тестя-батюшку.
> Ты громи-ка, громи ты тещу-матушку,
> А молодую-то жену я и сам убью!

Евлампия пела все громче и громче; особенно сильно протянула она последние слова. Слеткин все лежал на спиле да посмеивался, а она все как будто кружила около него.

- Вишь ты! - промолвил он наконец. - И чего им только в голову не взбредет!

- А что? - спросила Евлампия. Слеткин слегка приподнял голову.

- Что? Какие ты это речи произносишь?

- Из песни, Володя, ты сам знаешь, слова не выкинешь, - отвечала Евлампия, обернулась и увидела меня. Мы оба разом вскрикнули, и оба бросились в разные стороны.

Я поспешно выбрался из рощи - и, перейдя узенькую полянку, очутился перед харловским садом.

XX

Мне некогда да и не к чему было размышлять о том, что я увидел. Только вспомнилось мне слово "присуха", которое я недавно пред тем узнал и значению которого я много давился. Я пошел вдоль садового плетня и чрез несколько мгновений из-за серебристых тополей (они еще не потеряли ни одного листа и пышно ширились и блестели) увидал двор и флигели Мартына Петровича. Вся усадьба показалась мне подчищенной и подтянутой; всюду замечались следы постоянного и строгого надзора. Анна Мартыновна появилась на крыльце и, прищурив свои бледно-голубые глаза, долго глядела в направлении рощи.

- Барина видел? - спросила она проходившего по двору мужика.

- Владимир Васильича? - отвечал тот, схватив с головы шапку. - Он никак в рощу пошел.

- Знаю, что в рощу. Не вернулся он? Не видал его?

- Не видал... нетути.

Мужик продолжал стоять без шапки перед Анной Мартыновной.

- Ну, ступай, - проговорила она. - Или нет... постой... Мартын Петрович где? Знаешь?

- А Мартын авто Петрович, - отвечал мужик певучим голосом, попеременно приподнимая то правую, то левую руку, словно показывая куда-то, - сидит тамотка у пруда, с удою. В камыше сидит и с удою. Рыбу, что ль, ловит, бог его знает.

- Хорошо... Ступай, - повторила Анна Мартыновна, - да подбери колесо, вишь, валяется.

Мужик побежал исполнять ее приказание, а она достояла еще

163

несколько минут на крыльце и все смотрела в направлении рощи. Потом она тихонько погрозилась одной рукой и медленно вернулась в дом.

- Аксютка! - раздался ее повелительный голос за дверью.

Анна Мартыновна имела вид раздраженный и как-то особенно крепко сжимала свои и без того тонкие губы. Одета она была небрежно, и прядь развитой косы падала ей на плечо. Но, несмотря ни на небрежность ее одежды, ни на ее раздражение, она по-прежнему казалась мне привлекательной, и я с великой охотой поцеловал бы ее узкую, тоже как будто злую руку, которою она раза два с досадой откинула ту развитую прядь.

XXI

"Неужели же Мартын Петрович и впрямь стал рыболовом?" - спрашивал я самого себя, направляясь к пруду, находившемуся по ту сторону сада. Я взошел на плотину, глянул туда, сюда... Нигде Мартына Петровича не было видно. Я отправился вдоль одного из берегов пруда - и, наконец, в самой почти его голове, у небольшого залива, посреди плоских и поломанных стеблей порыжелого камыша, увидел громадную, сероватую глыбу... Я присмотрелся: это был Харлов. Без шапки, взъерошенный, в прорванном по швам холстинном кафтане, поджав под себя ноги, он сидел неподвижно на голой земле; так неподвижно сидел он, что куличок-песочник при моем приближении сорвался с высохшей тины в двух шагах от него и полетел, дрыгая крылышками и посвистывая, над водной гладью. Стало быть, уже давно никто в его близости не шевелился и не пугал его. Вся фигура Харлова до того была необычайна, что собака моя, как только увидала его, круто уперлась, поджала хвост и зарычала. Он чуть-чуть повернул голову и уставил на меня и на мою собаку свои одичалые глаза. Много его меняла борода, хотя короткая, но густая, курчавая, в белых вихрах, наподобие смушек. В правой его руке лежал конец удилища, другой конец слабо колыхался на воде. Сердце у меня невольно иокнуло; однако я собрался с духом, подошел к нему и поздоровался с ним. Он медленно заморгал, словно спросонья.

- Что это вы, Мартын Петрович, - начал я, - рыбу здесь ловите?

- Да... рыбу, - отвечал он сиплым голосом и дернул кверху удилище, на конце которого болтался обрывок нитки в аршин и без крючка.

- У вас леса порвана, - заметил я и тут же увидал, что возле Мартына Петровича ни лейки не оказывалось, ни червей... И какая могла быть ловля в сентябре?!

164

- Порвана? - промолвил он и провел рукой по лицу. - Но это все едино!

Он снова закинул свою удочку.

- Натальи Николаевны сынок? - спросил он меня спустя минуты две, в течение которых я не без тайного изумления его рассматривал. Он, хотя и похудел сильно, однако все-таки казался исполином; но в какое он был одет рубище и как опустился весь!

- Точно так, - отвечал я, - я сын Натальи Николаевны Б.

- Здравствует?

- Матушка моя здорова. Она очень огорчилась м вашим отказом, - прибавил я, - она никак не ожидала, что вы не захотите к ней приехать.

Мартын Петрович понурился.

- А был ты... там? - спросил он, качнув в сторону головою.

- Где?

- Там... на усадьбе. Не был? Сходи. Что тебе здесь делать? Сходи. Разговаривать со мной нечего. Не люблю.

Он помолчал.

- Тебе бы все с ружьем баловаться! В младых летах будучи, и я по этой дорожке бегал. Только отец у меня... а я его уважал; во как! не то, что нынешние. Отхлестал отец меня арапником - и шабаш! Полно баловаться! Потому я его уважал... У!.. Да...

Харлов опять помолчал.

- А ты здесь не оставайся, - начал он снова. - Ты на усадьбу сходи. Там теперь хозяйство идет на славу. Володька... - Тут он на миг запнулся. - Володька у меня на все руки. Молодец! Ну да и бестия же!

Я не знал, что сказать; Мартын Петрович говорил очень спокойно.

- И дочерей посмотри. Ты, чай, помнишь, у меня были дочери. Они тоже хозяйки... ловкие. А я стар становлюсь, брат; отстранился. На покой, знаешь...

"Хорош покой!" - подумал я, взглянув кругом. - Мартын Петрович! - промолвил я вслух. - Вам непременно надо к нам приехать.

Харлов глянул на меня.

- Ступай, брат, прочь; вот что.

- Не огорчайте маменьку, приезжайте.

- Ступай, брат, ступай, - твердил Харлов. - Что тебе со мной разговаривать?

- Если у вас экипажа нет, маменька вам свой пришлет.

- Ступай!

- Да, право же, Мартын Петрович! Харлов опять понурился - и мне показалось, что его потемневшие, как бы землей перекрытые щеки слегка покраснели.

- Право, приезжайте, - продолжал я. - Что вам тут сидеть-то? Себя мучить?

- Как так мучить, - промолвил он с расстановкой.

- Да так же - мучить? - повторил я. Харлов замолчал и словно в думу погрузился. Ободренный этим молчаньем, я решился быть откровенным, действовать прямо, начистоту. (Не забудьте - мне было всего пятнадцать лет.)

- Мартын Петрович! - начал я, усаживаясь возле него. - Я ведь все знаю, решительно все! Я знаю, как ваш зять с вами поступает - конечно, с согласия ваших дочерей. И теперь вы в таком положении... Но зачем же унывать?

Харлов все молчал и только удочку уронил, а я-то - каким умницей, каким философом я себя чувствовал!

- Конечно, - заговорил я снова, - вы поступили неосторожно, что все отдали вашим дочерям. Это было очень великодушно с вашей стороны - и я вас упрекать не стану. В наше время это слишком редкая черта! Но если ваши дочери так неблагодарны, то вам следует оказать презрение... именно презрение... и не тосковать...

- Оставь! - прошептал вдруг Харлов со скрежетом зубов, и глаза его, уставленные на пруд, засверкали злобно... - Уйди!

- Но, Мартын Петрович...

- Уйди, говорят... а то убью!

Я было совсем пододвинулся к нему; но при этом последнем слове невольно вскочил на ноги.

- Что вы такое сказали, Мартын Петрович?

- Убью, говорят тебе: уйди! - Диким стоном, ревом вырвался голос из груди Харлова, но он не оборачивал головы и продолжал с яростью смотреть прямо перед собой. - Возьму да брошу тебя со всеми твоими дурацкими советами в воду, - вот ты будешь знать, как старых людей беспокоить, молокосос! - "Он с ума сошел!" - мелькнуло у меня в голове.

Я взглянул на него попристальнее и остолбенел окончательно: Мартын Петрович плакал!! Слезинка за слезинкой катилась с его ресниц по щекам... а лицо приняло выражение совсем свирепое...

- Уйди! - закричал он еще раз, - а то убью тебя, ей-богу, чтобы другим повадно не было!

Он дрыгнул всем телом как-то вбок и оскалился, точно кабан; я схватил ружье и бросился бежать. Собака с лаем пустилась вслед за мною! И она тоже испугалась.

Вернувшись домой, я, разумеется, матушке ни единым словом не намекнул на то, что видел, но, встретившись с Сувениром, я - черт знает почему - рассказал ему все. Этот противный человек до того обрадовался моему рассказу, так визгливо хохотал и даже дрыгал, что я чуть не побил его.

- Эх! посмотрел бы я, - твердил он, задыхаясь от смеха, - как этот идол, "вшед" Харлус, залез в тину да и сидит в ней...

- Сходите к нему на пруд, коли вам так любопытно.

- Да; а как убьет?

Очень мне надоел Сувенир, и раскаивался я в своей неуместной болтливости... Житков, которому он передал мой рассказ, взглянул на дело несколько иначе.

- Придется к полиции обратиться, - решил он, - а пожалуй, и за воинской командой нужно будет послать.

Предчувствие его насчет воинской команды не сбылось, - но произошло действительно нечто необыкновенное.

XXII

В половине октября, недели три спустя после моего свидания с Мартыном Петровичем, я стоял у окна моей комнаты, во втором этаже нашего дома - и, ни о чем не помышляя, уныло посматривал на двор и на пролегавшую за ним дорогу. Погода уже пятый день стояла отвратительная; об охоте невозможно было и помышлять. Все живое попряталось; даже воробьи притихли, а грачи давно пропали. Ветер то глухо завывал, то свистал порывисто; низкое, без всякого просвету небо из неприятно белого цвета переходило в свинцовый, еще более зловещий цвет - и дождь, который лил, лил неумолчно и беспрестанно, внезапно становился еще крупнее, еще косее и с визгом расплывался по стеклам. Деревья совсем истрепались и какие-то серые стали: уж, кажется, что было с них взять, а ветер нет-нет - да опять примется тормошить их. Везде стояли засоренные мертвыми листьями лужи; крупные волдыри, то и дело лопаясь и возрождаясь, вскакивали и скользили по ним. Грязь по дорогам стояла невылазная; холод проникал в комнаты, под платье, в самые кости; невольная дрожь пробегала но телу - и уж как становилось дурно на душе! Именно дурно - не грустно. Казалось, уже никогда не будет на свете ни солнца, ни блеска, ни красок, а вечно будет стоять эта слякоть и слизь, и серая мокрота, и сырость кислая - и ветер будет вечно пищать и ныть! Вот стоял я так-то в раздумье у окна - и помню я: темнота набежала "внезапная, синяя темнота, хотя часы показывали всего двенадцать. Вдруг мне почудилось, что через наш двор - от ворот к крыльцу промчался медведь! Правда, не на четвереньках, а такой, каким его рисуют, когда он

167

поднимается на задние лапы. Я глазам не верил. Если и не медведя я увидал, то во всяком случае что-то громадное, черное, шершавое... Не успел я еще сообразить, что б это могло быть, как вдруг раздался внизу неистовый стук. Казалось, что-то совсем неожиданное, что-то страшное ввалилось в наш дом. Поднялась суета, беготня...

Я проворно опустился с лестницы, вскочил в столовую...

В дверях гостиной, лицом ко мне, стояла как вкопанная моя матушка; за ней виднелось несколько испуганных женских лиц; дворецкий, два лакея, казачок с раскрытыми от изумления ртами - тискались у двери в переднюю; а посреди столовой, покрытое грязью, растрепанное, растерзанное, мокрое - мокрое до того, что шар поднимался кругом и вода струйками бежала по полу, - стояло на коленях, грузно колыхаясь и как бы замирая, то самое чудовище, которое в моих глазах промчалось через двор! И кто же был это чудовище? Харлов! Я зашел сбоку и увидал - не лицо его, а голову, которую он обхватил ладонями по слепленным грязью волосам. Он дышал тяжело, судорожно; что-то даже клокотало в его груди - и на всей этой забрызганной темной массе только и можно было различить явственно, что крошечные, дико блуждавшие белки глаз. Он был ужасен! Вспомнился мне садовник, которого он некогда оборвал за сравнение с мастодонтом. Действительно: такой вид должно было иметь допотопное животное, только что спасшееся от другого, сильнейшего зверя, напавшего на него среди вековечного ила первобытных болот.

- Мартын Петрович! - воскликнула наконец матушка и руками всплеснула. - Ты ли это? Господи, боже милостивый!

- Я... я... - послышался прерывистый голос, как бы с усилием и болью выпирая каждый звук, - ох! Я!

- Но что это с тобою, господи?!

- Наталья Николав... на... я к вам... прямо из дому бе... жал пешком...

- По этакой грязи! Да ты на человека не похож. Встань, сядь по крайней мере... А вы, - обратилась она к горничным, - поскорей сбегайте за полотенцами. Да нет ли какого сухого платья? - спросила она дворецкого.

Дворецкий показал руками, что где же, мол, на такой рост?..

- А впрочем, одеяло можно принести, - доложил он, - не то попона есть новая.

- Да встань же, встань, Мартын Петрович, сядь, - повторяла матушка.

- Выгнали меня, сударыня, - простонал вдруг Харлов, - и голову назад закинул и руки протянул вперед. - Выгнали, Наталья Николаевна! Родные дочери из моего же родного пепелища... Матушка ахнула.

- Что ты говоришь! Выгнали! Экой грех! экой грех! (Она перекрестилась.) Только встань ты, Мартын Петрович, сделай милость!

168

Две горничные вошли с полотенцами и остановились перед Харловым. Видно было, что они и придумать не могли, как им приступиться к этакой уйме грязи.

- Выгнали, сударыня, выгнали, - твердил между тем Харлов. - Дворецкий вернулся с большим шерстяным одеялом и тоже остановился в недоумении. Головка Сувенира высунулась из-за двери и исчезла.

- Мартын Петрович, встань! Сядь! и расскажи мне все по порядку, - решительным тоном скомандовала матушка.

Харлов приподнялся.. Дворецкий хотел было ему помочь, но только руку замарал и, встряхивая пальцами, отступил к двери. Переваливаясь и шатаясь, Хардов добрался до стула и сел. Горничные опять приблизились к нему с полотенцами, но он отстранил их движением руки и от одеяла отказался. Впрочем, матушка сама не стала настаивать: обсушить Харлова, очевидно, не было возможности; только следы его на полу наскоро подтерли.

XXIII

- Как же это тебя выгнали? - спросила матушка Харлова, как только он немного "отдышался".

- Сударыня! Наталья Николаевна! - начал он напряженным голосом - и опять поразила меня беспокойная беготня его белков, - буду правду говорить:
больше всех виноват я сам.

- То-то вот; не хотел ты меня тогда послушаться, - промолвила матушка, опускаясь на кресло и слегка помахивая перед носом надушенным платком: очень уже разило от Харлова... в лесном болоте не так сильно пахнет.

- Ох, не тем я провинился, сударыня, а гордостью. Гордость погубила меня, не хуже царя Навуходоносора. Думал я: не обидел меня господь бог умом-разумом; коли я что решил - стало, так и следует... А тут страх смерти подошел... Вовсе я сбился! Покажу, мол, я напоследках силу да власть свою! Награжу - а они должны по гроб чувствовать... (Харлов вдруг весь всколыхался...) Как пса паршивого выгнали из дому вон! Вот их какова благодарность!

- Но каким же образом, - опять начала было матушка...

- Казачка Максимку от меня взяли, - перебил ее Харлов (глаза его продолжали бегать, обе руки он держал у подбородка - пальцы в пальцы), - экипаж отняли, месячину урезали, жалованья выговоренного не платили

169

- кругом, как есть, окорнали - я все молчал, все терпел! И терпел я по причине... ох! опять-таки гордости моей. Чтобы не говорили враги мои лютые: вот, мол, старый дурак, теперь кается; да и вы, сударыня, помните, меня предостерегали: локтя, мол, своего не укусишь! Вот я и терпел... Только сегодня прихожу я к себе в комнату, а уж она занята - и постельку мою в чулан выкинули! Можешь-де и там спать; тебя и так за милость терпят; нам-де твоя комната нужна для хозяйства. И это мне говорит - кто же? Володька Слеткин, смерд, паскуд... Голос Харлова оборвался.

- Но дочери-то твои? Они-то что же? - спросила матушка.

- А я все терпел, - продолжал Харлов свое повествование, - горько, горько мне было во как и стыдно... Но глядел бы на свет божий! Оттого я и к вам, матушка, поехать не захотел - от этого от самого от стыда, от страму! Ведь я, матушка моя, все перепробовал: и лаской, и угрозой, и усовещивал-то их, и что уж! кланялся... вот так-то (Харлов показал, как он кланялся). И все понапрасну! И все-то я терпел! Сначалу-то, на первых-то порах, не такие у меня мысли были: возьму, мол, перебью, перешвыряю всех, чтобы и на семена не осталось... Будут знать! Ну, а потом - покорился! Крест, думаю, мне послан; к смерти, значит, приготовиться надо. И вдруг сегодня, как пса! И кто же? Володька! А что вы о дочерях спрашивать изволили, то разве в них есть какая своя воля? Володькины холопки! Да! Матушка удивилась.

- Про Анну я еще это понять могу; она - жена... Но с какой стати вторая-то твоя...

- Евлампия-то? Хуже Анны! Вся, как есть, совсем в Володькины руки отдалась. По той причине она и вашему солдату-то отказала. По его, по Володькину, приказу. Анне - видимое дело - следовало бы обидеться, да она и терпеть сестры не может, а покоряется! Околдовал, проклятый! Да ей же, Анне, вишь, думать приятно, что вот, мол, ты, Евламния, какая всегда была гордая, а теперь вон что из тебя стало!.. О... ох, ох! Боже мой, боже!

Матушка с беспокойством посмотрела на меня. Я отошел немножко в сторону, из предосторожности, как бы меня не выслали...

- Очень сожалею, Мартын Петрович, - начала она, - что мой бывший воспитанник причинил тебе столько горя и таким нехорошим человеком оказался; но ведь и я в нем ошиблась... Кто мог это ожидать от него!

- Сударыня, - простонал Харлов и ударил себя в грудь. - Не могу я снести неблагодарность моих дочерей! Не могу, сударыня! Ведь я им все, все отдал! И к тому же совесть меня замучила. Много... ох! много передумал я, у пруда сидючи да рыбу удучи! "Хоть бы ты пользу кому в жизни сделал! - размышлял я так-то, - бедных награждал, крестьян на волю отпустил, что ли, за то, что век их заедал! Ведь ты перед богом за них ответчик! Вот когда тебе отливаются их слезки!" И какая теперь их судьба:

170

была яма глубока и при мне - что греха таить, а теперь и дна не видать! Эти все грехи я на душу взял, совестью для детей пожертвовал, а мне за это шиш! Из дому меня пинком, как пса!

- Полно об этом думать, Мартын Петрович, - заметила матушка.

- И как он мне сказал, ваш-то Володька, - с новой силой подхватил Харлов, - как сказал он мне, что мне в моей горенке больше не жить, а я в самой той горенке каждое бревнышко собственными руками клал - как сказал он мне это - и бог знает, что со мной приключилось! В головушке помутилось, по сердцу как ножом... Ну, либо его зарезать, либо из дому вон!.. Вот я и побежал к вам, благодетельница моя, Наталья Николаевна... И куды ж мне было голову приклонить? А тут дождь, слякоть... Я, может, раз двадцать упал! И теперь... в этаком безобразии...

Харлов окинул себя взглядом и завозился на стуле, словно встать собирался.

- Полно тебе, полно, Мартын Петрович, - поспешно проговорила матушка, - какая в том беда? Что ты пол-то замарал? Эка важность! А я вот какое хочу тебе предложение сделать. Слушай! Отведут тебя теперь в особую комнату, постель дадут чистую - ты разденься, умойся, да приляг и усни...

- Матушка, Наталья Николаевна! Не уснуть мне! - уныло промолвил Харлов. - В мозгах-то словно молотами стучат! Ведь меня, как тварь непотребную...

- Ляг, усни, - настойчиво повторила матушка. - А потом мы тебя чаем напоим - ну, и потолкуем с тобою. Не унывай, приятель старинный! Если тебя из твоего дома выгнали, в моем доме ты всегда найдешь себе приют... Я ведь не забыла, что ты мне жизнь спас.

- Благодетельница! - простонал Харлов и закрыл лицо руками. - Спасите вы меня теперь!

Это воззвание тронуло мою матушку почти до слез.

- Охотно готова тебе помочь, Мартын Петрович, всем, чем только могу; но ты должен обещать мне, что будешь вперед меня слушаться и всякие недобрые мысли прочь от себя отгонишь.

Харлов принял руки от лица.

- Коли нужно, - промолвил он, - я ведь и простить могу!

Матушка одобрительно кивнула головой.

- Очень мне приятно видеть тебя в таком истинно христианском расположении духа, Мартын Петрович; но речь об этом впереди. Пока приведи ты себя в порядок - а главное, усни. Отведи ты Мартына Петровича в зеленый кабинет покойного барина, - обратилась матушка к дворецкому, - и что он только потребует, чтобы сию минуту было! Платье его прикажи высушить и вычистить, а белье, какое понадобится, спроси у кастелянши - слышишь?

- Слушаю, - отвечал дворецкий.

- А как он проснется, мерку с него прикажи снять портному; да бороду надо будет сбрить. Не сейчас, а после.

- Слушаю, - повторил дворецкий. - Мартын Петрович, пожалуйте. - Харлов поднялся, посмотрел на матушку, хотел было подойти к ней, но остановился, отвесил поясной поклон, перекрестился трижды на образ и пошел за дворецким. Вслед за ним и я выскользнул из комнаты.

XXIV

Дворецкий привел Харлова в зеленый кабинет и тотчас побежал за кастеляншей, так как белья на постели не оказалось. Сувенир, встретивший нас в передней и вместе с нами вскочивший в кабинет, немедленно принялся, с кривляньем и хохотом, вертеться около Харлова, который, слегка расставив руки и ноги, в раздумье остановился посреди комнаты. Вода все еще продолжала течь с него.

- Вшед! Вшед Харлус! - пищал Сувенир, перегнувшись надвое и держа себя за бока. - Великий основатель знаменитого рода Харловых, воззри на своего потомка! Каков оя есть? Можешь его признать? Ха-ха-ха! Ваше сиятельство, пожалуйте ручку! Отчего это на вас черные перчатки?

Я хотел было удержать, пристыдить Сувенира... но не тут-то было!

- Приживальщиком меня величал, дармоедом! "Нет, мол, у тебя своего крова!" А теперь небось таким же приживальщиком стал, как и аз грешный! Что Мартын Харлов, что Сувенир проходимец - теперь все едино! Подачками тоже кормиться будет! Возьмут корку хлеба завалящую, что собака нюхала, да прочь пошла... На, мол, кушай! Ха-ха-ха!

Харлов все стоял неподвижно, уткнув голову, расставив ноги и руки.

- Мартын Харлов, столбовой дворянин! - продолжал пищать Сувенир. - Важность-то какую на себя напустил, фу ты, ну ты! Не подходи, мол, зашибу! А как именье свое от большого ума стал отдавать да делить - куды раскудахтался! "Благодарность! - кричит, - благодарность!" А меня-то за что обидел? Не наградил? Я, быть может, лучше бы восчувствовал! И значит, правду я говорил, что посадят его голой спиной...

- Сувенир! - закричал я; но Сувенир не унимался. Харлов все не трогался; казалось, он только теперь начинал чувствовать, до какой степени все на нем было мокро, и ждал, когда это с него все снимут. Но дворецкий не возвращался.

- А еще воин! - начал опять Сувенир. - В двенадцатом году отечество спасал, храбрость свою показывал! То-то вот и есть: с мерзлых мародеров

172

портки стащить - это наше дело; а как девка на нас нотой притопнет, у нас у самих душа в портки...

- Сувенир! - закричал я вторично.

Харлов искоса посмотрел на Сувенира; он до того мгновенья словно и присутствия его не замечал, и только возглас мой возбудил его внимание.

- Смотри, брат, - проворчал он глухо, - не допрыгайся до беды!

Сувенир так и покатился со смеху.

- Ох, как вы меня испугали, братец почтеннейший! уж как вы страшны, право! Хоть бы волосики себе причесали, а то, сохрани бог, засохнут, не отмоешь их потом; придется скосить косою. - Сувенир вдруг расходился. - Еще куражитесь! Голыш, а куражится! Где ваш кров теперь, вы лучше мне скажите, вы все им хвастались? У меня, дескать, кров есть, а ты бескровный! Наследственный, дескать, мой кров! (Далось же Сувениру это слово!)

- Господин Бычков, - промолвил я. - Что вы делаете! опомнитесь!

Но он продолжал трещать и все прыгал да шмыгал около самого Харлова... А дворецкий с кастеляншей все не шли!

Мне жутко становилось. Я начинал замечать, что Харлов, который в течение разговора с моей матушкой постепенно стихал и даже под конец, по-видимому, помирился с своей участью, снова стал раздражаться: он задышал скорее, под ушами у него вдруг словно припухло, пальцы зашевелились, глаза снова забегали среди темной маски забрызганного лица...

- Сувенир! Сувенир! - воскликнул я. - Перестаньте, я маменьке скажу.

Но Сувениром словно бес овладел.

- Да, да, почтеннейший! - затрещал он опять, - вот мы с вами теперь в каких субтильных обстоятельствах обретаемся! А дочки ваши, с зятьком вашим, Владимиром Васильевичем, под вашим кровом над вами потешаются вдоволь! И хоть бы вы их, по обещанию, прокляли! И на это вас не хватило! Да и куда вам с Владимиром Васильевичем тягаться? Еще Володькой его называли! Какой он для вас Володька? Он - Владимир Васильевич, господин Слеткин, помещик, барин, а ты - кто такой?

Неистовый рев заглушил речь Сувенира... Харлова взорвало. Кулаки его сжались и поднялись, лицо посинело, пена показалась на истресканных губах, он задрожал от ярости.

- Кров! - говоришь ты, - загремел он своим железным голосом, - проклятие! - говоришь ты... Нет! я их не прокляну... Им это нипочем! А кров... кров я их разорю, и не будет у них крова, так же, как у меня! Узнают они Мартына Харлова! Не пропала еще моя сила! Узнают, как надо мной издеваться!... Не будет у них вдова!

Я обомлел; я отроду не бывал свидетелем такого безмерного гнева. Не

173

человек, дикий зверь метался предо мною! Я обомлел... а Сувенир, тот от страха под стол забился.

- Не будет! - закричал Харлов в последний раз и, чуть не сбив с ног входивших кастеляншу и дворецкого, бросился вон из дому... Кубарем прокатился он до двору и исчез за воротами.

XXV

Матушка страшно рассердилась, когда дворецкий пришел с смущенным видом доложить о новой и неожиданной отлучке Мартына Петровича. Он не осмелился утаить причину этой отлучки; я принужден был подтвердить его слова.

- Так это все ты! - закричала матушка на Сувенира, который забежал было зайцем вперед и даже к ручке подошел, - твой пакостный язык всему виною!

- Помилуйте, я чичас, чичас... - залепетал, заикаясь и закидывая локти за спину, Сувенир.

- Чичас... чичас... Знаю я твое чичас! - повторила матушка с укоризной и выслала его вон. Потом она позвонила, велела позвать Квицинского и отдала ему приказ: немедленно отправиться с экипажем в Еськово во что бы то ни стало отыскать Мартына Петровича и привезти его. - Без него не являйтесь! - заключила она. Сумрачный поляк молча наклонил голову и вышел.

Я вернулся к себе в комнату, снова подсел к окну и, помнится, долго размышлял о том, что у меня на глазах совершилось. Я недоумевал; я никак не мог понять, почему Харлов, почти без ропота переносивший оскорбления, нанесенные ему домашними, не мог совладать с собою и не перенес насмешек и шпилек такого ничтожного существа, каков был Сувенир. Я не знал еще тогда, какая нестерпимая горечь может иной раз заключаться в пустом упреке, даже когда он исходит из презренных уст... Ненавистное имя Слеткина, произнесенное Сувениром, упало искрою в порох; наболевшее место не выдержало этого последнего укола.

Прошло около часа. Коляска наша въехала на двор; но в ней сидел наш управляющий один. А матушка ему сказала: "Без него не являйтесь!" Квицинский торопливо выскочил из экипажа и взбежал на крыльцо. Лицо его являло вид расстроенный, что с ним почти никогда не бывало. Я тотчас спустился вниз и по его пятам пошел в гостиную.

- Ну? привезли его? - спросила матушка,

- Не привез, - отвечал Квицивский, - и не мог привезти.

- Это почему? Вы его видели?

- Видел.

- С ним что случилось? Удар?

- Никак нет; ничего не случилось.

- Почему же вы не привезли его?

- А он дом свой разоряет.

- Как?

- Стоит на крыше нового флигеля - и разоряет ее. Тесин, полагать надо, с сорок или больше уже слетело; решетин тоже штук пять. ("Крова у них не будет!" - вспомнились мне слова Харлова.)

Матушка уставилась на Квицинского.

- Один... на крыше стоит и крышу разоряет?

- Точно так-с. Ходит по настилке чердака и направо да налево ломает. Сила у него, вы изволите знать, сверхчеловеческая! Ну и крыша, надо правду сказать, лядащая; выведена вразбежку, шалевками забрана, гвозди - однотес {Крыша выводится "вразбивку" или "вразбежку", когда между каждыми двумя тесинами оставляется пустое пространство, закрываемое сверху другой тесиной; такая крыша дешевле, но менее прочна. Шалевкой называется самая тонкая доска, в 1/2 вершка; обыкновенная тесина - в 3/4 вершка.}.

Матушка посмотрела на меня, как бы желая удостовериться, не ослышалась ли она как-нибудь.

- Шалевками вразбежку, - повторила она, явно не понимая значения ни одного из этих слов...

- Ну, так что ж вы? - проговорила она наконец.

- Приехал за инструкциями. Без людей ничего не поделаешь. Тамошние крестьяне все со страха попрятались.

- А дочери-то его - что же?

- И дочери - ничего. Бегают, зря... голосят... Что толку?

- И Слеткнн там?

- Там тоже. Пуще всех вопит, но поделать ничего не может.

- И Мартын Петрович на крыше стоит?

- На крыше... то есть на чердаке - и крышу разоряет.

- Да, да, - проговорила матушка, - шалевками...

Казус, очевидно, предстоял необыкновенный.

Что было предпринять? Послать в город за исправником, собрать крестьян? Матушка совсем потерялась.

Приехавший к обеду Житков тоже потерялся. Правда, он упомянул опять о воинской команде, а впрочем, никакого совета не преподал и только глядел подчиненно и преданно. Квицинский, видя, что никаких инструкций ему не добиться, доложил - со свойственной ему презрительной почтительностью - моей матушке, что если она разрешит ему взять несколько конюхов, садовников и других дворовых, то он попытается...

- Да, да, - перебила его матушка, - попытайтесь, любезный Викентий Осипыч! Только поскорее, пожалуйста, а я все беру на свою ответственность!

Квицинский холодно улыбнулся.

- Одно наперед позвольте объяснить вам, сударыня: за результат невозможно ручаться, ибо сила у господина Харлова большая и отчаянность тоже; очень уж он оскорбленным себя почитает!

- Да, да, - подхватила матушка, - и всему виною этой гадкий Сувенир! Никогда я этого ему не прощу! Ступайте, возьмите людей, доезжайте, Викентий Осипыч!

- Вы, господин управляющий, веревок побольше захватите да пожарных крючьев, - промолвил басом Житков, - и коли сеть имеется, то и ее тоже взять недурно. У нас вот так-то однажды в полку...

- Не извольте учить меня, милостивый государь, - перебил с досадой Квицинский, - я и без вас знаю, что нужно.

Житков обиделся и объявил, что так как он полагал, что и его позовут...

- Нет, нет! - вмешалась матушка. - Ты уж лучше оставайся... Пускай Викентий Осипыч один действует... Ступайте, Викентий Осипыч!

Житков еще пуще обиделся, а Квицинский поклонился и вышел.

Я бросился в конюшню, сам наскоро оседлал свою верховую лошадку и пустился вскачь по дороге к Еськову.

XXVI

Дождик перестал, но ветер дул с удвоенной силой - прямо мне навстречу. На полдороге седло подо мною чуть не перевернулось, подпруга ослабла; я слез и принялся зубами натягивать ремни... Вдруг слышу: кто-то зовет меня по имени... Сувенир бежал ко мне по зеленям.

- Что, батенька, - кричал он мне еще издали, - любопытство одолело? Да и нельзя... Вот и я туда же, прямиком, по харловскому следу... Ведь этакой штуки умрешь - не увидишь!

- На дело рук своих хотите полюбоваться, - промолвил я с негодованием, вскочил на лошадь и снова поднял ее в галоп; но неугомонный Сувенир не отставал от меня и даже на бегу хохотал и кривлялся. Вот наконец и Еськово - вот и плотина, а там длинный плетень

176

и ракитник усадьбы... Я подъехал к воротам, слез, привязал лошадь и остановился в изумлении.

От передней трети крыши на новом флигельке, от мезонина, оставался один остов; дрань и тесины лежали беспорядочными грудами с обеих сторон флигеля на земле. Положим, крыша была, по выражению Квицинского, лядащая; но все же дело было невероятное! По настилке чердака, вздымая пыль и сор, неуклюже-проворно двигалась исчерна-серая масса и то раскачивала оставшуюся, из кирпича сложенную, трубу (другая уже повалилась), то отдирала тесину и бросала ее книзу, то хваталась за самые стропила. То был Харлов. Совершенным медведем показался он мне и тут: и голова, и спина, и плечи - медвежьи, и ставил он ноги широко, не разгибая ступни - тоже по-медвежьему. Резкий ветер обдувал его со всех сторон, вздымая его склоченные волосы; страшно было видеть, как местами краснело его голое тело сквозь прорехи разорванного платья; страшно было слышать его дикое, хриплое бормотание. На дворе было людно; бабы, мальчишки, дворовые девки жались вдоль забора; несколько крестьян обилось поодаль в отдельную кучу. Знакомый мне старик поп стоял без шляпы на крыльце другого флигеля и, схватив медный крест обеими руками, время от времени молча и безнадежно поднимал и как бы показывал его Харлову. Рядом с попом стояла Евлампия и, прислонившись единою к стене, неподвижно смотрела на отца; Анна то высовывала голову из окошка, то исчезала, то выскакивала на двор, то возвращалась в дом; Слеткин - весь бледный, желтый, в старом шлафроке, в ермолке, с одноствольным ружьем в руках, - перебегал короткими шагами с места на место. Он совсем, как говорится, ожидовел; задыхался, грозился, трясся, целился в Харлова, потом закидывал ружье за плечо, - целился опять, кричал, плакал... Увидав меня с Сувениром, он так и ринулся к нам.

- Посмотрите, посмотрите, что тут происходит! - завизжал он, - посмотрите! Он с ума сошел, взбеленился... и вот что делает! Я уж за полицией послал - да никто не едет! Никто не едет! Ведь если я в него выстрелю, с меня закон взыскать не может, потому что всякий человек вправе защищать свою собственность! А я выстрелю!.. Ей-богу, выстрелю!

Он подскочил к дому.

- Мартын Петрович, берегитесь! Если вы не сойдете, - я выстрелю!

- Стреляй - раздался с крыши хриплый голос. - Стреляй! А вот тебе пока гостинец!

Длинная доска полетела сверху и, перевернувшись раза два на воздухе, брякнулась наземь у самых ног Слеткина. Тот так и взвился, а Харлов захохотал.

- Господи Иисусе! - пролепетал кто-то за моей спиною. Я оглянулся: Сувенир. "А! - подумал я, - перестал теперь смеяться!"

177

Слеткин схватил близ стоявшего мужика за шиворот.

- Да полезай, полезай же, полезайте, черти, - вопил он, тряся его изо всей силы, - спасайте мое имущество!

Мужик ступил раза два, закинул голову, помахал руками, закричал:

- Эй, вы! господин! - потолокся на месте и верть назад.

- Лестницу! лестницу несите! - обратился Слеткин к прочим крестьянам.

- А где ее взять? - послышалось ему в ответ.

- И хоть бы лестница была, - промолвил не слеша один голос, - кому ж охота лезть? Нашли дураков! Он те шею свернет - мигом!

- С'час убиеть, - проговорил один молодой белокурый парень с придурковатым лицом.

- А то нешто нет? - подхватили остальные. Мне показалось, что, не будь даже явной опасности, мужики все-таки неохотно исполнили бы приказание своего нового помещика. Чуть ли не одобряли они Харлова, хоть и удивлял он их.

- Ах вы, разбойники! - застонал Слеткин, - вот я вас всех...

Но тут с тяжким грохотом бухнула последняя труба, и среди мгновенно взвившегося облака желтой пыли Харлов, испустив пронзительный крик и высоко и подняв окровавленные руки, повернулся к нам лицом. Слеткин опять в него прицелился.

Евлампия одернула его за локоть.

- Не мешай! - свирепо вскинулся он на нее.

- А ты - не смей! - промолвила она, - и синие ее глаза грозно сверкнули из-под надвинутых бровей. - Отец свой дом разоряет. Его добро.

- Врешь: наше!

- Ты говоришь: наше; а я говорю: его. Слеткин зашипел от злобы; Евлампия так и уперлась ему в лицо глазами.

- А, здорово! здорово, дочка любезная! - загремел сверху Харлов. - Здорово, Евлампия Мартыновна! Как живешь-можешь со своим приятелем? Хорошо ли целуетесь, милуетесь?

- Отец! - послышался звучный голос Евлампии.

- Что, дочка? - отвечал Харлов и пододвинулся к самому краю стены. На лице его, сколько я мог разобрать, появилась странная усмешка - светлая, веселая и именно потому особенно страшная, недобрая усмешка... Много лет спустя я видел такую же точно усмешку на лице одного к смерти приговоренного.

- Перестань, отец; сойди (Евлампия не говорила ему "батюшка"). Мы виноваты; все тебе возвратим. Сойди.

- А ты что за нас распоряжаешься? - вмешался Слеткин. Евлампия только пуще брови нахмурила.

- Я свою часть тебе возвращу - все отдам. Перестань, сойди, отец! Прости нас; прости меня. Харлов все продолжал усмехаться.

- Поздно, голубушка, - заговорил он, и каждое его слово звенело, как медь. - Поздно шевельнулась каменная твоя душа! Под гору покатилось - теперь не удержишь! И не смотри ты на меня теперь! Я - пропащий человек! Ты посмотри лучше на своего Володьку: вишь, какой красавчик выискался! Да на свою эхидненную сестру посмотри; вон ее лисий нос из окошка выставляется, вон она муженька-то подуськивает! Нет, сударики! Захотели вы меня крова лишить - так не оставлю же я и вам бревна на бревне! Своими руками клал, своими же руками разорю - как есть одними руками! Видите, и топора не взял!

Он фукнул себе на обе ладони и опять ухватился за стропила.

- Полно, отец, - говорила меж тем Евлампия, и голос ее стал как-то чудно ласков, - не поминай прошлого. Ну, поверь же мне; ты всегда мне верил. Ну, сойди; приди ко мне в светелку, на мою постель мягкую. Я обсушу тебя да согрею; раны твои перевяжу, вишь, ты руки себе ободрал. Будешь ты жить у меня, как у Христа за пазухой, кушать сладко, а спать еще слаще того. Ну, были виноваты! ну, зазнались, согрешили; ну, прости!

Харлов покачал головою.

- Расписывай! Поверю я вам, как бы не так! Убили вы во мне веру-то! Все убили! Был я орлом - и червяком для вас сделался... а вы - и червяка давить? Полно! Я тебя любил, сама знаешь, - а только теперь ты мне не дочь и я тебе не отец... Я пропащий человек! Не мешай! А ты стреляй же, трус, горе-богатырь - гаркнул вдруг Харлов на Слеткина. - Что все только целишься? Али закон вспомнил: коли принявший дар учинит покушение на жизнь дателя, - заговорил Харлов с расстановкой, - то датель властен все назад потребовать? Ха-ха, не бойся, законник! Я не потребую - я сам все покончу... Валяй!

- Отец! - в последний раз взмолилась Евлампия.

- Молчи!

- Мартын Петрович! братец, простите великодушно! - пролепетал Сувенир.

- Отец, голубчик!

- Молчи, сука! - крикнул Харлов. На Сувенира он и не посмотрел - и только сплюнул в его сторону.

XXVII

В это мгновенье Квицинский со всей своей свитой - на трех телегах -

179

появился у ворот. Усталые лошади фыркали, люди один за одним соскакивали в грязь.

- Эге! - закричал во все горло Харлов. - Армия... вот она, армия! Целую армию против меня выставляют. Хорошо же! Только предваряю, кто ко мне сюда на крышу пожалует - и того я вверх тормашками вниз спущу! Я хозяин строгий, не в пору гостей не люблю! Так-то!

Он уцепился обеими руками за переднюю пару стропил, за так называемые "ноги" фронтона, и начал усиленно их раскачивать. Свесившись с краю настилки, он как бы тащил их за собою, мерно напевая по-бурлацкому: "Еще разик! еще раз! ух!"

Слеткин подбежал к Квицинскому и начал было жаловаться и хныкать... Тот попросил его "не мешать" и приступил к исполнению задуманного им плана. Сам он стал впереди дома и начал, в виде диверсии, объяснять Харлову, что не дворянское он затеял дело...

- Еще разик, еще раз! - напевал Харлов.

...что Наталья Николаевна весьма недовольна его поступками и не того от него ожидала...

- Еще разик, еще раз! ух! - напевал Харлов. А между тем Квицинский отрядил четырех самых здоровых и смелых конюхов на противоположную сторону дома, с тем чтобы они сзади взобрались на крышу. От Харлова, однако, не ускользнул план атаки; он вдруг бросил стропила и проворно побежал к задней части мезонина. Вид его до того был страшен, что два конюха, которые успели уже взобраться на чердак, мигом спустились обратно на землю по водосточной трубе, к немалому удовольствию и даже хохоту дворовых мальчишек. Харлов потряс им вслед кулаком и, вернувшись к передней части дома, опять ухватился за стропила и стал их опять раскачивать, опять напевая по-бурлацки.

Он вдруг остановился, воззрелся...

- Максимушка, друг! приятель! - воскликнул он, - тебя ли я вижу?

Я оглянулся... От толпы крестьян действительно отделился казачок Максимка и, ухмыляясь и скаля зубы, вышел вперед. Его хозяин, шорник, вероятно, отпустил его домой на побывку.

- Полезай ко мне, Максимушка, слуга мой верный, - продолжал Харлов, - станем вместе отбиваться от лихих татарских людей, от воров литовских!

Максимка, все продолжая ухмыляться, немедленно полез на крышу... Но его схватили и оттащили - бог знает почему - разве для примеру другим; помощи большой он Мартыну Петровичу не оказал бы.

- Ну, хорошо же! Добро же! - промолвил Харлов угрожающим голосом и снова взялся за стропила.

- Викентий Осипович! позвольте я выстрелю, - обратился Слеткин к

Квицинскому, - я ведь больше для страха, ружье у меня заряжено бекасинником. - Но не успел еще ответить ему Квицинский, как передняя пара стропил, яростно раскаченная железными руками Харлова, накренилась, затрещала и рухнула на двор - и вместе с нею, не будучи в силах удержаться, рухнул сам Харлов и грузно треснулся оземь. Все вздрогнули, ахнули... Харлов лежал неподвижно на груди, а в спину ему уперся продольный верхний брус крыши, конек, который последовал за упавшим фронтоном.

XXVIII

К Харлову подскочили, свалили долой с него брус, повернули ею навзничь; лицо его было безжизненно, у рта показалась кровь, он не дышал. "Дух отшибло", - пробормотали подошедшие мужики. Побежали за водой к колодцу, принесли целое ведро, окатили Харлову голову; грязь и пыль сошли с лица, но безжизненный вид оставался тот же. Притащили скамейку, поставили ее у самого флигеля и, с трудом приподнявши громадное тело Мартына Петровича, посадили его, прислонив голову к стене. Казачок Максимка приблизился, стал на одно колено и, далеко отставив другую ногу, как-то театрально поддерживал руку бывшего своего барина. Евлампия, бледная, как сама смерть, стала прямо перед отцом, неподвижно устремив на него свои огромные глаза. Анна с Слеткиным не подходили близко. Все молчали, все ждали чего-то. Наконец послышались прерывистые, хлюпающие звуки в горле Харлова, точно он захлебывался... Потом он слабо повел одной - правой рукой (Максимка поддерживал левую), раскрыл один - правый глаз и, медленно проведя около себя взором, словно каким-то страшным пьянством пьяный, охнул - произнес, картавя:

- Рас... шибся... - и, как бы подумав немного, прибавил: - Вот он, воро... ной жере... бенок! - Кровь вдруг густо хлынула у него изо рта - все тело затрепетало...

"Конец!" - подумал я... Но Харлов открыл еще все тот же правый глаз (левая века не шевелилась, как у мертвеца) и, вперив его на Евлампию, произнес едва слышно: - Ну, доч... ка... Тебя я не про... - Квицинский резким движением руки подозвал попа, который все еще стоял на крыльце флигеля... Старик приблизился, путаясь слабыми коленями в тесной рясе. Но вдруг ноги Харлова как-то безобразно повело и живот тоже; по лицу, снизу вверх, прошла неровная судорога - точно так же исказилось и задрожало лицо Евлампии. Максимка начал креститься... Мне стало жутко, я побежал к воротам и, не оглядываясь, приник к ним грудью. Минуту спустя что-то тихо прогудело по всем устам сзади меня - и я понял, что Мартына Петровича не стало.

Ему брусом затылок проломило, и грудь он себе раздробил, как оказалось при вскрытии.

XXIX

"Что он хотел сказать ей, умирая?" - спрашивал я самого себя, возвращаясь домой на своем клеппере:

"Я тебе не про... клинаю или не про... щаю?" Дождик опять полил, но я ехал шагом. Мне хотелось подольше остаться одному, хотелось безвозбранно предаться моим размышлениям. Сувенир отправился на одной из телег, прибывших с Квицинским. Как я ни был молод и легкомыслен в то время, но внезапная общая (не в одних частностях) перемена, постоянно вызываемая во всех сердцах неожиданным или ожиданным (все равно!) появлением смерти, ее торжественность, важность и правдивость - не могли не поразить меня. Я и был поражен... Но со всем тем мой смущенный детский взор заметил тотчас многое: он заметил, как Слеткин, проворно и робко, словно краденую вещь, швырнул в сторону ружье, как он и жена его оба мгновенно стали предметом хотя безмолвного, но общего отчуждения, как сделалось пусто вокруг них... На Евлампию, хотя вина ее была, вероятно, не меньше сестриной, это отчуждение не распространялось. Она даже некоторое сожаление к себе возбудила, когда повалилась в ноги скончавшемуся отцу. Но что и она была виновата, - это все-таки чувствовалось всеми. "Обидели старика, - промолвил один седоватый головастый крестьянин, опираясь, как некий древний судья, обеими руками и бородою на длинную палку, - на вашей душе грех! Обидели!" Это слово "обидели!" тотчас было принято всеми, как бесповоротный приговор. Правосудие народное сказалось, я понял это немедленно. Я заметил также, что на первых порах Слеткин не смел распоряжаться. Без него подняли и понесли тело в дом; не спросясь его, священник отправился за нужными вещами в церковь, а староста побежал в деревню справлять подводу в город. Сама Анна Мартыновна не решилась обычным начальническим тоном приказать поставить самовар, "чтоб теплая вода была - обмыть покойника". Ее приказание походило на просьбу - и отвечали ей грубо...

Меня же все занимал вопрос: что он собственно хотел сказать своей дочери? Простить ли он ее хотел, или проклясть? Я решил наконец, что - простить.

Дня через три происходили похороны Мартына Петровича на счет матушки, которая очень огорчилась его смертью и приказала не жалеть издержек. Сама она не поехала в церковь, - потому что не хотела, как она выражалась, видеть тех двух мерзавок и гадкого того жиденка; но послала Квицинского, меня и Житкова, которого, впрочем, с того времени иначе уже не величала, как бабой! Сувенира она на глаза к себе не пускала и долго потом еще гневалась на него, называя его убийцей своего друга. Опала эта была ему весьма чувствительна: он постоянно расхаживал на цыпочках по комнате, соседней с той, где находилась матушка, предавался какой-то тревожной и подлой меланхолии, вздрагивал и шептал: "Чичас!"

В церкви и во время процессии Слеткин показался мне снова попавшим "в свою тарелку". Он распоряжался и суетился по-прежнему и жадно наблюдал за тем, чтобы не тратилось лишней копейки, хотя дело не касалось собственно его кармана. Максимка, в новом, тоже моей матушкой пожалованном казакине, выводил на клиросе такие теноровые ноты, что в искренности его преданности покойнику, конечно, уже никто сомневаться не мог! Обе сестры были, как следует, в траурных платьях - но казались более смущенными, чем огорченными, особенно Евлампия. Анна приняла на себя смиренный и постный вид, впрочем, не силилась плакать и все только проводила своей красивой сухой рукой по волоса и щеке. Евлампия все задумывалась. То общее, бесповоротное отчуждение, осуждение, какое я заметил в день смерти Харлова, чудилось мне и теперь на лицах всех бывших в церкви людей, во всех их движениях, в их взглядах, - но еще степеннее и как бы безучастнее. Казалось, все эти люди знали, что грех, в который впало харловское семейство, - тот великий грех поступил теперь в ведение единого праведного Судии и что, следовательно, им уже не для чего было беспокоиться и негодовать. Они усердно молились за душу покойника, которого при жизни особенно не любили, даже боялись. Очень уже круто наступила смерть.

- И хоть бы испивал, братец ты мой, - говорил на паперти один мужик другому.

- И не пимши да захмелеешь, - отвечал тот. - Каков случай выйдет.

- Обидели, - повторил первый мужик решающее слово.

- Обидели, - промолвили за ним другие.

- А ведь покойный сам вас притеснял? - спросил я одного мужика, в котором я признал харловского крестьянина.

- Барин был, известно, - отвечал мужик, - а все-таки... обидели его!

- Обидели... - опять послышалось в толпе.

У могилы Евлампия стояла тоже словно потерянная. Раздумье ее

183

разбирало... тяжкое раздумье. Я заметил, что с Слеткиным, который несколько раз с ней заговаривал, она обращалась, как бывало с Житковым, и еще хуже.

Несколько дней спустя в нашем околотке распространился слух, что Евлампия Мартыновна Харлова навсегда ушла из родительского дома, предоставив сестре и свояку все доставшееся ей имение и взявши только несколько сот рублей...

- Откупилась, видно Анна-то! - заметила моя матушка, - только у нас с тобою, - прибавила она, обратившись к Житкову, с которым играла в пикет - он заменил ей Сувенира, - руки неумелые!

Житков уныло глянул на свои могучие длани... "Они-то, неумелые!" - казалось, думалось ему...

Скоро потом мы с матушкой переехали на жительство в Москву - и много минуло лет, прежде чем мне пришлось увидеть обеих дочерей Мартына Петровича.

XXX

Но я увидал их. С Анной Мартыновной я встретился самым обыкновенным образом. Посетив, после кончины матушки, нашу деревню, в которую я не заезжал больше пятнадцати лет, я получил от посредника приглашение (тогда по все России, с незабытой доселе медленностью, происходило размежевание чересполосицы) - приглашение прибыть для совещания, с прочими владельцами нашей дачи, в имение помещицы вдовы Анны Слеткиной. Известие о несуществовании более на сем свете матушкина "жиденка" с черносливообразными глазами нисколько, признаюсь, меня не опечалило; но мне было интересно взглянуть на его вдову. Она слыла у нас за отличнейшую хозяйку. И точно: ее имение, и усадьба, и самый дом (я невольно взглянул на крышу, она была железная) - все оказалось в превосходном порядке, все было аккуратно, чисто, прибрано, где нужно - выкрашено, хоть бы у немки. Сама Анна Мартыновна, конечно, постарела; но та особенная, сухая и как бы злая прелесть, которая некогда так меня возбуждала, не совсем ее покинула. Одета она была по-деревенскому, но изящно. Она приняла нас не радушно - это слово к ней не шло, - но вежливо и, увидав меня, свидетеля того страшного происшествия, даже бровью не повела. Ни о моей матушке, ни о своем отце, ни о сестре, ни о муже она даже не заикнулась, точно воды в рот набрала.

Были у ней две дочери, обе прехорошенькие, стройненькие, с милыми

184

личиками, с веселым и ласковым выражением в черных глазах; был и сын, немножко смахивавший на отца, но тоже мальчик хоть куда! Во время прений между владельцами Анна Мартыновна держалась спокойно, с достоинством, не выказывая ни особенного упорства, ни особенного корыстолюбия. Но никто вернее ее не понимал своих выгод и не умел убедительнее выставлять и защищать свои права; все "подходящие" законы, даже министерские циркуляры были ей хорошо известны; говорила она немного и тихим голосом, но каждое слово попадало в цель. Кончилось тем, что мы на все ее требования изъявили согласие и таких понаделали уступок, что оставалось только удивляться. На возвратном пути иные господа помещики даже самих себя выругали; все кряхтели и покачивали головами.

- Экая баба умница! - говорил один.

- Продувная шельма! - вмешался другой, менее деликатный владелец, - мягко стелет, да жестко спать!

- Да и окряга же! - прибавил третий, - рюмка водки и кусочек икры на брата - это что же такое?

- Чего от нее ждать? - брякнул вдруг один, до того безмолвный помещик, - кому же не известно, что она мужа своего отравила?

К удивлению моему, никто не почел нужным опровергнуть такое ужасное, наверное, ни на чем не основанное обвинение! Это тем более меня удивило, что, несмотря на приведенные мною бранчивые выражения, уважение к Анне Мартыновне чувствовали все, не исключая неделикатного владельца. Посредник, тот даже в пафос впал.

- Возведи ее на трон, - воскликнул он, - та же Семирамида или Екатерина Вторая! Повиновение крестьян - образцовое... Воспитание детей - образцовое! Голова! Мозги!

Семирамиду и Екатерину в сторону, - но не было сомнения в том, что Анна Мартыновна вела жизнь весьма счастливую. Довольством внутренним и внешним, приятной тишиной душевного и телесного здоровья так и веяло от нее самой, от ее семьи, от всего ее быта. Насколько она заслуживала это счастье... это другой вопрос. Впрочем, подобные вопросы ставятся только в молодости. Все на свете - и хорошее и дурное - дается человеку не по его заслугам, а вследствие каких-то еще неизвестных, но логических законов, на которые я даже указать не берусь, хоть иногда мне кажется, что я смутно чувствую их.

XXXI

Я осведомился у посредника об Евлампии Мартыновне и узнал, что она как ушла из дому, так и пропала без вести - и, "вероятно, теперь уже давно воспарила в горния".

Так выразился наш посредник... но я убежден, что я видел Евлампию, что я встретился с нею. Именно вот как.

Года четыре после моего свидания с Анной Мартыновной я поселился на лето в Мурине, небольшой деревушке около Петербурга, хорошо известной дачникам средней руки. Охота около Мурина была в то время недурна - и я ходил с ружьем чуть не каждый день. Был у меня товарищ, некто Викулов, из мещан - очень неглупый и добрый малый, но, как он сам про себя выражался, совершенно "потерянного" поведения. Где только не был этот человек и чем он не был! Ничего-то его удивить не могло, все-то он знал - но любил он только охоту да вино. Вот однажды возвращались мы с ним в Мурино, и пришлось нам миновать одинокий дом, стоящий у перекрестка двух ли дорог и обнесенный высоким и тесным частоколом. Не в первый раз видел я этот дом, и всякий раз он возбуждал мое любопытство: в нем было что-то таинственное, замкнутое, угрюмо-немое, что-то напоминавшее острог или больницу. С дороги только и можно было видеть, что его крутую, темной краской выкрашенную крышу. Во всем заборе находились одни ворота; и те казались наглухо запертыми; никакого звука не слышалось никогда за ними. Со всем тем вы чувствовали, что в этом доме непременно кто-нибудь обитает: он вовсе не являл вид заброшенного жилья. Напротив, все в нем было так прочно, и плотно, и дюже, что хоть осаду выдерживай!

- Что за крепость такая? - опросил я у своего товарища. - Не знаете?
Викулов лукаво прищурился.

- Чудное небось строение? Много с него здешнему исправнику дохода!

- Как так?

- Да так же. О хлыстах-раскольниках - вот что без попов живут - небось слыхали?

- Слыхал.

- Ну вот тут их главная матка обретается.

- Женщина?

- Да, матка; богородица по-ихнему.

- Что вы?!

- Я ж вам говорю. Строгая, говорят, такая... Командирша! Тысячами ворочает! Взял бы я да всех этих богородиц... Да что толковать!

Он позвал своего Пегашку, удивительную собаку, с превосходным

186

чутьем, но без всякого понятия о стойке. Викулов принужден был подвязывать ей заднюю лапу, чтоб она не так неистово бегала.

Слова его запали мне в память. Я, бывало, нарочно сворачивал в сторону, чтобы пройти мимо таинственного дома. Вот однажды поравнялся я с ним, как вдруг - о чудо! засов загремел за воротами, ключ завизжал в замке, потом самые ворота тихонько растворились - показалась могучая лошадиная голова с заплетенной челкой под расписной дугой - и не спеша выкатила на дорогу небольшая тележка вроде тех, в которых ездят барышники и наездники из купцов. На кожаной подушке тележки, ближе ко мне, сидел мужчина лет тридцати, замечательно красивой и благообразной наружности, в опрятном черном армяке и низко на лоб надетом черном картузе; он степенно правил откормленным, как печь широким конем; а рядом с мужчиной, по ту сторону тележки, сидела женщина высокого роста, прямая как стрела. Голову ее покрывала дорогая черная шаль; одета она была в короткий бархатный шушун оливкового цвета и темно-синюю мериносовую юбку; белые руки, чинно сложенные у груди, поддерживали друг дружку. Тележка завернула по дороге налево - и женщина очутилась в двух шагах от меня; она слегка повела головою, и я узнал Евлампию Харлову. Я узнал ее немедленно, я ни единого мгновения не колебался, да и нельзя было колебаться; таких глаз, как у ней - и особенно такого склада губ, надменного и чувственного, - я ни у кого не видывал. Лицо ее стало длиннее и суше, кожа потемнела, кой-где виднелись морщины; но особенно изменилось выражение этого лица! Трудно передать словами, до чего оно стало самоуверенно, строго, горделиво! Не простым спокойствием власти - пресыщением власти дышала каждая черта; в небрежном взоре, который она на меня уронила, сказывалась давнишняя, застарелая привычка встречать одну благоговейную, безответную покорность. Эта женщина, очевидно, жила, окруженная не поклонниками - а рабами; она, очевидно, даже забыла то время, когда какое-либо ее повеление или желание не было тотчас исполнено! Я громко назвал ее по имени и по отчеству; она чуть-чуть дрогнула, вторично посмотрела на меня - не с испугом, а с презрительным гневом: кто, мол, смеет меня беспокоить? - и, едва раскрыв губы, произнесла повелительное слово. Сидевший рядом с ней мужчина встрепенулся, с размаха ударил вожжой по лошади, та двинулась вперед шибкой и крупной рысью - и телега скрылась.

С тех пор я не встречал более Евлампии. Каким образом дочь Мартына Петровича лопала в хлыстовские богородицы - я и представить себе не могу; но кто знает, быть может, она основала толк, который назовется или уже теперь называется по ее имени - евлампиевщиной? Все бывает, все случается.

187

И вот что я имел сказать вам о моем степном короле Лире, о семействе его и поступках его".

Рассказчик умолк - а мы потолковали немного да и разошлись восвояси.

СПИСОК

.

www.ingramcontent.com/pod-product-compliance
Lightning Source LLC
Chambersburg PA
CBHW032118020726
47494CB00007BA/2131